高职高专旅游类专业新形态教材

旅游景区服务与管理

秦志玉　主编

刘丹　刘安娜　周长晓　仪孝法　康馨　冯娜　副主编

清华大学出版社

北京

内 容 简 介

本书以景区职业岗位群所需人才的知识技能和能力素质为主线,主要从认识旅游景区、旅游景区服务和旅游景区管理三大模块展开,具体内容包括旅游景区概述、旅游景区接待服务、旅游景区解说服务、旅游景区商业服务、旅游景区安全服务、旅游景区营销管理、旅游景区人力资源管理以及旅游景区智慧化管理等。通过本书,读者能够掌握旅游景区服务和管理的基础知识,提高旅游景区服务及管理工作中分析问题和解决问题的能力,从而更好地胜任所承担的工作。

本书可作为职业教育旅游大类专业教材和旅游景区员工的岗位培训教材,也可作为旅游景区服务与管理人员的参考用书。

图书在版编目(CIP)数据

旅游景区服务与管理 / 秦志玉主编;刘丹等副主编.
北京 : 清华大学出版社,2024.8. -- (高职高专旅游
类专业新形态教材). -- ISBN 978-7-302-67025-4

Ⅰ. F590.6

中国国家版本馆 CIP 数据核字第 20240ZD515 号

责任编辑:聂军来
封面设计:刘 键
责任校对:袁 芳
责任印制:沈 露

出版发行:清华大学出版社
网　　　址:https://www.tup.com.cn,https://www.wqxuetang.com
地　　　址:北京清华大学学研大厦 A 座　　邮　　编:100084
社 总 机:010-83470000　　　　　　　　邮　　购:010-62786544
投稿与读者服务:010-62776969,c-service@tup.tsinghua.edu.cn
质量反馈:010-62772015,zhiliang@tup.tsinghua.edu.cn
课件下载:https://www.tup.com.cn,010-83470410
印 装 者:三河市龙大印装有限公司
经　　　销:全国新华书店
开　　　本:185mm×260mm　　　印　　张:17　　　字　　数:389 千字
版　　　次:2024 年 8 月第 1 版　　　　　印　　次:2024 年 8 月第 1 次印刷
定　　　价:56.00 元

产品编号:094109-01

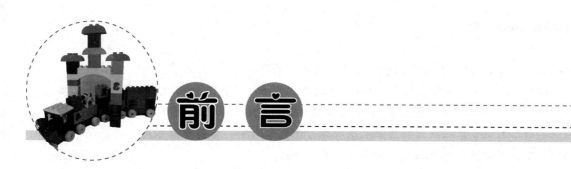

前　言

　　党的二十大报告指出,高质量发展是全面建设社会主义现代化国家的首要任务。要坚持以推动高质量发展为主题,把实施扩大内需战略同深化供给侧结构性改革有机结合。旅游景区是旅游活动的核心要素,截至 2022 年年底,中国 A 级旅游景区数量达到14917 个,国内景点数量超 3 万个。随着体验经济的到来,我国旅游景区在品质和数量上都有较大的提升和增长,出现许多新类型和新业态,在景区服务、景区运营管理等方面涌现出许多新特征。因此,为了更好地适应旅游行业的新形势和新发展,响应党的二十大报告中关于推进高质量发展的要求,提高旅游大类专业人才培养的针对性和实用性,我们编写了本书。

　　"旅游景区服务与管理"是旅游管理专业的核心课程,是在学生掌握旅游专业基础知识和技能的基础上,对学生可持续发展能力进行提升的一门发展课程,担负着旅游管理专业学生从基本的市场分析、市场策划等技能向行业综合发展能力迁移的重任。本课程一般开设于大学二年级或者三年级,以旅游景区服务与管理的理念和方法为主要内容,目标是培养学生正确的旅游景区服务理念、操作规范和管理素养,能够熟练运用旅游景区服务与管理的知识与技能,灵活应对旅游景区岗位中的各项工作及实际问题。

　　在本书的编写过程中,我们走访众多旅游景区,收集经典案例,参考已有教材,尽可能以案例为依托,结合旅游景区实际运营的具体状况,有针对性地阐述旅游景区服务与管理的各个方面,如旅游景区服务中的服务理念、服务意识、景区服务的内容及相关服务技巧等,旅游景区管理中的景区营销管理、人力资源管理和景区智慧化管理等。

　　旅游行业实践性很强,旅游景区的服务与管理更是与实际工作密切相连,结合旅游管理专业教学和旅游景区运营的具体实践,本书具有以下特色。

　　(1) 突出实用性。现代职业教育理念要求教材的编写应以素质培养为基础,以能力提升为本位。在本书的编写过程中,以旅游景区服务管理的具体实践为指导,科学设计编写框架,认真梳理教材内容,严格筛选课程案例,重点培养旅游大类专业学生的实践操作能力和解决实际问题的能力。

　　(2) 突出思政育人理念。本书的编写致力于践行习近平新时代中国特色社会主义思想和党的二十大精神,以"思政育人""三全育人"的理念为指导,以培养和提升学生的职业精神和职业素养为己任,教育学生为人谦虚友善,诚实正直;对事责任心强,踏实肯干;对待学习勤奋好问,博采广览;对待困难,勇敢正视,不怕吃苦;对待生活,积极乐观,充满活力;对待自我,正确认知,善于反思。

　　(3) 突出体系多元性特色。本书内容以课前导入任务单—课中实训—课后拓展为主线,课前导入任务单以案例引入,激发读者的思考,结合丰富的案例分析,设计多个与旅游景区相关的知识链接,在正文内容中设计思考与讨论环节,使读者更灵活地掌握知识。

(4)突出智慧景区管理体系。近年来,随着互联网、大数据、人工智能等新技术在旅游领域的应用,以数字化、网络化、智能化为特征的智慧旅游成为旅游业高质量发展的新动能。智慧旅游业正在成为旅游业发展和提升的重要引擎。本书项目八对智慧旅游和旅游景区智慧化管理等内容进行了全面系统的阐述。

本书既可作为职业教育旅游大类专业教材和旅游景区员工的岗位培训教材,也可作为旅游景区服务与管理人员的参考用书。本书分为三大模块,即认识旅游景区、旅游景区服务和旅游景区管理。具体来说,从旅游景区的概念出发,明确旅游景区的类型,梳理旅游景区的发展历程,使读者从总体上了解旅游景区;从旅游景区接待服务、旅游景区解说服务、旅游景区商业服务、旅游景区安全服务四方面介绍了旅游景区服务的基本内容与环节,最后又对旅游景区营销管理、旅游景区人力资源管理、旅游景区智慧化管理进行了阐述。通过这三个模块内容的学习,读者能够掌握旅游景区的基本技能和管理方法。

本书主要由日照职业技术学院的老师编写完成,其分工如下:秦志玉编写项目一,刘丹编写项目二、项目四,仪孝法编写项目三,刘安娜编写项目五,冯娜编写项目六,周长晓编写项目七,康馨编写项目八。秦志玉担任主编,负责全书大纲的设计与制定,并对全书进行了统稿和修改完善。

在本书的编写过程中,参考、借鉴和引用了一些专家、学者及同行的研究成果、观点和资料,在此表示衷心的感谢,对本书使用中的问题,希望得到广大读者的积极反馈。本书的出版得到了清华大学出版社的鼎力支持,在此表示衷心的感谢。

由于编者水平有限,不足之处难以避免,敬请广大专家和读者批评、指正。

编　者

2024 年 1 月

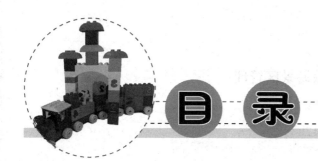

目 录

模块三　旅游景区管理

模块一　认识旅游景区

旅游景区概述

任务一　初识旅游景区

课前导入

故　宫

故宫是世界文化遗产,是世界上现存建筑面积最大、保存最完整的古代宫殿建筑群,每年有七八百万游客在此驻足观赏。

故宫位于北京城中心,东西宽753米,南北长961米,占地面积723600余平方米,周围环以10米高的城墙和52米宽的护城河(筒子河)。城墙四面各设城门一座:南名午门,北称神武门,左右为东华门、西华门,其中午门为参观入口,神武门为参观出口。城内古建筑总面积约16万平方米,整组宫殿建筑布局谨严,秩序井然,布局与形制均严格按照封建礼制和阴阳五行学说设计与营造,映现出古代帝王至高无上的权威。

故宫是我国古代宫城发展史上现存的唯一实例和最高典范,在建筑技术和建筑艺术上代表了中国古代官式建筑的最高水平。自中华人民共和国成立以来,故宫博物院通过对故宫的建筑的普查,针对紫禁城存在的问题,实施了故宫古建筑修缮史上的最大规模的治理与抢险,从根本上改变了旧社会留给故宫的荒凉残破的面貌,使之展现出宏伟壮丽的规模。

自2017年国务院颁布《关于实施中华优秀传统文化传承发展工程的意见》以来,故宫适应"互联网+"时代的需求,于2008年成立故宫文化创意中心,2013年开始设计"卖萌"的文创产品,2016年故宫文创入驻天猫,开发了独具特色的文化创意产品,截至2017年年底实现了15亿元的文创产品销售额。

2018年11月北京卫视与故宫博物院联合推出文化类综艺节目《上新了·故宫》,凭借创新的节目形式、富有深度的节目内容以及"高而不冷"的文化立意,为影视综艺节目的创新进行了成功尝试。2019年6月,《上新了·故宫》荣获第二十五届上海电视节白玉兰奖综艺类最佳电视综艺节目的奖项。

故宫太和殿如图1-1所示。

图 1-1　故宫太和殿

课前导入任务单

任务名称	初识旅游景区	时间		班级	
成员名单					
任务要求	(1) 对旅游景区有初步认知； (2) 了解景区旅游资源的特点				

(1) 阅读课前导入案例并查阅故宫相关材料,请描述故宫的哪些方面让你印象深刻。

(2) 请用自己的语言描述故宫的旅游资源有什么特点。

(3) 通过故宫开发文创产品的案例,请思考在弘扬中华传统文化方面有哪些值得借鉴的地方。

(4) 请写出一个你喜欢的5A级景区,简单说明喜欢的原因。

完成效果自评	优	良	合格	不合格
成员 姓名				

课中学习

一、旅游景区

旅游景区是旅游业的核心要素,是旅游产品的主体成分,是旅游产业链中的中心环节。

国家标准《旅游景区质量等级的划分与评定》(GB/T 17775—2003)中对旅游区(点)给出了明确的操作性定义:旅游区是以旅游及其相关活动为主要功能或主要功能之一的空间或地域。本标准中旅游区(点)是指具有参观游览、休闲度假、康乐健身等功能,具备相应旅游服务设施并提供相应旅游服务的独立管理区。该管理区应有统一的经营管理机构和明确的地域范围。包括风景区、文博院馆、寺庙观堂、旅游度假、自然保护区、主题公园、森林公园、地质公园、游乐园、动物园、植物园及工业、农业、经贸、科教、军事、体育、文化艺术等各类旅游区(点)。

这个定义对于旅游景区的地理性质、管理性质和功能性质给予了较为明确的规定。从地理性质来看,它是一种类型的"空间或地域",应有"明确的地域范围";从管理性质来看,它是一个"独立管理区",应有"统一的经营管理机构";在功能性质方面,它"以旅游及其相关活动为主要功能或主要功能之一""具有参观游览、休闲度假、康乐健身等功能""具备相应旅游服务设施并提供相应旅游服务"。这三种性质彼此不是独立的,而是一体的,缺一不可。[①]

二、旅游景区的构成要素

旅游景区的构成要素有很多种分类,但是大致可分为资源要素和非资源要素两类,其中我们所常说的旅游景区构成要素主要是指资源要素。

(一)旅游景区的资源构成要素

旅游景区的资源构成要素是旅游景区的基础,包括旅游吸引物、景区设施及景区服务。

1. 旅游吸引物

旅游吸引物是指赋予旅游景区空间范围内,对游客产生吸引力的资源,包括自然型和人文型的,这些资源经过开发和经营可以转化为旅游产品,供旅游者消费。旅游吸引物有广义和狭义之分。狭义的旅游吸引物一般是指有形的旅游资源,包括自然旅游资源和人文旅游资源;广义的旅游吸引物除有形的旅游资源外,还包括旅游服务、社会制度、民居生活方式等无形的旅游资源。

旅游吸引物的本质特征主要表现在三个方面:一是整合性,旅游吸引物能够将潜在的单项旅游产品整合成一个整体;二是恒定性,它能够在较长时间内保持其吸引力,但是一旦遭到破坏,其恒定性就很难恢复;三是被动外向性,旅游吸引物需要被动接受外来游

---

① 罗浩,冯润.论旅游景区、旅游产品、旅游资源及若干相关概念的经济性质[J].旅游学刊,2019,11(34):116.

5

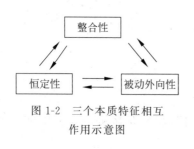

图 1-2　三个本质特征相互
作用示意图

客的消费。这三个特征相互联系,构成了旅游吸引物的本质特征。

旅游吸引物本质特征的相互作用如图 1-2 所示。

2. 景区设施

景区设施是游客实现旅游活动的基本条件之一,同时也是景区存在的基础设施之一。景区设施的规模、质量和风格会对景区的经营产生重要影响。景区设施是直接或间接向旅游者提供服务所凭借的物质条件。景区设施一般分为景区基础设施和景区接待设施两大类。

景区基础设施是指保障景区正常运营需要提前布置并发挥基础性作用的设施,主要包括交通设施,水、热、电、气供应设施,信息设施,排污设施,环境卫生设施,风险防治设施等。这类设施可以称为"看不见的设施"。

景区接待设施是为了满足游客顺利完成景区游览需要建设的设施,主要包括住宿餐饮设施、休憩服务设施、购物设施、导识设施、环境景观设施、康乐设施等。这类设施可以称为"看得见的设施"。

景区设施在建设中应该按照分散和集中原则进行落实,在景区的游客集散中心和游览核心区域应该进行集中布局,满足游客的旅游需求,同时在各旅游景点设置相应的服务设施,既能够满足游客的旅游需求,又能够提升旅游设施的使用效率。

景区设施构成示意图如图 1-3 所示。

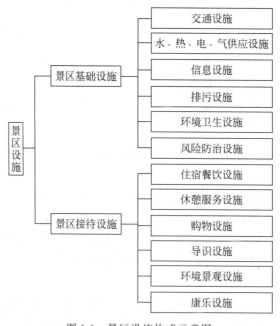

景区设施有
哪些?.mp4

图 1-3　景区设施构成示意图

3. 景区服务

景区服务是景区能否使游客满意的最敏感要素。景区服务就是景区服务人员通过各种景区的设施与设备采取多样化方法与手段来展现其"热情好客",为消费者提供游览便利,满足顾客物质需求与精神需求,营造一种和谐的气氛,使顾客在景区游玩时产生惬意和幸福感。

景区服务质量包括有形的服务质量和无形的服务质量。有形的服务质量是由景区的设施设备、安全状况、卫生与环境、景区标识以及景区宣传与实际差距等决定的。无形的服务质量则主要是由景区服务人员的素质水平决定的,包括知识素质、能力素质以及服务素质等。

景区服务质量构成示意图如图1-4所示。

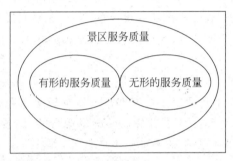

图1-4 景区服务质量构成示意图

相关链接

洪洞大槐树景区旅游服务标准化创新

"问我祖先在何处?山西洪洞大槐树。"洪洞大槐树景区位于山西省洪洞县。洪洞大槐树景区建筑景观独特、历史文化悠久,是以"大槐树移民见证地与寻根祭祖圣地"人文景区为主、自然生态与建筑景观为辅的大型综合性科普人文旅游精品景区。在实践中,洪洞大槐树景区通过新理念、新体系、新产品、新方法、新内容等进行系统的标准化建设,形成了企业标准化创新发展系统,标准化的不断创新为企业发展注入了活力。

1. 全员标准化

为了全面推行标准化管理,在前期标准编制过程中,标准编制人员带动全员参与,例如通过收集一线人员的意见,制定出的《卫生清扫服务标准》,在标准中清楚地规定了"服务人员在清洁过程中应留意周边环境,如遇游客经过,宜在游客临近作业位置约3米处停止作业,并礼让示意游客通行"。这样制定出的标准切合实际,可操作性强。

2. 标准化体系创新

制定标准的主要人员将标准化作为贯穿各项工作的主线,按照国家服务业标准化的工作要求,围绕"吃、住、行、游、购、娱"的旅游六要素,围绕公司153个岗位,创新构建了具有旅游行业特点和大槐树特色的标准体系;洪洞大槐树景区制定的企业标准的技术要求普遍高于强制性国家标准的相关技术要求,公司规范化管理的技术标准、管理标准和工作标准等标准达764项。

3. 标准化创新推动非遗传承

"根祖文化"是洪洞大槐树景区的独特历史文化资源内核,洪洞大槐树寻根祭祖园有限公司经过多方走访、收集资料、咨询专家、反复推敲,运用标准化原理和技术,历时一年多,在对"大槐树寻根祭祖仪式"中的文化元素和礼仪、流程进行合理分析、凝练的基础上,对祭祖活动流程进行了标准化创新,将由数百人操作、近万人参与的祭祖习俗编制为可流程化操作的《祭祖活动实施办法》,转化为操作性强的规范化标准流程。

洪洞大槐树景区将标准化技术应用于非遗文化衍生产品的开发,有效地将非物质文化遗产从传统的沉淀、虚化状态,转化为可动态展示、游客亲自参与体验的新型文化旅游产品,成功地将旅游与本地祭祀习俗相融合,为非物质文化遗产的传承发展提供了提供可复制、可推广的标准化经验,成为文化与旅游深度有机融合的极佳案例。

4. 标准动态化创新

为保证标准与企业发展和市场需求同步,洪洞大槐树景区以标准为基准,实施动态标准化,随着环境条件(技术和管理等内容)的变化、市场需求和行业主管部门要求的变化,按阶段进行修订。每年都会根据当年度的标准运行情况,废除不适宜的标准,不断更新、完善标准,确保产品质量和服务水平不断提升,并及时补充先进实用的行业标准应用于景区的日常管理工作。

（资料来源：董建英,范忠义,何东海.洪洞大槐树景区旅游服务标准化创新发展研究[J].中国标准化,2019,12(上):141-143.）

（二）旅游景区的非资源构成要素

旅游景区的非资源构成要素主要是指那些存在于旅游景区当中,却不一定是旅游景区存在所必需的客体要素,但这些要素却对旅游景区的旅游活动起着重要的作用,或产生积极影响,或产生消极影响。这些要素包括旅游者、当地居民、当地政府。

1. 旅游者

旅游者是旅游活动的主体,也是旅游景区的消费者。旅游景区经营效益能否实现,特别是其经济效益能否实现,根本上取决于旅游消费者的满意度和消费规模结构与水平。

近年来,智慧旅游已经逐渐走进了人们的生活中,旅游者对于旅游体验更加追求个性化和智能化,传统的旅游景区中的各项服务设施已经不能满足旅游者的消费需求。党的二十大报告提出,实施国家文化数字化战略,健全现代公共文化服务体系。对于景区来讲,需要加强智慧设施建设,建设包括线路推荐、语音讲解、动态排队、地图导览等功能的导览系统,以方便游客了解景点信息,同时需要加强员工培训,了解和掌握景区内部智慧设备的使用,加强与线上旅游运营商的合作,增强线上服务能力。

相关链接

广西左江花山岩画数字文化遗产智慧景区建设

广西壮族自治区左江花山岩画文化景观于2016年7月获准列入世界遗产名录。左江花山岩画数字文化遗产智慧景区的建设坚持开放性、实用性、标准化和安全性等原则,结合左江花山岩画数字文化遗产已有资源、发展现状和管理方式等,其智慧景区建设内容主要包括官网建设、生态预警监测系统、安全管理系统、智慧旅游系统、智能导游系统、客户关系管理系统和办公自动化(OA)系统等。它的建成为游客和管理者提供智慧化服务,为游客提供更加方便、快捷的旅游资讯查询和产品预订,增强旅游体验感。将遗产保护区的管理、维护和发展有机地结合起来,提升了市场竞争力,实现了左江花山岩画数字文化遗产保护区环境、经济和社会效益的最大化。

(资料来源:董金义.广西左江花山岩画数字文化遗产智慧景区建设[J].对外经贸,2021(2):84-88.)

2. 当地居民

当地居民包括生活在旅游景区内和附近的居民。在旅游景区中,他们起着三个作用。一是这些居民所负载的传统文化、民俗、民风本身可能就是景区旅游资源的一部分,吸引着游客;二是当地居民又是旅游景区的依附者,他们生活水平的提高,常常依附于旅游景区的经营和发展,并希望通过旅游景区的发展带动当地居民致富;三是当地居民对旅游的认识和对游客的态度直接影响着旅游景区的经营,同时,他们有时也是旅游经营者,为旅游者提供服务。

3. 当地政府

当地政府是指旅游景区所在地的政府。旅游景区所在地政府通常被视为旅游景区所有者的实质性代表,在国家政策框架内,行使对公共资源的管辖权与处置权,依法享有景区的利益要求。当地政府对旅游景区的利益要求,必须与国家和社会公众对旅游景区的总体利益目标相一致,希望通过旅游景区的开发和利用,带动当地经济与社会发展,实现当地经济、社会、环境的协调发展。为此,当地政府要制定旅游景区开发经营的各项政策,及时有效地协调各方面的利益关系,并且采取一系列的措施推动和促进旅游景区的经营发展。

旅游景区构成要素示意图如图1-5所示。

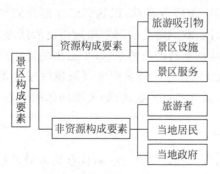

图1-5　旅游景区构成要素示意图

三、旅游景区的类型

旅游景区包括风景区、文博院馆、寺庙观堂、旅游度假区、自然保护区、主题公园、森林公园、地质公园、游乐园、动物园、植物园以及相关的工业、农业、经贸、科教、军事、体育、文化、艺术等展示区。其划分依据不同,就会形成不同的分类系统,一般来说,划分依据主要包括资源属性、景区功能、管理主体和景区规模等。按景区的旅游活动功能,并结合资源属性,本书把旅游景区划分为以下三种类型。

（一）观光体验类旅游景区

观光体验类旅游景区包括观光类旅游景区和体验类旅游景区两大类。

观光类旅游景区又可分为自然观光旅游景区和人文观光旅游景区。自然观光旅游景区具有独特、优美的自然景观,主要以江、河、湖、海、山、林、瀑、泉、气象等为主体,如广西桂林山水、四川九寨沟、云南石林、安徽黄山、湖南张家界等;人文观光旅游景区主要以历史时期和现代人类活动所留下的记录为主体,包括庙坛、皇陵、宫苑、寺观佛塔、园林、现代都市等。

体验类旅游景区种类较多,均强调通过参加各项活动来体验独特的感受。民俗风情旅游景区表现了不同民族独特的生活习惯及方式,包括衣着服饰、民居建筑、饮食特色、娱乐方式、婚恋习俗、节庆、礼仪、生产交通等,并结合当地的自然景观,给人独特的文化体验,如云南省西双版纳傣族村寨、大理白族村、丽江纳西族村、广西壮族村、贵州苗族村寨等旅游景区。而文化艺术类旅游景区则以不同的文化主题为中心创造出特定的文化氛围,使旅游者在体验过程中增长学识和提高艺术修养,如无锡影视城等。

（二）休闲度假类旅游景区

休闲度假类旅游景区是指在优美的旅游环境（如阳光、沙滩、温泉等）中进行康体、运动和娱乐等休闲度假活动的旅游景区,主要包括以下三类。

（1）康体疗养类旅游景区,指依托宜人的气候环境,能提供康体疗养活动的地貌、水文、生物等地理环境,有优美的自然环境或有特殊康体疗养效用的地域,可经营发展康体疗养活动的旅游度假区。例如,温泉疗养类（如重庆南北温泉、陕西骊山温泉）、避暑疗养类（如河北承德、江西庐山）、避寒疗养类（如海南三亚、广西北海、云南西双版纳）等。

（2）运动健身类旅游景区,这类旅游景区主要以自然旅游资源为依托,一般拥有较好的山地,可以进行登山、探险、滑雪等运动,以达到锻炼健身的目的,如云南丽江的玉龙雪山、黑龙江亚布力滑雪度假区、欧洲著名的阿尔卑斯山度假区等,同时,还包含以水为基地而开展游泳、泛舟、潜水等运动项目的旅游景区,如云南的阳宗海、海南三亚的亚龙湾等。

（3）娱乐休闲类旅游景区,指以人造景观为背景建设现代娱乐休闲设施,供旅游者开展观赏、娱乐和消遣等旅游活动项目的景区,如大型的休闲中心、动物园及主题公园等。

（三）综合类旅游景区

综合类旅游景区不仅有优美的自然风光,而且有众多的名胜古迹,是自然旅游资源与人文旅游资源有机结合统一体,一般拥有较大的规模。例如,北京风景名胜区、杭州旅游风景区、大理风景名胜区、丽江风景名胜区等,它们不仅风光秀丽,而且有大量珍贵的历史文化遗迹,每年都吸引了大量的旅游者前往观光游览。其中科考探险类旅游在我国刚起步,这类景区以自然资源为主,不仅具有罕见的风光,还有很高的科学研究价值,如雅鲁藏布江大峡谷、乌尔禾雅丹地形、湖北神农架等。

旅游景区类型划分示意图如图 1-6 所示。

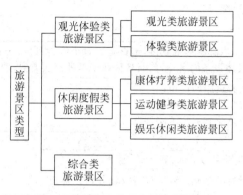

图 1-6　旅游景区类型划分示意图

四、旅游景区质量等级分类

现阶段对于我国旅游景区质量等级分类多是依照中华人民共和国国家标准《旅游景区质量等级的划分与评定》(GB/T 17775—2003)与《旅游景区质量等级管理办法》进行官方评定。《旅游景区质量等级管理办法》中规定凡在中华人民共和国境内正式开业一年以上的旅游景区均可申请质量等级,旅游景区质量等级划分为 5 个等级,从低到高依次为A、AA、AAA、AAAA、AAAAA。《旅游景区质量等级的划分与评定》主要是从标准的达成方面进行了详细的规定,《旅游景区质量等级管理办法》主要是对评定的过程进行了规范。

《旅游景区质量等级的划分与评定》(GB/T 17775—2003)是 2003 年由中华人民共和国发布,代替之前版本的 GB/T 17775—1999,该标准与 GB/T 17775—1999 相比,主要修改体现在三个方面,一是在划分等级中增加了 AAAAA 级旅游景区,新增的 AAAAA 级主要从细节方面、景区的文化性和特色性等方面做更高要求;二是对原 AAAAA 级旅游景区的划分条件均进行了修订,强化以人为本的服务宗旨,AAAAA 级旅游景区增加细节性、文化性和特色性要求;三是细化了关于资源吸引力和市场影响力方面的划分条件。

《旅游景区质量等级管理办法》于 2012 年 4 月 16 日由原国家旅游局以旅办发〔2012〕166 号印发。《旅游景区质量等级管理办法》分总则、评定机构与证书标牌、申请与评定、检查员、管理与监督、附则共 6 章 31 条,自 2012 年 5 月 1 日起施行。

五、智慧景区

党的二十大报告提出,加快发展数字经济,促进数字经济和实体经济深度融合。智慧景区最大的特色就是"智慧",其目标是借助各类高新技术融合所形成的智能网络实现管理的最优状态,"智慧"管理的主体是景区,"智慧"管理的对象是人和物。因此,智慧景区指利用现代科学技术集合形成智慧网络,并结合创新的服务理念与管理理念,实现更加精细和动态方式管理景区,达到景区运营最优状态,实现景区环境、社会和经济全面协调可持续发展。智慧景区建设主要涉及四个方面:优化和再造景区管理业务流程;通过物联网对景区旅游设施建设监测;对游客、社区居民、景区工作人员实现可视化管理;打造多方(政府监督部门、旅行社、酒店等)参与景区管理的平台。

课中实训

实训项目	以小组为单位,选择附近的景区,调查至少 3 个旅游景区,统计每个景区的基础设施和接待设施中具体设备的名称,判断景区属于哪种景区类型,景区的智慧化程度如何等
实训目标	(1)加深对旅游设施的认识; (2)掌握旅游景区类型的分类方法; (3)对景区智慧化有初步了解
实训地点	
物料准备	相机或者可以摄像的手机、笔记本、笔等

实训过程	(1)被调查景区的基础设施和接待设施分别有哪些?

景区名称	具体设备名称
	基础设施:
	接待设施
	基础设施:
	接待设施
	基础设施:
	接待设施

(2)被调查景区分别属于哪种景区类型?

景区名称	景区类型

(3)被调查景区的智慧化程度如何?其智慧化项目有哪些?

实训总结	通过完成上述实训项目,你认为旅游景区在类型划分方面还有没有其他分类方法?哪种类型的景区目前游客较多?原因是什么?

实施人员	组长:		成员:

实训成绩	实训考勤(20 分)	
	小组组织(20 分)	
	项目质量(60 分)	

效果点评	

课后拓展

朱家林田园综合体

党的二十大报告指出,全面推进乡村振兴要统筹乡村基础设施和公共服务布局,建设宜居宜业和美乡村。朱家林田园综合体践行"创新、三美、共享"发展理念,总规划面积28.7平方千米,覆盖23个自然村、1.6万人,计划总投资19.8亿元,是山东省首个国家级田园综合体。

朱家林田园综合体实景图如图1-7～图1-9所示。

图1-7　朱家林田园综合体实景图1

图1-8　朱家林田园综合体实景图2

图1-9　朱家林田园综合体实景图3

项目实施以来,以生态规划统领"一核两带五区"建设,由山东省环境规划院编制完成《朱家林生态环境保护规划》,同步推进基础设施建设和招商引资,投资7500万元统筹实施山水路林田湖草生态修复治理工程。主题民宿、田园客厅、创客公寓、乡村美学馆等服务平台类项目建成使用,先期吸引燕筑生态、故里民宿等18个创客团队入驻创业。招商落地项目包括上海乡伴文旅柿子岭理想村、法国安德鲁果蔬加工项目、化氏集团钓鱼运动特色小镇、中国农科院郑州果树研究所果树试验站等;同时,推出生态骑行、民俗大集、农民丰收节等体验活动,知名度不断提升。

项目推进中,朱家林田园综合体建立指挥部、管委会、乡建公司、岸堤镇、村居"五位一体"工作推进机制,集中搭建科技支撑、数字孪生、人才培训、标准化研究、电商物流、金融支持六大平台,出台创新创业16项激励政策,成立朱家林田园综合体党委,提升乡村治理能力。在全国率先制定发布田园综合体地方标准,立项承担三项国家级标准制定。综合体入选山东省新旧动能转换重点项目、山东省特色小镇、山东省电商小镇。

田园综合体是指集现代农业、休闲旅游、田园社区为一体的田园小镇和乡村综合发展模式,具有产业、区域与人员的兼容与集聚功能,"综合"是其最本质的特点,是实现"农业强、农村美、农民富"乡村振兴战略目标的有效机制。2017年"田园综合体"一词首次被写入中央一号文件,到现在已经经历三次迭代:第一代,以政府主导乡村休闲为定位,发展采摘体验、农业经济作物,加快新农村建设;第二代,以"地产—生态"为基本模式,大力发展房地产销售与生态观光;第三代,以"地产+商业+旅游项目"的模式,从房地产开发的单一形式过渡到房产开发与商业休闲、户外活动、生态体验为一体的综合模式,接下来田园综合体将朝着生活生产生态"三生同步"、一二三产业"三产融合"、农业文化旅游"三位一体"的方向发展。

(资料来源:千梦园.沂南朱家林:农旅融合,共建共享,打造"三生三美"新田园[EB/OL].(2021-10-03).https://baijiahao.baidu.com/s?id=1712600786851878942&wfr=spider&for=pc[2024-01-08].)

思考:田园综合体作为一种新型旅游业态,在服务乡村振兴方面有独特优势,调查周边地区的一处田园综合体,了解其发展现状,思考田园综合体在未来城乡协同发展方面有哪些优势?在田园综合体中还可以开发什么项目来丰富项目业态?

任务二 旅游景区发展历程

课前导入

黄石,世界上第一个国家公园的诞生

黄石国家公园位于美国中西部怀俄明州的西北角,并向西北方向延伸到爱达荷州和蒙大拿州,面积达8983.17平方千米,在1978年被列为世界自然遗产。

1870年8月,人类对黄石的一次最重大的造访——"瓦什们恩—兰祸德—多恩"的探险行动开始了,这是一支20余人探险队,由美国的亨利·瓦什伯恩率领,他们花费了一个多月的时间进行考察,发现了令人叹为观止的奇景:间歇泉、温泉、瀑布和峡谷。

离开黄石国家公园之后,这群探险家写了许多文章,在美国国内产生了巨大影响。法官科尼利厄斯·赫奇斯首先提出"这片土地应该是属于这个新兴国家全体人民的国宝"这一倡议。

保护,还是开发?国会在议会里经过一场激烈的辩论,与此同时,美国艺术家、探险家等有识之士开始认识到西部大开发将对原始自然环境造成巨大威胁,同时颇有势力的铁路公司也发现西部荒野作为旅游资源开发的潜在价值。于是保护自然的理想主义

者和与强调旅游开发的实用主义者一拍即合,联合起来共同反对伐木、采矿、修筑水坝等另外类型的实用主义者,并最终成功地说服国会立法建立了世界上第一个国家公园。

1872年时任美国总统的格兰特在提案上签了字,划定大部分位于怀俄明州的80万公顷土地为黄石国家公园,规定黄石地区"在美国法律下予以保存,免于开垦、占据或买卖,为了人民的福祉和享受的缘故,被献为并划定为公众公园或休闲地"。

1965年美国国会通过了《特许经营法》,要求在国家公园体系内全面实行特许经营制度,即公园的餐饮、住宿等旅游服务设施向社会公开招标,经济上与国家公园无关。国家公园管理机构是纯联邦政府的非营利机构,专注于自然文化遗产的保护与管理,日常开支由联邦政府拨款解决。特许经营制度的实施,形成了管理者和经营者角色的分离,避免了重经济效益、轻资源保护的弊端。

产生于美国的关于国家公园的思想和体系,作为一种理念和制度已经为全世界所普遍接受。"国家公园和保护区体系""世界遗产""生物圈保护区"等概念也是从单一的国家公园概念中衍生而来的。

2013年以来,我国将国家公园建设上升为国家战略,各地纷纷探索国家公园建设之路。2019年6月,中共中央办公厅和国务院办公厅发布《关于建立以国家公园为主体的自然保护地体系的指导意见》,明确了国家公园的主体地位,标志着我国国家公园建设进入一个新阶段。截至2021年,我国有10个国家公园体制试点正在进行,其中包括三江源国家公园、东北虎豹国家公园、大熊猫国家公园、神农架国家公园、武夷山国家公园、钱江源国家公园、南山国家公园、长城国家公园、普达措国家公园、海南热带雨林国家公园以及祁连山国家公园。

(资料来源:笑非,黄石.世界上第一个国家公园的诞生[J].知识就是力量,2015(34):52-55.)

课前导入任务单

任务名称	认识旅游景区发展历程	时间		班级	
成员名单					
任务要求	(1)初步认识我国旅游景区的发展现状和发展历程; (2)初步了解我国国家公园的建设背景及建设现状; (3)初步了解我国旅游景区的分布特征				
(1)查阅资料,简述目前我国旅游景区的发展现状。					

（2）2013年以来,我国将国家公园建设上升为国家战略,请选择2个国家公园进行简单的介绍,在管理上有什么特点。

（3）查阅资料,请思考我国旅游景区未来的发展特征会有哪些。

完成效果自评	优	良	合格	不合格
成员 姓名				

课中学习

一、旅游景区的产生与发展

（一）古代旅游景区的产生

古代旅游景区的产生是随着观光和休闲的发展而出现的,观光和休闲在古希腊和古罗马出现较早。古希腊人和古罗马人创造了灿烂的人类文明,在西亚、北非和地中海沿岸留下了一大批珍贵的物质遗产和文化遗产。在古希腊希罗多德(约公元前484—公元前425年)的作品中就描述了四千年前的古巴比伦和古埃及的休闲与旅游活动,当时的古希腊人和古罗马人经常外出游览观光,他们所访问的场所大多是艺术或建筑珍品的所在地。

相关链接

古巴比伦空中花园

空中花园又称悬苑,是世界八大奇迹之一。传说是在公元前6世纪由古巴比伦王国的尼布甲尼撒二世在巴比伦城为其患思乡病的王妃安美依迪丝(Amyitis)修建的,现已不存在。

据说空中花园采用立体造园手法,将花园放在四层平台之上,用沥青及砖块建成,平台由25米高的柱子支撑,并且有灌溉系统。园中种植各种花草树木,远看犹如花园悬在半空中,由此得名空中花园。

古罗马浴场

古罗马人洗澡的地方,全场用大理石砌成,用嵌石铺地;有壁画,有雕像,用具也不寻常。房子高大,分两层,都用圆拱门,走进去觉得稳稳的;里面金碧辉煌,与壁画雕像相得益彰。居中是大健身房,有喷泉两座。场子占地六英亩,可容 1600 人洗浴。洗浴分冷水、热水、蒸汽三种,各占一间屋子。古罗马人到浴场来,不单是为洗澡,他们可以在这里商量买卖、和解讼事等。

罗马帝国时期,大型的皇家浴场又增设图书馆、讲演厅和商店等,附属房间也更多,还有很大的储水池。2 世纪初,叙利亚建筑师阿波罗多拉斯设计的图拉真浴场确定皇家浴场的基本形制:主体建筑物是长方形、完全对称,纵轴线中是热水厅、温水厅与冷水厅;两侧间各有入口、更衣室、按摩室、蒸汗室等;各厅室按健身与沐浴的一定顺序排列;锅炉间、储藏室和奴隶用房在地下。以后的卡拉卡拉浴场、戴克利先浴场与君士坦丁浴场大体仿此建造。

在古代中国,商业旅行、求学、帝王巡游考察带动了旅游活动的发展,许多有闲阶层利用特权为自己修建各种各样的休闲场所和娱乐设施。古代帝王大都广兴土木,修建宫殿、园林和各种休闲娱乐场所供自己享乐。许多封建士大夫也竞相模仿,修建私家园林,这些都构成了中国古代旅游景区的雏形。

▌▌相关链接▌▌

上　林　苑

"苑"是古代帝王游玩、打猎的风景园林。上林苑是中国历史上最负盛名的苑囿之一,位于汉都长安郊外(今西安附近)。上林苑最初是秦代修建的,汉武帝即位后进行了扩建,扩建后的上林苑,规模大得惊人。司马相如的《上林赋》就描述了上林苑的美丽景色和汉武帝出猎的宏大场面,据载,上林苑周长 100 余千米,里面有离宫 70 所,地跨长安区、鄠邑区、咸阳、周至县、蓝田县五区县境,可以容纳千乘万骑。苑中包罗了渭、泾、沣、涝、潏、滈、浐、灞八条河流,就是后人所说的"八水绕长安"。

苑中冈峦起伏,笼众崔巍,深林巨木崭岩参差,八条河流流注苑内,更有灵昆、积草、牛首、荆池、东西破池等诸多天然和人工开凿的池沼,自然地貌极富变化,恢宏而壮丽。由于苑内山水咸备、林木繁茂,其间孕育了无数各类禽兽鱼鳖,形成了理想的狩猎场所。当年曾有不少文人为之作赋,描绘苑囿胜概,叙述田猎盛况。

耦　园

耦园前身为"涉园",建于清初,为清顺治年间保宁知府陆锦所筑,取陶渊明《归去来兮辞》中的"园日涉以成趣"之意,咸丰年间毁于兵燹,同治十三年(1874 年)苏松太道道台湖州人氏沈秉成购得废园,聘请画家顾沄设计,扩地营构,建成现状,易名"耦园"。

耦通偶,寓夫妇偕隐意,1876 年耦园落成,占地约 12 亩,住宅居中,东西花园分列两边,东花园以中心的黄石假山为主要景点,是涉园的遗存,也是苏州古典园林里著名的黄石假山,西花园则以湖石构景,舒展绵延。同时,在个体建筑上也有或东西,或南北,或上下,或明暗,或高低等两两呼应。

(二)近代旅游景区的发展

西方的工业革命把人类推向近代旅游的新阶段。蒸汽机的改良和运用,让人类从此有了靠机械动力行进的交通工具。新式交通工具的出现使较大范围、较远距离的旅游成为可能,因此旅游者的队伍越来越壮大。在欧洲、北美洲的一些国家相继诞生了许多旅行社,出现了一些现代化的酒店。

1853年,英国在伦敦动物园内建造了世界上第一座近代水族馆,成为水族馆从列车厢式向环道式、隧道式和遨游式演变的开端;1872年3月1日,美国国会批准在怀俄明州建立了面积达8983.17平方千米的黄石公园,并颁布了《黄石公园法案》,黄石公园被公认为世界上第一个国家公园,随后国家公园的概念在美国、加拿大、澳大利亚、新西兰等国家被广泛推广;1889年,法国建成了312米当时世界上最高的埃菲尔铁塔,成为巴黎引以为豪的著名标志性景区;1893年,美国的芝加哥举办了纪念哥伦布的世界博览会,从事游乐园设备生产和游乐园设计的商家首次亮相,标志着游乐园进入了辉煌时代;1894年芝加哥建立了世界上第一座现代游乐园——保罗·波恩顿水滑道公园。

▌▌ 相关链接 ▌▌

埃菲尔铁塔

埃菲尔铁塔矗立在法国巴黎市战神广场上,旁靠塞纳河,其始建于1887年1月26日,于1889年3月31日竣工,并成为当时世界最高建筑。

埃菲尔铁塔初始高度312米,现高324米,一楼高57米,占地4415平方米,二楼高115米,占地1430平方米,三楼高276米,占地250平方米。从广场到二楼有五部电梯,从二楼到顶层有两部双人电梯。铁塔设有广场、一楼、二楼、顶层、花园五个区域,每年接待游客700万人次。

埃菲尔铁塔实现了两个突破,一是成功地将铁这一材料应用到了建筑的主体建造上并且为此在铁构件的制造工艺、装配流程等方面做出了很大的技术创新;二是在结构的设计上解决了建筑的自重以及风荷载问题,达到了人类建筑史的新高度。

(资料来源:百度全科.埃菲尔铁塔[EB/OL].(2020-09-22)[2023-12-03].https://baike.baidu.com/item/%E5%9F%83%E8%8F%B2%E5%B0%94%E9%93%81%E5%A1%94/559934?fr=ge_ala.)

在这一时期,中国旅游景区的发展相对缓慢。清朝修建了大量的花园和园林,如北京的圆明园、钓鱼台,南京的随园,苏州的拙政园等。除传统的园林外,也出现了第一个具有现代意义的"公园"——公花园。无锡的公花园被誉为"华夏第一公园",其始终坚持一个原则:不收门票,也不针对任何人设立门槛,是真正意义上的公众之园。公园的出现使得旅游景区的类型日渐多元化,与传统园林相比,公花园在功能上有了很大的拓展,是现代旅游景区的雏形。

▋▋ **相关链接** ▋▋

无锡公花园

　　1905年,由一些名流士绅倡议并集资,在无锡城中心原有几个私家小花园的基础上,无锡人建立了自己的第一个公园。该园自建立之初历经三朝100年,始终坚持一个原则:不收门票,也不针对任何人设立门槛。在"城中公园"建立后不久,无锡市民按照自己的习惯给予其另一个昵称——"公花园"。该公园被园林界公认为我国第一个公园,也是第一个真正意义上的公众之园。"公花园"建立后5年,孙中山先生在南京就任中华民国临时大总统。他所倡导的"天下为公"为"公花园"的诞生做出了最好的诠释。

　　"公花园"尚存的文物古迹、重要纪念建筑物有22处,其中有宋代石质饮马槽、明代绣衣峰、筑于100年前的龙岗、怀素《四十二章经》碑刻,以及历代著名书画家的碑刻作品等。

　　(资料来源:百度百科.无锡公花园[EB/OL].(2022-04-07)[2023-12-03].https://baike.baidu.com/item/%E6%97%A0%E9%94%A1%E5%85%AC%E8%8A%B1%E5%9B%AD/4285175?fr=ge_ala.)

(三)现代的综合发展阶段

　　第二次世界大战结束以后,世界进入相对和平与稳定的发展时期。个人收入增加,闲暇时间及带薪假期增多,现代化的高新科技带来了交通工具、通信工具、娱乐设备和住宿设施的日新月异,再加上政府对旅游业的扶持,旅游景区进入了现代的综合发展阶段。

　　1972年11月16日,联合国教科文组织第十七届会议在巴黎通过著名的《保护世界文化和自然遗产公约》,开始为全球范围内具有突出普遍价值的文物、建筑物、遗址、自然面貌和动植物的生存环境提供紧急和长期的保护。世界上许多文化遗址得到了妥善保护,并被开发为接待旅游者参观游览的世界著名景点,如英国伦敦的大英博物馆、德国的罗滕堡古城、意大利的比萨斜塔、埃及的金字塔、中国的长城等。

　　主题公园大量出现并迅速发展,也是这个时期重要的标志。1955年,美国人华特·迪士尼以全新理念建造了第一座迪士尼主题乐园,标志着以迪士尼主题乐园为典型代表的主题公园登上了历史舞台。这种以戏剧化、舞台化的理念建造的旅游景区可以让游客体验新奇、刺激并进入梦幻世界。在此之前,旅游景区开发主要依赖于自然景观和人文景观,因而开发出来的产品主要是资源依托型旅游产品,而主题公园的出现大大改变了传统的旅游景区经营理念。在此驱动下,各种各样的主题公园在世界各地兴起,诸如水族馆、野生动物园、民俗村等各种形式的主题公园层出不穷,掀起了新的旅游景区开发的热潮。

▋▋ **相关链接** ▋▋

洛杉矶加州迪士尼乐园

　　1955年7月,美国动画片大师华特·迪斯尼在洛杉矶附近创办了第一座迪士尼乐园。迪士尼乐园是一座主题游乐公园,主要有主街、冒险乐园、新奥尔良广场、动物王国、拓荒者之地、米奇卡通城、梦幻乐团、未来王国八个主题公园。中央大街上有优雅的老式马车、古色古香的店铺和餐厅茶室等，走在迪士尼世界中，还经常会碰到一些演员扮成的米老鼠、唐老鸭、白雪公主和七个小矮人。

（资料来源：百度百科.迪士尼乐园所在的地方[EB/OL].（2016-11-01）[2023-12-03].https://baijiahao.baidu.com/s?id=1549800843899069&wfr=spider&for=pc.）

二、旅游景区的发展趋势

（一）产品体验化

"体验经济"得益于社会经济的发展，科学技术的进步以及消费者生活水平的提高，是经历了产品短缺的农业经济、产品过剩的工业经济、强调个性化的服务经济三个阶段之后，从服务经济中分离出来的，强调消费过程，追求消费感受，重视顾客自我体验的一种经济形式。

随着体验经济时代的到来，"体验"已被广泛运用于以旅游业为代表的服务行业。体验是企业以服务为"舞台"，以商品（产品）为"道具"，用于激活消费者内在"心理空间"的积极主动性，引起胸臆间的热烈反响，创造出让消费者难以忘怀的经历的活动，简言之，就是一种创造难忘经历的活动。

未来的景区更多的是依托自身优质的资源、环境及市场条件，打造更多体验的旅游产品，延长游客停留时间，满足游客的需要，加深游客的印象，进而实现旅游景区多元化盈利模式的构建，加快实现旅游景区的投资回报。

▌▌相关链接 ▌▌

基于沉浸式体验的新疆那拉提景区设计

那拉提风景名胜区位于我国新疆维吾尔自治区西部的伊犁地区，地处天山腹地，伊犁河谷东端。良好的草原景色与当地哈萨克民族风俗交相辉映，并由此发展为新疆地区影响力较为显著旅游观光度假区。

1. 视觉体验设计

那拉提景区中可以引起游览者嗅觉感知的风景类型主要包括：芳香类植物、芳香花卉和食物香气。景区工作人员运用自然种植手法，在恰普河北岸种植一系列听觉、嗅觉、视觉并重的植物，如薰衣草、马鞭花、格桑花等花草的应用能营造芳香野趣的嗅觉体验空间，置身其中，可以舒缓身心且对健康有益。在游牧人家节点上，设置游牧特色饮食文化为主题的活动空间，通过香飘四溢的部落美食，构成景区节点环境中的嗅觉、味觉元素。

2. 听觉体验设计

在那拉提景区引起游览者听觉感知的有以下风景类型，河谷自然声景：如雪林溪、牧羊沟、巩乃斯河；植物声景：如云林嵌翠、乌拉斯森林、雪岭云杉；民俗表演声景：如哈萨克族的婚俗、阿肯弹唱、赛马；动物声景：如马、飞鸟等。景区通过沿游览线路布置扬声系统和解说系统,在多感设计中,人工声的引导和指示功能有助于游客在游览过程中配合其他感官完成游览的重要作用,较为容易达到沉浸式的游览体验。

（资料来源：牟磊,高成广.基于沉浸式体验的新疆那拉提景区设计[J].旅游纵览,2021(3)：117-120.）

（二）管理智慧化

江苏省镇江市于2010年在全国率先创造性提出"智慧旅游"概念;（原）国家旅游局正式将2014年旅游宣传主题确定为"美丽中国之旅——2014智慧旅游年"。

党的二十大报告指出,要加快发展数字经济,促进数字经济和实体经济深度融合。智慧景区借助先进的信息技术和物联网技术,以游客互动体验为中心,结合上下游企业构建全面的服务链,对景区的自然资源、基础设施和服务设施等信息进行全面、透彻、及时感知,不但达到保护景区资源的目的,同时也更好地满足游客体验要求,使游客获得良好的互动体验。

（三）服务人性化

人性化的起源来自人文关怀。人文关怀就是"尊重人的人格、尊严、思想和情感;肯定人的价值和主体性,以人为目的;关怀个体的自我实现与自由,追求人性的完善,最终实现人的最大发展"。

景区的人性化服务是站在旅游者的角度,针对每个旅游者的个体差异性,完成最适合旅游者的旅游服务工作,让旅游者感觉自我个体的需要得到满足,自己的人格得到尊重,乃至超越旅游者的心理基本期待与愿望,达到满意的服务结果。具体来讲,就是根据旅游者的生理需求和心理需求,在景区范围内设计出符合游客需求的产品,以赢得游客的满意。

▌▌ 相关链接 ▌▌

旅游景区公共卫生间人性化设计

1. 分布的人性化

（1）尽量靠近景区的主干道,也可在游客经常停留的景点、重要景点处设立公共卫生间。公共卫生间的设置应确保景区整体构造不受破坏,便于游客寻找。

（2）在景区的主要路线上要设置明显的指示牌,以中文和英文分别标出厕所的位置,景区内公共卫生间的间隔以300米左右为宜,服务半径应在500米以内,景区主路线上以鲜明的标志来引导游客。

2. 使用的人性化

（1）老年人群游客。为解决老年游客群体行动不便问题,为老年人提供方便,在景区公共卫生间中可为老年人设置专门的坐便器,也可为老年人设置独立的单间,单间中增加扶手等设施。

（2）母婴游客。母婴是旅游人群中的特殊群体,为更好地为母婴提供便利,景区公共卫生间可根据实际情况设置3～5间休息室,以方便哺乳、换尿布和婴儿休息。

（3）残疾人群游客。在空间尺寸的设计上，考虑到方便轮椅的进出和调头，马桶的尺寸也要略大于正常尺寸。在厕内设置扶手，以便使用者在如厕时支撑身体。为方便盲人对公共卫生间的使用，应在残疾人坡道中设计盲道。在盲道铺设的周围增加供盲人触摸的引导牌。

（资料来源：曹天阳. 旅游景区公共卫生间人性化设计[J]. 现代交际，2018(20)：96-97.）

课中实训

实训项目	以小组为单位，调查附近的 3 个旅游景区，评价每个景区智慧化管理和人性化服务的水平		
实训目标	（1）加深对智慧化管理和人性化服务的认识； （2）能够对景区在智慧化管理和人性化服务方面提出合理化建议； （3）加深旅游服务中以人为本的理念，增强职业化服务意识		
实训地点			
物料准备	相机或者可以摄像的手机、笔记本、笔等		
实训过程	（1）被调查景区在智慧化管理和人性化服务有哪些具体体现？		
	景区名称	智慧化管理	人性化服务
	（2）你们小组对被调查景区在智慧化管理和人性化服务方面可以提出哪些改进措施？		
	景区名称	改进措施	
	（3）你们小组认为景区在以人为本的理念下，如何增强服务意识？		
实训总结	通过完成上述实训项目，你们认为景区在目前的智慧化过程中，存在的短板是什么？作为以后的旅游从业者，你们应该从现在做哪些努力？		
实施人员	组长： 成员：		
实训成绩	实训考勤（20分）		
	小组组织（20分）		
	项目质量（60分）		
效果点评			

课后拓展

中国国家公园的发展

2013 年以来,国家公园建设上升为国家战略,各地纷纷探索国家公园建设之路。2015 年 5 月,国务院批转发展改革委《关于 2015 年深化经济体制改革重点工作的意见》指出在 9 个省份开展国家公园体制试点。2017 年 9 月,《建立国家公园体制总体方案》(以下简称《方案》)明确了国家公园体制建设的总体要求和目标,为我国国家公园体制建设指明了方向。2019 年 6 月,中共中央办公厅和国务院办公厅发布《关于建立以国家公园为主体的自然保护地体系的指导意见》(以下简称《意见》),明确了国家公园的主体地位,标志着我国国家公园建设迈上一个新台阶。

1. 地方自主探索阶段(2006—2012 年)

2006 年 8 月,云南省通过地方立法成立了第一个地方性质的国家公园——普达措国家公园,并将原景区管理局更名为"普达措国家公园管理局"。2008 年 6 月,原国家林业局批准云南省为第一个国家公园建设试点省,并从国家主管部门层面同意建设普达措国家公园,这标志着云南省国家公园建设得到了国家认可。同年 10 月原环境保护部和原国家旅游局首次官方批准成立了黑龙江汤旺河国家公园试点单位。这一阶段的国家公园建设工作主要表现为集中于地方层面的相关立法和标准制定,国家层面缺乏明确的政策支持和规范化的指导,这导致前期国家公园建设出现了很大弊端,国家公园盲目开发、权责不明等问题频发。同时地方在自主探索建设国家公园的过程中,由于对国家公园概念和管理模式理解不深入,难以平衡国家公园保护和发展的关系,从而出现了"重发展,轻保护"的尴尬局面,这也导致地方国家公园建设在很长一段时间内处于"摸着石头过河"的境地。

2. 初步试点阶段(2013—2017 年)

在这一阶段,"国家公园"多次出现于国家相关重要文件当中,从国家层面看,说明我国开始注意到建设国家公园的重要性,标志着我国国家公园从地方层面建设阶段进入国家顶层设计层面建设阶段。2013 年,党的十八届三中全会提出建立国家公园体制,并将国家公园体制建设上升到生态文明制度建设的高度;2015 年国务院批转发展改革委《关于 2015 年深化经济体制改革重点工作的意见》指出在 9 个省份开展国家公园体制试点;2017 年出台的《方案》明确了国家公园的定位,并指出要构建中国特色国家公园体制。以上系列文件政策的出台,为我国国家公园建设提供了统一的指导和部署,同时推动了各地国家公园试点工作有序开展。2015 年出台的《云南省国家公园管理条例》首次用立法的形式明确国家公园的定义和功能,国家公园开始有了立法保障,这是国家公园在地方层面的一次有益尝试;2016 年开始,各试点区域纷纷启动试点工作,在借鉴国外成功经验的同时因地制宜地完善国家公园管理体制建设,此时国家公园建设由地方主导建设向中央统一部署转变,逐步形成了"国家主导,地方分管"的发展格局。同时,由于地方实践的深入和国外成功经验的借鉴,在国家公园初步试点阶段的发展中,我国国家公园发展以保护生态环境为主,并强调国家公园区域内生态系统的完整性。随着国家政策的出台和各试点单位工作的推进,我国国家公园初步试点工作取得了不错的成绩,这也为后续阶段国家公园试点建设提供了宝贵的经验借鉴。

3. 试点升级阶段(2018—2019年)

尽管国家公园建设已经由"地方自主探索阶段"进入"国家主导试点阶段",国家公园的试点工作也取得了阶段性的成效,但国家公园建设初期出现的问题仍未解决。为了进一步完善国家公园体制建设,有效解决国家公园建设出现的管理体制问题,2018年4月成立了国家公园管理局。国家公园管理局整合多部门职能,对国家公园管理体系的建设和国家公园统一高效的管理机制运作产生了重要影响。继国家公园管理局揭牌之后,各试点单位纷纷揭牌成立地方性的国家公园管理局,并对国家公园管理局的职责进行进一步细化,结束了国家公园"九龙治水"的局面,国家公园试点工作也得到进一步的管理和保障。国家先后批复了三江源等十个国家公园体制试点区的实施方案或试点方案,方案的批复在一定程度上促进了国家公园试点工作的展开。2019年6月发布的《意见》明确了国家公园和其他保护地类型的关系和地位,标志着自然保护地体系建设进入了新阶段。各国家公园试点方案的批复和国家公园主体地位的确定,为我国国家公园试点工作提供了理论指导和建设依据,因此,我国国家公园试点工作在这一阶段得到了进一步的升级和完善,国家公园建设稳步推进并形成"政府主导,多方参与"的发展格局,在注重保护生态的前提下更强调国家公园的公益性质。

4. 体系完善阶段(2020年之后)在试点阶段结束以后

我国将整合建成一批符合条件的国家公园,国家公园总体布局也将基本形成。根据《意见》相关内容,2020年年底我国国家公园体制试点基本完成,2025年新的自然保护地体系将初步建成,2035年将全面建成中国特色自然保护地体系。因此,2020年以后,我国国家公园建设将会进入一个新的阶段,国家公园体系建设将进入完善整合阶段。在这一阶段的发展过程中,我国国家公园体系建设将更加完善、更加规范化。

思考:收集相关国家公园的资料,简述国家公园设立的基本条件是什么?国家公园的建设在我国旅游产业绿色发展中有哪些具体的作用?国家公园可以开展哪些旅游项目?

任务三　旅游景区服务与管理内涵

乐山大佛景区将成为四川首个"信用游"示范景区

中秋、国庆假期即将来临,旅游热度不断升温。在这桂蕊飘香的金秋时节,来"多彩金秋·安逸四川"体验一个橙黄缤纷的四川吧!

2021年9月13日,"多彩金秋·安逸四川"主题发布会在宽窄巷子举行。会上发布了十条金秋旅游线路、"信用游"等文旅特色活动以及"'安逸熊猫'线上线下市集"等主题推广活动,进一步激发文化旅游消费潜力。

金秋到四川怎么耍?发布会上,国家金牌导游张群发布了"多彩金秋·安逸四川"十条四川最美彩林精品旅游线路,游客可游览黄龙、九寨沟等世界遗产,体验人间瑶池、童话世界,还能打卡光雾山、米仓山,看天高云阔、赏彩林斑斓,再在康定喝上一碗暖暖的酥油茶,到毕棚沟泡一次温泉,在桃坪吃一顿羌族土火锅,感受浓郁的民族风情。

记者还从"多彩金秋·安逸四川"主题活动发布仪式上获悉,2021年中秋、十一长假期间,四川将联合芝麻信用、文旅服务机构等在全省推出"信用游",并将乐山大佛景区打造为首个"信用游"示范景区。景区内有望率先实现"先用后付""先游后付"、减免押金等便捷消费服务等。

此外,四川省文化和旅游厅还将联合支付宝陆续推出多项便捷数字化文旅服务。在9—10月推出"安逸四川"电子旅游卡。10月中旬,在成都市猛追湾望平街连续三日举办"安逸熊猫"周末市集,并在支付宝端内开展线上市集。市集将集纳熊猫相关的文创、美食、生活相关特色商家,并为游客带来"打卡换熊猫盲盒"活动,打造文旅消费新场景。

据了解,在未来的规划中"信用游"将作为省内旅游服务的重点模式进行全面推广和应用,借助与芝麻信用的合作,将在三年内为四川省游客减免押金100亿元,信用住在四川省覆盖80%酒店、免押租车覆盖80%地区、免押共享服务覆盖80%景区。

9—11月,四川省文化和旅游厅还将推出"多彩金秋·安逸四川"系列金秋文旅活动,结合西博会、中秋、国庆期间重点活动,策划一批丰富多样的文旅新产品、新玩法、新线路,以线上线下互动的方式,为广大游客提供秋季旅游新体验和新感受,拉动四川秋季旅游消费,形成秋季旅游出行热潮。

(资料来源:四川发布.乐山大佛景区将成为四川首个"信用游"示范景区[EB/OL].(2021-09-15)[2023-12-03].http://cq.cqnews.net/credit/article/2021-09-15/content_887356581558681600.html.)

课前导入任务单

任务名称	了解旅游景区服务与管理内涵	时间		班级	
成员名单					
任务要求	(1) 对旅游景区服务与管理的内涵有初步了解; (2) 对景区服务的实质有所了解; (3) 对景区服务与管理的创新做法有所了解				
(1) 如果你是即将入川的游客,你能够通过这项活动获得哪些便利? (2) 请简单介绍四川省文化和旅游厅在数字化文旅方面有哪些创新。					

续表

（3）请收集相关资料，列举出其他 4～5 项在景区政策管理方面的便民措施。

完成效果自评	优	良	合格	不合格
成员 姓名				

课中学习

一、旅游景区服务

旅游服务是以一定物质资料为依托，为满足旅游者吃、住、行、游、购、娱等各种消费需求所提供的服务。在类型上，旅游景区服务属于旅游服务的一种，旅游景区服务是指景区服务人员利用景区的设施、设备和产品在使用价值方面满足客人需要的一种过程。这种过程既有物质满足的过程，也有心理满足的过程，两者缺一不可。

（一）旅游景区服务质量

旅游景区服务质量反映在景观吸引力、项目吸引力、景区环境与卫生、景区的经营与管理、景区价值相符、景区的标识系统和警示安全等方面，对旅游者的直接服务主要表现在导游服务、安全服务、方便性服务、人性化服务等方面。

对于旅游景区服务质量的衡量具有较强的主观性。在一定的环境下，游客根据自身的需要和期望来评判服务质量，可以从内部标准与外部标准、功能性质量与技术性质量、服务的速度与效率等不同角度来进行衡量。同时景区服务质量具有变动性，当游客的需求改变以后，旅游景区的服务质量应随之改变。

1982 年，瑞典著名服务市场营销学专家克·格鲁诺斯提出"顾客感知服务质量模型"，认为顾客对服务质量的评价过程实际上就是将其在接受服务过程中的实际感觉与他接受服务之前的心理预期进行比较的结果。如果实际感受满足了顾客期望，那么顾客感知质量就是上乘的；如果顾客期望未能实现，即使实际质量以客观的标准衡量是不错的，顾客可感知质量仍然是不好的。

顾客感知服务质量模型示意图如图 1-10 所示。

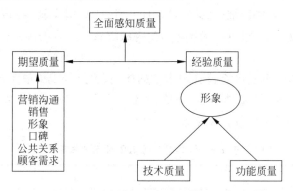

图 1-10 顾客感知服务质量模型示意图

从以上可以看出,旅游景区必须提供高质量的服务,通过采用严谨的策略和制度加强人员管理,来满足现有的及潜在的游客的要求,这样才可以获得更多的市场份额。

相关链接

卓越的服务

要想达到服务的最高标准,我们必须深入理解客人的需要,这就要求我们必须有正确的动机。

我们如何做到这些呢?

第一个要素是主观意愿。我们不仅要有提供服务的主观意愿,还要真正地了解我们的服务对象需要什么,以及他们为什么有这样的需要。

第二个要素是个人形象。这里所说的形象不只是外在的,尽管这十分必要,但内在的气质也同样不可缺少,内在的气质能够表现出一个人的态度和承诺。这不仅能使我们自我感觉良好,也能给我们的客人以积极的影响。服务是理想和现实的奇妙组合。我们如何判断什么才是最出色的服务呢?真正的服务发自内心,只有投入我们的全部热情,出色的服务才能得以体现。为他人的生活的添姿添彩是一种技巧,不是轻易就能掌握的,但我们必须有决心做到。

(资料来源:约瑟芬·艾夫.卓越服务[M].宋亦瑞,等译.北京:旅游教育出版社,2005.)

(二)旅游景区服务质量标准

1999 年,国家质量技术监督局正式批准和颁布了《旅游区(点)质量等级的划分与评定》国家标准,即 GB/T 17775—1999,为资源价值评价和开发保护以及规划设计、景区建设、基础设施、经营管理、环境秩序、旅游功能、服务质量、安全生产等各方面提供了国家层面的规范依据和参照,该标准于 1999 年 10 月 1 日起正式实施,由(原)国家旅游局负责归口管理。在 2001 年召开的全国旅游工作会议上,187 家旅游景区获得了首批国家 4A 级旅游景区的称号,标志着 A 级旅游景区在中国的正式出现。2004 年标准正式升级到了 GB/T 17775—2003,强化了以人为本的服务宗旨,增加了细节性、文化性和特色性要求,细化了关于资源吸引力和市场影响力方面的划分条件,将旅游景区原来的 4 个 A 级别增加到了 5 个,并修订了相关标准。2007 年 5 月 8 日,(原)国家旅游局发布了《关于批准发布北京市故宫博物院等 66 家景区为国家 5A 级旅游景区公告的决定》,标志着首批 5A 级旅游景区的诞生。

景区服务质量是一个景区经营管理水平的体现,也是景观价值实现的保障,景区服务质量体系可以从环境布局、基础设施、交通、餐饮、导游、购物、咨询、娱乐等方面进行综合考量。旅游景区服务质量标准体系如表 1-1 所示。

表 1-1　旅游景区服务质量标准体系

项　　　目	内　　　容
服务总体环境布局和氛围	卫生质量、空气质量、总体形象、服务总体环境布局和氛围、景区进出口设置的合理性、游览环境布局
基础设施设备	休息环境、其他设施、公共厕所卫生与蹲位、自助服务设施
交通服务	自助服务设施、交通安全性、停车场设计、车内卫生、交通安全性、交通拥挤程度
餐饮服务	上菜及时性、餐饮卫生、菜式特色、餐饮服务态度
导游服务	路标指示明晰度、讲解内容、宣传资料、导游员服务
购物服务	商店秩序、商品信誉、商品种类、商品与景区文化匹配度
咨询服务	咨询人员仪容仪表、线上咨询畅通性、咨询人员线下服务
娱乐活动	项目种类、设施维护、安全保护、服务等待
网站设计与服务	网站功能、网页设计风格、网站可搜索性
投诉机制	现场监管、投诉处理效率、投诉可行性
员工素质和形象	员工服务态度、员工服装设计、员工服务效率

二、旅游景区管理

景区管理是包含决策、计划、组织、领导和控制等多环节的动态系统过程,管理者通过每一项工作的完成来实现其管理的职能。

(一)旅游景区管理内容

1. 旅游景区战略管理

旅游景区战略管理是在市场经济条件下,根据景区内外环境及可取得资源的情况,为实现景区持续发展,对景区发展目标、达成目标的途径和手段的总体谋划。它具体包括确定景区经营方向、建立景区战略目标、制订景区经营战略、景区经营战略实施与控制、景区经营战略评价与修正。

2. 旅游景区资源开发管理

不断地开发和建设是保持和增加旅游景区对游客吸引力的重要手段,在其经营的过程中根据市场需求的变化挖掘资源潜力,不断开发新项目,增加新景观和活动内容,以保持一定的游客量。

3. 旅游景区日常经营管理

景区日常经营管理相对繁杂,涉及景区设施设备的管理和维护、景区环境卫生的管理、景区突发事件的管理、游客满意度的调查等。

4. 旅游景区服务管理

旅游景区全体员工优质的服务水平,是旅游景区良好运营管理的直接体现。通过考核、培训等多种形式,提升员工的综合素质、业务技能、服务水平,强化服务意识,增强工作责任感,树立全心全意为游客服务的意识,为游客提供更优质的引导、咨询等服务。

5. 旅游景区安全管理

安全是旅游景区生存之本。在景区安全管理上,首先要增加安全工作的硬件和软件设施,降低安全风险;其次要形成完善的可操作的安全应急预案体系,并且经常性开展演练,提高景区处置安全突发事件的应急能力;最后要开展安全巡检和排查,彻底整改存在的安全隐患,建立完善的安全隐患整改机制。

6. 旅游景区人力资源管理

旅游景区需要有一支精干、高效的专业化队伍,旅游景区员工的工作效率与工作态度往往直接影响景区的服务质量、形象以及社会经济效益。因此人力资源的开发与管理自然也就成为景区管理的关键性工作。

(二)旅游景区管理新模式

1. 整体租赁经营模式

整体租赁经营模式的特点是,旅游景区实行企业型管理,其经营主体是民营企业或民营资本占绝对主导的股份制企业。在这一模式中,景区的所有权与经营权分离,开发权与保护权统一。景区的所有权代表是当地政府或民营企业以整体租赁的形式获得景区30年至50年的独家经营权。国内采取这种管理模式的景区有四川碧峰峡、海螺沟景区,重庆芙蓉洞等。

2. 非上市股份制企业经营模式

非上市股份制企业经营模式的特点是,旅游景区实行企业型管理,其经营主体是未上市的股份制企业。它可以是国有股份制企业,也可以是国有与非国有参与的混合股份制企业。在这一模式中,景区的所有权与经营权分离,但资源开发权与保护权统一。景区的所有权代表是作为政府派出机构的景区管理委员会等。景区经营由政府委托给股份制企业;景区经营企业既负责景区资源的开发,又负责景区资源的保护。国内采取这种模式的景区有浙江绍兴柯岩景区、山东青岛琅琊台风景区、曲阜"三孔"景区等。

3. 上市股份制企业经营模式

上市股份制企业经营模式的特点是,旅游景区实行企业型管理,其经营主体是股份制上市公司。在这一模式中,景区的所有权与经营权、资源开发权与保护权完全分离。地方政府设立景区管理委员会,作为政府的派出机构,负责景区统一管理。景区的所有权代表是景区管理委员会,经营权通过缴纳景区专营权费由景区管理委员会直接委托给上市公司长期垄断;景区管理委员会负责旅游保护,上市公司负责旅游资源开发利用。国内采取这种模式的景区有安徽黄山景区和四川峨眉山景区等。

4. 隶属国有企业集团的整合开发经营模式

隶属国有企业集团的整合开发经营模式的特点是，旅游景区实行企业型管理，其经营主体是国有全资企业，并隶属于当地政府的国有公司。这些景区均由国有的旅游景区公司负责经营。在这一模式中，景区的所有权与经营权分离，但资源开发权与保护权统一。景区的所有权代表是政府，旅游经营由国有全资的景区经营企业掌管；景区经营企业既负责景区资源的开发，又负责景区资源的保护。这一模式的优势是能够按照旅游市场的需求，全面整合各旅游景区的资源，通过整合开发，全面促进当地旅游景区的发展。国内采取这种模式的景区有陕西华清池景区、华山景区，海南天涯海角景区和广西桂林七星公园景区等。

> **‖ 相关链接 ‖**
>
> **生态旅游理念下旅游景区管理模式创新**
>
> 一、政府主导的旅游景区管理模式
>
> 1. "国家公园＋志愿者"管理模式
>
> 例如，针对自然资源的保护，建设生态公园、湿地公园等国家公园形式，并在管理过程中，引入志愿者的模式，加大与当地政企机关、高等院校的合作，实现公共资源合理化、科学化管理。同时也为培养优秀的旅游人才提供实践的平台。针对文化资源的保护，同样可以使用这种模式进行文化资源的保护，建设非遗公园、非遗基地等旅游形式，为游客提供专业的服务。
>
> 2. "政府＋企业经营"管理模式
>
> 例如，政府通过各种政策，吸引有实力的企业进行投资，在景区的开发初期，政府加大政策引导，从土地协调、资金调配、人员配置等各方面，发挥主导力量。随着景区发展、完善，企业将作为主要管理者进行运营管理。
>
> 二、社会组织主导的旅游景区管理模式
>
> 将景区的所有权、管理权、经营权进行分离，通过专业的社会组织进行有效管理。在旅游景区日常管理工作中，社会组织作为主要的管理者，在景区运营过程中享有管理权和经营权。政府作为辅助作用，为景区的开发、发展进行各种手续的完善提供便利，并发挥其督促景区保护环境的作用。
>
> 三、社区主导的旅游景区管理模式
>
> 社区对当地人文特色、地理风貌、旅游资源最为熟悉，发挥社区的管理作用，更有利于景区旅游资源的综合利用、高效开发。松散型的管理工作以社区为主导，不同经营者进行独自经营，开展不同形式的旅游项目，保障景区的正常运行。发挥协会的柔性管理作用，对景区运行过程中的各个方面进行管理，形成统一的发展理念，更好地满足个体经营者的需求，为游客提供高品质的服务。
>
> （资料来源：霍茜. 生态旅游理念下旅游景区管理模式[J]. 旅游纵览，2021(1)：59-60.）

课中实训

实训项目	以小组为单位,选择1处旅游景区,分析该景区服务和管理的现状以及存在的问题,分析该景区属于哪种类型的管理模式,在服务和管理方面有哪些需要改善的地方
实训目标	(1) 加深对旅游景区服务和管理内涵的理解; (2) 加深对景区管理模式的理解; (3) 提升学生对高质量发展理念的认知
实训地点	
物料准备	相机或者可以拍照的手机、笔记本和笔等
实训过程	(1) 被调查景区有哪些让你印象深刻的服务项目。 (2) 请画出该景区管理机构布局图,其管理模式属于哪种类型。 (3) 根据调查的情况,对照服务质量标准体系分析该景区在服务和管理方面需要如何改善。

实训总结	知识获取	
	能力获取	
	素质获取	

实施人员	组长:	成员:

实训成绩	实训考勤(20分)	
	小组组织(20分)	
	项目质量(60分)	

效果点评	

课后拓展

论"互联网+"景区管理

"互联网+"景区管理是利用互联网平台以及信息通信技术让传统行业和互联网进行有机结合,充分发挥互联网在社会资源配置中的集成优化,有效提高景区管理效率和服务质量。

一、"互联网+"景区管理的特征

"互联网+"景区管理需要借助云计算和互联网等一些新的技术,通过互联网及便携式移动终端,感知并及时发布一些关于旅游资源、旅游活动等方面的信息。随着智慧旅游的发展,将为旅游企业创造出更大的附加值,将为游客在整个旅游的过程中提供极大地方便和更好的旅游体验。

二、"互联网+"景区管理的具体表现

景区管理方面,运用网络技术,景区设置智能停车场,推进景区服务线上线下融合。应用信息化技术,建立景区管理数据库,为景区的经营管理提供数据支持。游客的体验有所不同,游客在出行前可以通过互联网了解旅游信息,选择旅游目的地、预订景区门票等。在旅游的过程中可以使用移动客户端随时查阅线路、电子导游讲解服务等。结束行程之后,可以通过网络对景区进行评价,并记录旅游感受。生成的材料可以作为大数据,成为未来景区完善经营的依据。

三、"互联网+"景区管理平台的构建

旅游景区的智慧化建设与管理不是单一个体,而是要有一个完整的经营模式和体系,需要各个环节之间的配合和协作。可以将智慧旅游在旅游管理中的运用分为三个主要体系。

1. 前端应用体系

前端应用体系主要是应用在前期对于整个旅游过程的策划和选择,它包括对于旅游过程中的前期对于出行计划、出行目的地,以及旅游过程中衣食住行等各个项目总体规划和落实,用以保证旅客在整个旅游过程中的安全以及满意度。

2. 后端支撑体系

后端支撑体系主要是为了保证整个体系的合理运行,这个体系主要是由高科技的自动化的感知体系、技术支撑体系和完整的信息资源数据库三个主要部分组成,这三个部分的完美配合有利于智慧旅游管理的正常进行,后端支撑体系就相当于一个幕后的工作者。

3. 中央管理体系

中央管理体系相当于整个智慧旅游的联系枢纽,对整个旅游过程进行统一的策划和管理,使得各个体系之间紧密相连。而且唯一具有对整个旅游过程进行监管的体系就是中央管理体系,它可以针对游客的旅游过程中的所有细节进行实时监控,以确保整个旅游过程的顺利开展。

（资料来源：何丽,高星华. 论互联网+景区管理[J]. 中国房地产业,2016(15)：48.）

思考：查阅相关资料,小组讨论人工智能技术在景区服务与管理中的一些具体应用案例。

模块二　旅游景区服务

旅游景区接待服务

任务一　票　务　服　务

课前导入

蜗牛景区管理集团推出全新票务和服务预约系统

2019年，腾讯·大浙网与蜗牛景区管理集团基于景区、度假区、全域旅游目的地的智慧服务产品体系，合作打造票务和服务预约系统，并将在协助景区服务提升方面展开全方位战略合作。

双方的此次合作旨在帮助景区打通线上线下与预订系统之间的关系，以预约为契机，在推动景区智慧营销的同时，帮助景区整合交通流、游客流、服务流、信息流和资金流，并助力景区、度假区、全域旅游目的地重构旅游服务体系，提高运营管理效能。本次合作有以下三大亮点。

1. 智慧营销

传统的景区营销在渠道上一般针对线下的旅行社、机构、旅游者和线上OTA渠道，渠道之间相互独立，营销方式也有区别。而票务和服务预约系统将线上和线下渠道进行打通，以预约为契机，搭建出一个集线上线下渠道和流量一体化的平台，从而推动景区智慧营销。在该平台上开展营销可以精准定位目标客群、节约营销成本，起到事半功倍的效果。

2. 智慧管理

该系统严格地按照景区最大承载量的核定结果，对景区进行科学的分时段流量控制，并对各时段抵达的游客量进行提前知晓，便于景区开展服务接待工作；同时，依靠腾讯的微信平台，可实现与游客的即时信息交互；而通过把握景区的核心消费通道，可以有效地掌握和预知景区一段时期内的营收情况；在系统平台上整合了景区交通流、游客流、服务流、信息流和资金流，帮助景区实现智慧管理。

3. 智慧服务

该系统为游客提供安全、便捷、有序的旅游服务，按照预约、抵达、接待、游览、离开的五大环节，帮助景区重构游客接待的服务体系。除去线上软件系统和线下硬件设施的支持外，系统更强化了景区落地服务体系的重要性，并能有效结合景区一线工作人员的面客服务,帮助游客获得更好的游览体验。

双方共同服务的良渚古城遗址公园已正式上线门票预约系统,为访客参访这一新晋世界遗产提供在线预约支付、语音讲解、智慧导览、智能开票等一站式公共服务。经过2个多月的实践证明,良渚所实行的实名制(分时段)预约参访制度为来自世界各地的访客提供了无与伦比的参访体验。

"良渚式克制"在历史学界和考古学界广受赞誉,更让腾讯·大浙网与蜗牛有坚定的信心完善景区门票预约体系。目前,双方合作打造的票务和服务预约系统支持多票种、多身份、多语种、多支付方式、个人预约、团队预约、分时段预约、在线退票、消息通知等功能,为游客购票、入门提供智慧解决方案,能够极大提高景区的服务效率。

未来,腾讯·大浙网与蜗牛还将共同探索进一步的景区服务产品体系,实现产品的不断创新和提升。在"产业信息共享""营销数字推广"等方面双方也将展开合作,通过整合不同广告技术产品,共同打造数字营销、智能推广的精准营销数字推广产品体系,全方位协助旅游景区、旅游局等相关单位做好旅游目的地宣传营销工作。

蜗牛景区管理集团也将始终秉承"与自然协作,体现人文关怀"的价值观,携手景区为游客提供好看、好玩的产品和优质的服务,让旅行成为大多数人的美好生活,做中国最好的文旅综合服务商。

(资料来源:中国网.蜗牛景区管理集团推出全新票务和服务预约系统[EB/OL].(2019-09-26)[2024-01-09].http://travel.china.com.cn/txt/2019-09/26/content_75249257.html.)

课前导入任务单

任务名称	票务服务	时间		班级	
成员名单					
任务要求	(1)初步对旅游景区票务服务有所认知; (2)引导学生树立信息化应用思维				
(1)你一般通过什么方式购买旅游景区门票?					
(2)你是否通过网络购买过旅游景区门票?主要通过哪些网络?					
(3)你见过的景区门票有哪些类型?					

（4）通过课前案例，你认为旅游景区打造票务和服务预约系统是否有必要？为什么？			

完成效果自评	优	良	合格	不合格
成员 姓名				

课中学习

门票是指供公众游览、参观、娱乐等场所印制的带有宣传、留念等性质的入门凭证，是游客进入景区必须持有的一种通行证。随着互联网大数据时代的到来，现有的旅游景区逐渐用电子票务系统代替传统的人工售票系统，现有的纸质门票主要发挥其纪念意义。

一、景区门票的分类

按门票的性质划分，景区门票可以分为单张门票、联票、套票、儿童票、年票（卡）、优惠票（券）等。

（1）单张门票是一个景区或景点的入门票，是我国景区使用最多的门票形式。它可以是景区的首道门票也可以是景区内景点的门票；有的景区旅游者可以凭单张门票游览该景区中所有景点；有的景区旅游者需要单独购买特殊景点的门票。

（2）联票是指景区将部分或所有景点或者其合作的景区进行整合销售的一种票据，旅游者在该景区购买一次门票就能游览该景区中所有景点或合作景区的门票。这种门票将不同景点或景区的单张门票连成一体，票上集合了各个景点的标志，每个景点只要在相应位置打孔、做标记或者于虚线处撕开即可。

（3）套票是将一类或一系列相关的收费观看、收费游览、收费活动门票打包出售的一种票种。景区常常将景区门票和景区内乘坐交通工具、观看演出等游览项目整合到一起，以套票的形式销售给旅游者。一般套票合计的价格比分别购买门票的价格优惠很多。

（4）儿童票是针对儿童而言，各个景区普遍以身高作为衡量的标准。每个景区对儿童票的标准各有各的规定，有的是 1.2 米以下，也有的是 1.4 米以下，也有的是介于两者之间。

（5）年票（卡）是景区为本地区居民、长期入园游玩的游客或与景区建立长期关系的顾客群体，以较为便宜的价格而限量发售的，规定使用期限为一年不限次数的通用门票，如上海迪士尼乐园年卡提供"周日年卡""平日+周日年卡"和"无限年卡"三种类别的年票。

（6）优惠票（券）是景区用来促销或针对某种群体实行优惠的门票，如军人票、学生票、老人票等。

二、订票服务

订票服务是景区票务服务的第一环节。门票销售作为旅游景点效益的重要组成部分之一，其销售方式的有效性直接决定其门票的销售量。随着旅游行业和现代网络信息技术不断融合，景点的门票销售方式也发生了相应改变。

（一）网上订票

网上订票是游客通过网络或手机 App 将咨询和订购的票务信息发送至景区网站或者代理商、分销商网站，并使用在线方式支付景区门票费用的购票形式。网上订票不仅节约了游客的购票时间，节省了旅游费用，同时也能够大大缓解旅游旺季、客流高峰期带给景区的售票压力，提高景区管理工作的效率和质量。网上订票流程示意图如图 2-1 所示。

网上订票.mp4

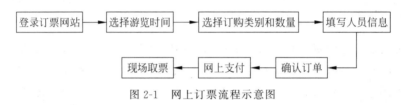

图 2-1　网上订票流程示意图

▌▌相关链接 ▌▌

喀纳斯景区内大西部游船项目售检票

喀纳斯旅游区以喀纳斯湖为中心，秀丽的西伯利亚冷杉、塔形的西伯利亚云杉、苍劲的西伯利亚红松、西伯利亚落叶松和众多桦树构成了漫山遍野的原始落叶林，湖光山色美不胜收，被誉为"人间仙境""神的花园"。

过去，由于主打自然风光，园区范围较大，园区中设置了包括门票、游船、漂流等各类游玩项目，门票售卖和检票都需要设置不同的模式，管理起来十分麻烦，游客常常在景区门口排起长龙。

而现在的喀纳斯旅游区，游客在 OTA、景区微信公众号等线上平台，或扫一扫景区大门处二维码即可购票，并且可以自助组合或单独购买园区、游船和漂流等门票，使用身份证、二维码就能快速验票入园。游客不用再排队等待购票检票入园，景区也实现了高效管理。

（资料来源：百家号.智慧旅游景区案例［EB/OL］.（2019-06-04）［2024-01-09］.https://baijiahao.baidu.com/s?id=16353798182928443352&wfr=spider&for=pc.）

（二）售票处订票

游客直接在景区售票处或服务中心预订或购买门票，是传统的景点门票销售方式。

（三）电话订票

电话订票使游客多了一种购票选择途径，是游客通过电话向景区订票，采用送票上门或售票处领票的服务方式。这种方式优点是直接、迅速、清楚地传达双方信息，如遇行程改变，也可以及时通过电话订票系统取消订单。

（四）代理点订票

为了方便游客，景区可以在旅行社、酒店、商场等设立代理点，以便游客订票。代理点提供景区票务咨询、预订服务，游客可以就近在代理点完成景区订票。旅行社提供的旅游套餐中也往往包含景区门票，游客在购买旅游套餐的同时也完成了景区门票的购买。

（五）团体订票

团体游客如果需要订购一定数量及以上的门票，可联络景区售票处或通过旅行社购买团队票。团队票一般会相对优惠一些。

三、售票服务

门票销售作为旅游景点效益的重要组成部分之一，是景区实现经济收入的直接环节。在互联网大数据时代的背景下，游客可以选择的门票购买途径越来越多，对售票服务质量的要求也越来越高，景区要想在竞争激烈的旅游市场中取得优势，必须要最大限度地提高、改进服务质量，尽可能为游客提供满意的服务。

（一）售票服务设施

景区售票中心是景区的门面，一般设在景区入口处显著位置，周围环境良好、场地开阔，有遮阳、避雨的空间，尽可能体现人性化服务。

峨眉山游山售票站示意图如图2-2所示。

1. 售票窗口

售票窗口可设置室内售票窗口和室外售票窗口，数量应该与游客流量相适应，遇有客流量高峰期可根据实时流量及时调整购票窗口的数量，或设立排队隔栏，并安排专人负责维持购票秩序。一般分开设置散客售票窗口和团队售票窗口，可以使散客和团队游客在购票时互不干扰，合理分流。对老人、幼儿、病患、残障人士、孕妇等需要帮助的特殊游客，宜设置专门购票窗口或制订优先购票制度和措施。

图2-2 峨眉山游山售票站示意图

2. 购票须知

以中文和外文明示景区的营业时间、淡旺季门票价格（含其他收费项目明细）、优惠政策、购票信息和游玩须知等。

（二）售票服务流程

1. 售票前准备

提前 10 分钟到岗，打扫室内外卫生，按规定穿着工作服，戴好服务证件，查看工作站门窗、验钞机、计算机等设备是否正常。

2. 迎接游客，致问候语

保持状态，游客离台一米时微笑示意，目光交流。游客走到窗口，应用友善的、个性化的话语致欢迎词"您好，欢迎光临"。

3. 询问需求并推荐最新优惠票种

目光注视游客，专心倾听游客的购票内容，主动向客人解释优惠票价的享受条件，解答游客对票种的各种咨询，并向游客介绍园区内特色景点。如果客人来得较晚，主动提醒客人注意离园时间。

4. 重复购票内容，收银并出票

口头重复顾客购票内容，收到客人的钱过验钞机，跟游客票、钱当面点清，要做到热情礼貌，唱收唱付。"一共××元""收您××元，找您××元，这是您的门票，请清点一下"。业务办理完毕，双手向游客呈递票据和找补的零钱，票据正面朝上呈递给游客。

5. 送别游客

售票结束时，面带微笑，用规范手势指引游客景区入口位置，使用规范用语欢送游客，如"请慢走"或"欢迎下次光临"等用语，保持良好状态迎接下一位客人。

6. 售票打烊结业

盘点、清点营业款、票券等，打印各种机器的结账凭条，关闭工作站相关设备，打扫工作范围卫生，关闭售票口内各个设备电源，关好售票口门窗，到财务室交账，上交票及票款，退还零钱，下班。

课中实训

实训项目	以小组为单位，模拟售票服务流程
实训目标	（1）了解售票服务的基本流程； （2）掌握售票前、中、后的操作技能； （3）培养票务服务中的规范意识
实训地点	
物料准备	相机或者可以拍照的手机、笔记本、笔等
实训过程	（1）角色分工：

续表

实训过程	（2）售票前准备工作：
	（3）售票中工作：
	（4）售票后工作：

实训总结	知识获取	
	能力获取	
	素质获取	

| 实施人员 | 组长： | 成员： |

实训成绩	实训考勤（20分）	
	小组组织（20分）	
	项目质量（60分）	

| 效果点评 | |

课后拓展

九寨沟旅游景区智能体验佳　监测保护强

四川九寨沟旅游景区世界闻名,作为国家著名 5A 级旅游景区,其智慧旅游建设成效卓越。

现在的九寨沟不再爆棚购票、拥挤不堪,节日假期的行前预警、行中引导分流、行后社会营销得到了业内的一致好评。这得益于九寨沟景区智慧旅游大数据综合管理平台项目的建设。据了解,该项目是九寨沟景区灾后恢复重建的标志性项目之一。作为世界自然遗产地,九寨沟景区建立了智慧景区运营管理和智慧旅游共享服务新模式,形成了世界自然遗产保护与可持续发展的"中国方案"。

在检票闸机口,游客只需要先刷身份证,再进行人脸识别,闸机便自动打开,只需几秒便可迅速进入景区游玩。景区门票线上预约功能的推出,实现了从"接待 1 万人次游客排长队"到"接待 2 万人次游客不排队"的转变。

导游讲解服务更智能,游客只需手机扫描二维码就能随扫随听语音讲解。九寨沟景区智慧旅游大数据综合管理平台不仅给景区在管理上带来了便利,更是使游客体验感得到质的飞跃。"一部手机游九寨",将吃、住、行、游、购、娱等全方位智能服务浓缩在一个系统中,随时随地玩转九寨。

(资料来源:百家号."文旅+数字化"打造智慧景区新体验[EB/OL].(2023-11-28)[2024-01-09].https://baijiahao.baidu.com/s?id=1783772901925405341&wfr=spider&for=pc.)

思考:景区电子门票系统能够完全取代纸质门票吗?请分析其原因。

任务二 闸 口 服 务

课前导入

景区人太多游客喊"退票"

2021年,"五一"假期有网友反映在湖北某景区游玩时,从早上7点排队到11点,现场十分拥挤。视频中,景区门口挤满了等待入园的游客,有人大喊退票。景区工作人员表示,确有此情况,已为游客全额退票。

就在同一天,有网友爆料称,四川某景区内,由于车辆太少导致游客长时间等待。游客围着大巴车,大喊着"退票、退票"。景区工作人员曾回复媒体称,景区盘山路有限速,游客量大导致等待,第二天会增加车辆。当地宣传部门有关负责人表示,目前已在协调处理。

面对人山人海,高兴的同时,糟糕的出行体验也破坏了旅游舒适感。媒体报道,在某热门景点,也有游客因拥挤而大声喊:"我后悔啦,不想出来玩啦,我想回家!"更有网友直呼:"庆幸哪儿都没去!"

(资料来源:百家号.景区人太多游客喊"退票":预约制不该"缺位"|新京报快评[EB/OL].(2021-05-03)[2024-01-09].https://baijiahao.baidu.com/s?id=1698752842477013837&wfr=spider&for=pc.)

课前导入任务单

任务名称	认识闸口服务	时间		班级	
成员名单					
任务要求	(1) 对旅游景区闸口服务有初步认知; (2) 闸口服务是游客进入景区的第一个环节,培养学生的问题意识; (3) 培养学生的责任意识				
(1) 你去过的旅游景区用什么方式进行验票?					

续表

（2）你在旅游景区遇到排队时，景区人员是如何做的？

（3）通过课前案例，你认为可以通过什么方式有效解决景区排队问题？

完成效果自评	优	良	合格	不合格
成员 姓名				

课中学习

一、景区门票检票设备

　　无论规模大的景区还是规模小的景区，其传统的入园方式大部分为人工检票，操作起来工作量大、耗时长、效率低，增加了游客排队时间，并且人工检票难以分辨真伪门票，导致逃票或假票情况发生。另外，景区管理方后期还要单独对票务数据、客流量数据进行核查，难以精确统计，增加了用人成本。

　　随着互联网信息技术的发展，智能票务系统应运而生，旅游景区无人售票将是智慧景区的发展趋势和常态，尤其是检票，运用"票务系统＋"的方式，通过软件和硬件的联合可以达到理想效果。软件方面，景区多采用票务系统；硬件方面，有闸机、手持机和 App 检票三种方式。

　　"票务系统＋智能闸机"检票方式，通过安装智能闸机（智能闸机中三辊闸、翼闸是景区常用的硬件闸机），同时扩展更多功能，结合线上自有官网、微信平台、OTA 平台售票，线下自助售票机、窗口售票等售票方式，通过卡制、二维码、人体生物识别等检票方式，实现自助通过闸机入园，无须人工。智能闸机能自动识别真票伪票、游客信息、票种类型，如单人票、团体票、套餐票等。闸机系统与票务系统对接，闸机检票数据会实时上传至后台，管理者不必再单独统计数据。

闸机如图2-3、图2-4所示。

图2-3 三辊闸示意图

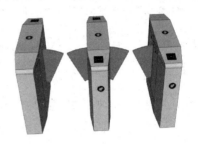

图2-4 翼闸示意图

"票务系统＋手持机"适合小景区，也可作为中大型景区的辅助检票，如突发停电、短时间内游客暴增或者一些不便于安装闸机的位置检票。手持机也对接票务系统，虽然需要人工操作，但可以做到一秒内核实门票真伪，有效提高了检票效率。检票的过程中也可做到实时上传门票、游客、财务数据，根据检票反映的客流，管理者能了解景区人流分布，及时引导游客走向，防止游客拥堵。

手持机示意图如图2-5所示。

"票务系统＋检票App"的方式一般是作为闸机和手持机的辅助方式，很少单独使用。相较于智能闸机和手持机，App检票对人工和手机性能依赖性更强，效率也就更低，一般在特殊情况下使用。

图2-5 手持机示意图

▌▌ **相关链接** ▌▌

绵阳童话小镇智慧入园

仙游东方·童话小镇乡村旅游度假区位于四川省绵阳市游仙区魏城东宣镇，是集旅游服务、主题游乐、农业科普、亲子体验、商务休闲、运动康养、高端度假于一体，按照国家AAAA级旅游景区标准打造的特色主题小镇。

多年来，童话小镇一直有一些问题难以解决，如传统的人工售检票方式，检票存在诸多漏洞，人情票现象严重；会员管理依赖人工登记统计，难以规范会员体系；停车场管理混乱，游客缴费难、出场慢。

梦旅程景区票务系统（以下简称"梦旅程"）根据童话小镇的管理难题为其量身打造了智慧入园方案，有效解决了购票、检票、入园的困难，减少了游客投诉。

1. 连接微信场景，开通线上售票渠道，游客购票更方便

梦旅程为童话小镇提供强大的票务管理中心，以应用模块的形式，集成票务、微信、OTA分销渠道、设备管理等应用场景。游客无须到现场窗口购票，直接在微信就可预约购票，省去排队时间。

2.现场自助购取票,开启园区无接触售票服务

对于想要换取纸质门票的游客,可在到达园区后通过自助售取票机购买和打印门票,从而避免在现场购取票过程中人群聚集的风险。

3.人脸识别入园,高效入园省人力

梦旅程还为童话小镇提供了人脸识别机和出入口三辊闸机,改变景区传统的人工检票方式,游客只需扫码或刷脸,就可快速通过检票通道。

4.构建智慧停车体系,手机缴费出场无须排队

园区还配置了梦旅程景区停车系统,通过梦旅程先进的车牌自动识别技术,实现出入场快速识别抬杆,游客离场时也无须再排队缴纳停车费,系统自带离场自动扣费服务,游客只需将车辆号码与卡绑定,就可实现无感支付,享受更顺畅的离场通行体验。

(资料来源:梦旅程.绵阳童话小镇智慧入园案例[EB/OL].[2024-01-09].https://www.stourweb.cn/case/info/27.html.)

二、景区门票验票服务流程

(一)验票前准备工作

提前到岗,准备好检票工具或设施,按规定时间准时开始验票。

(二)验票工作

(1)站在验票位,保持良好的工作状态,精神饱满,面带微笑。

(2)验票时,首先向游客点头示意,并问候客人"您好""欢迎光临"等。

(3)对于持门票进入的游客,查验其门票的真伪及有效性;对于使用智能闸机系统的旅游景区应指导游客顺序进入,防止门禁设施夹伤游客。

(4)对于持各类免票单据或有效证件进入的游客,核对单据和有效证件,核查是否符合旅游景区的免票政策。

(5)对于老、幼、病、残、孕等需要帮助的特殊游客,宜有专门的通道或服务程序和措施帮助其顺利进入。

(6)对于团队游客,应能提供快速的检票服务,并做好游客人数的清点工作。

(7)对于漏票、持无效证件的游客,礼貌地耐心解释,说明无效的原因,并引导重新办理购票手续。

三、景区排队服务管理

排队现象在旅游活动中不可避免地存在着,当来访的游客数量在某个时段超过了景区的接待或管理能力时,游客就会被要求排队等候。尤其在旅游旺季时,景区售票处、入口处、热点娱乐项目游玩处、特色景点游玩处、餐饮场所甚至公共厕所门前都有可能排起长队。如果游客花费了太多时间排队,自然就减少了在景区游览的时间,必然会造成游客的抱怨及对景区管理能力的怀疑,导致满意度降低,大大降低了旅游景区在游客心中的美誉度。

（一）游客排队心理

有效加强游客排队管理,缩短游客排队时间,提升游客对服务的满意度,是景区提升服务质量的一个必须研究的课题,作为景区的管理者必须考虑到游客排队心理的以下几个方面。

（1）无事可做的等待比充实愉快的等待感觉更漫长。

（2）焦虑情绪会使等待感觉更漫长。

（3）未知的等待比已知的、有限的等待感觉更漫长。

（4）没有说明理由的等待比说明理由的等待时间更漫长。

（5）不公平的等待比公平的等待感觉更漫长。

（6）服务的价值越高,人们愿意等待的时间就越长。

▌▌ 相关链接 ▌▌

为何排队 2 小时,欣赏 20 分钟的山西悬空寺,能吸引众多游客

在山西省的大同市浑源县恒山金龙峡西侧翠屏峰的峭壁间有着一座悬空寺,这座建设在山崖之上的寺院,成了全国各地旅游爱好者的聚集地,因为景区主要的建筑位于山上,想要近距离接触悬空寺,必须走上仅有一条只可以并肩两人而行的木质栈道。

在旅游高峰期,悬空寺景区经常会出现大量游客在排队等候上山的景象,虽然在前往的时刻已经拥有一定的心理准备,但是面对身后源源不断地游客催促,留给自己欣赏这座建筑奇观地时间也仅剩下 20 多分钟。

只是为何大家都愿意排队 2 小时,欣赏 20 分钟呢? 其实这其中的原因只有去过的人才能明白。首先就是悬空寺的独特建设位置,让人不得不佩服古人高超的技艺,其次整座悬空寺没有用一根钉子,全靠榫卯进行相连,足以让人惊叹。

当然还有一个原因就是门票,景区的主要景点就是悬空寺,如果购买了门票却没有看主要景点,是不是心理上会非常不舒服呢? 所以即便顶着太阳排队,也会登上悬空寺,哪怕是走马观花的欣赏。

（资料来源:百家号.为何排队 2 小时,欣赏 20 分钟的山西悬空寺,能吸引众多游客? [EB/OL]. (2019-09-05) [2024-01-09]. https://baijiahao. baidu. com/s? id=1643801097624420247&wfr=spider&for=pc.)

（7）令人身体不舒适的等待比舒适的等待感觉时间要长。

（8）不熟悉的等待比熟悉的等待时间要长。

（二）队形安排

排队队形应根据景区的游客流量、游客集中度、热门参观点、排队项目点、排队区地形等特点来安排,符合客流规律的队形有助于提高排队效率。

1. 单人单列队形

单人单列队形只设一名检票员,游客排成单列,如图 2-6 所示。优点是人工成本低;缺点是游客等候时间难以判断,而且游客进入景区的视线受到阻碍。可以通过设置座位

或护栏、标明等候时间来加以改进。

2. 多人单列队形

多人单列队形设置多名检票员，游客排成单列，如图 2-7 所示。优点是接待速度快，较适合游客集中的场合；缺点是人工成本增加，队列后面的游客仍然感觉视线较差。可通过将队列从纵向改为横向来加以改进。

图 2-6　单人单列队形

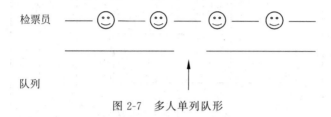

图 2-7　多人单列队形

3. 多人多列队形

多人多列队形设置多名检票员，同时游客排成多列，如图 2-8 所示。优点是接待速度较快，视觉进入感缓和，适用于游客量较大的场合；缺点是人工成本增加，不同队列速度可能不一样，游客难以决定排哪个队列。不设栏杆可以改善游客视觉进入感。

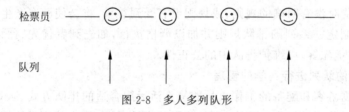

图 2-8　多人多列队形

4. 单人多列队形

单人多列队形只设一名检票员，游客排成多列，如图 2-9 所示。优点是视觉进入感缓和，人工成本低；缺点是栏杆多而导致成本增加，游客需要选择进入哪个队列。外部队列位置从纵向改为横向，可以改善视觉。

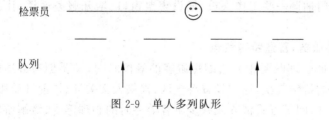

图 2-9　单人多列队形

5. 主题或综合队形

主题或综合队形设置两名以上的检票员，队列迂回曲折，一般游客排成单列，如图 2-10 所示。优点是视觉及时改善，有信息展示空间和时间，适度降低了排队的枯燥感；缺点是增加了硬件建设成本，可通过将单列变双列来加以改进。

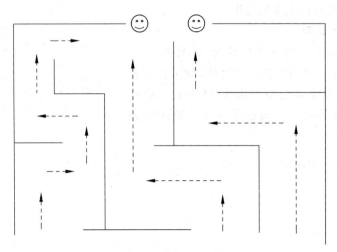

图 2-10　主题或综合队形

（三）排队管理措施

一旦出现游客经常排队的现象，景区的管理者要采取一系列排队管理措施。

1. 制定游客的排队规则

在排队等待时没有明确的规则，或规则没有受到尊重，将会使游客产生"不公平"的感觉。景区必须制定一系列的排队规则并加以严格执行，如先到者优先、预订者优先、团队优先、特殊人群优先等，以维护排队中的公正性。

2. 对游客的队列进行科学的管理

景区应根据游客和配备的工作人员数量灵活运用合适的排队方式、队列通道，并以必要的隔离设施对队列结构进行固定，避免队列秩序的混乱，同时要注意队列的流动性和队列的方向变化，给游客以队伍在不断前进的感觉。

3. 提高运营能力，增开服务通道

景区通过对整个服务系统分析优化，消除无用的服务环节，减少服务流程的长度，提高工作效率，提高运营能力，从而减少游客排队等待时间。当某个时间段游客人数较多，可考虑从其他部门抽调一些工作人员、增设售票窗口、增开服务通道，让游客快速获得他们所需要的服务。

4. 提供等待服务，营造特殊气氛

景区对排队的管理既要想办法缩短游客的等候时间，又要创造舒适的等候环境和营造与景区相适应的特殊气氛，通过设置等候区、提供人文关怀、提前开始服务、适当组织活动、及时提醒等候时间等方式消除或减少游客等待时的心理感受，缓解游客在等候过程中的烦躁情绪。

5. 升级建设为智慧景区

对传统购票、取票、验票繁杂的业务流程进行智慧化升级改造，游客可以通过手机、计算机进行购票，凭借二维码、身份证、人脸、指纹识别等验证方式，直接通过自助检票闸机进入景区，节省了取票和检票的时间。景区管理人员可通过大数据管理平台实时查看景区的游客人群、热度分布及未来游览趋势,及时做出更科学、更及时的管理决策。

相关链接

解析优秀的主题公园排队区设计

每个主题公园的游乐项目、表演项目、热门的参观项目以及互动项目等都会设置排队区域。

一、排队区之技术把控

1. 有序引导

排队区的单排宽度通常是固定的,足够一人舒适站立,亦可保证一人站立另一人侧身通过。另外,排队区应在入口位置清晰标出该项目的注意事项,如身高要求、健康限制等。

2. 游客疏散

长时间的排队总会遇到一些的特殊情形,比如临时急需退出、孩童突然需要如厕,甚至于遇到特殊灾害情况必须全员紧急撤离等情况。项目出口通道设置在排队区域和绿化之间,与排队通道最外围平行,兼顾了游客从排队区域快速撤离的功能,以便特殊情况下有效疏导集中人流。

3. 大客流应对

节假日,园区客流通常会达到峰值,而排队区的长度通常由平稳期的客流量决定。因此,为防止高峰区客流外溢形成不佳的体验感和安全隐患,乐园设计之初也需考虑客流高峰期的临时排队区的规划布局。硬质地面上预先钻孔,临时护栏按需安插在孔内,以界定排队空间。非高峰日临时排队区取消,钻孔处用金属盖盖上。临时排队区护栏示意图如图2-11所示。

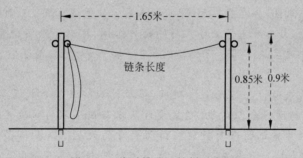

图2-11　临时排队区护栏示意图

4. 预演区设置

不少4D/5D或中大型舞台剧场都会在排队入场之前,先把游客引导到一个预演厅。这个空间就仿佛一部小说的引子,目的是让即将进入主场地的游客集中注意力、激发观赏兴趣。预演厅的尺度大小取决于该剧场或游乐设备在下一批次可以承载的游客人数的多少,空间足够大部分游客舒适站立即可。预演区与排队区布局示意图如图2-12所示。

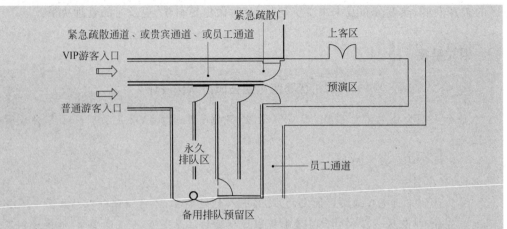

图 2-12　预演区与排队区布局示意图

5. 座椅设置

国内已经有部分主题公园开始尝试沿栏杆设置简易的木条凳，虽然宽度仅在 20～30 厘米，却也足够游客放下包裹、倚座小憩。游客舒适了，焦躁推搡、骑栏杆等不文明现象也就自然而然消失了。

二、排队区之科技应用

1. 良性导示

在排队区入口位置，游客最需要的是实时、准确地了解该项目从该位置算起预计的排队时长是多少，下一场或者剩余场次的表演在多少时间之后开始，因此，入口电子信息屏总能获得更热切的目光，有助于游客安排接下来的活动计划。

2. 多媒体互动

越来越多的排队区，会在排队区顶棚或墙面上设置显示屏，滚动播放参观须知、游乐设备使用方法等，大大节省了服务人员的检查时间，提升了项目使用效率。有些显示屏甚至会穿插播出该主题乐园旗下的其他新型产品，巧妙地拓展了宣传途径。

3. 网络互动

上海迪士尼最热门的飞越地平线项目，排队过长经常怨声载道。于是管理方鼓励游客扫码上网，参与网络分组对抗，题目设计基本与该区域的探险主题相契合，而最快答对的小组和正确答案都会即时投放在排队大厅的天花上。参与了答题的游客，一会儿埋头答题，一会儿抬头看答案，一轮比赛下来基本都玩得不亦乐乎，暂时将排队的枯燥抛之脑后了。

4. 舒适性打造

近年来，公共场所运用雾森降温越来越多，于是有些排队区也设置了风扇结合雾森的设备；冬季室外环境寒冷，设计师也会在构筑物顶棚或广场上设置有少量加热器，以维持小环境的基本温度。

三、排队区之主题营造

1. 主题故事讲述

排队区的场景设置、滚动视频的故事铺陈，都是让游客提前进入项目人设的好场所。

通过音频、视频的滚动播放,在几分钟内简单明了地交代故事的起因、经过,以及需要游客在故事里完成的任务。显示屏并不一定以常规面貌出现,结合排队区的布景道具,可以更加快速地帮助游客进入活动氛围。

2. 主题包装

室外排队区间的绿地、建筑内外的立面、栏杆系统都是主题布景落位的绝佳场所。主题场景和主题音乐一样,应当从排队区就开始营造,到游乐空间达到极致,最大化游客的体验感,给游客创造"沉浸式"的娱乐感受。

(资料来源:网易.解析优秀的主题公园排队区设计[EB/OL].(2019-09-09)[2024-01-09].https://www.163.com/dy/article/EOKFCUUJ0524R06B.html.)

课中实训

实训项目	以小组为单位,在实训中心分别扮演游客和景区的接待人员,以"优质服务规范"为依据,采用模拟的方式,进行闸口服务操作训练	
实训目标	(1)掌握景区门票的验票服务程序; (2)加深对景区验票服务的认知; (3)掌握实际操作中的队形安排; (4)引导学生树立文明旅游意识	
实训地点	旅游类相关实训室	
物料准备	景区门票、有效证件、验票设备	
实训过程	(1)简述景区的验票服务过程。 (2)如何根据情况有效地安排景区游客排列队形? (3)通过哪些措施可以提升排队游客的耐心? (4)景区的闸口服务可以从哪些方面进行提升?	
实训总结	知识获取	
	能力获取	
	素质获取	
实施人员	组长:	成员:

实训成绩	实训考勤(20分)	
	小组组织(20分)	
	项目质量(60分)	
效果点评		

课后拓展

这才是真智慧景区！高德地图在长隆欢乐世界上线"动态排队"功能

暑期到了,又到了孩子出游季节。游乐场是大多数家长都会选择的地方,不过带娃去游乐园真是一个体力活。但是如果去广州长隆欢乐世界玩,就不一样了,长隆欢乐世界跟高德地图发布的智慧景区项目,一键带你玩转长隆,不排队,玩得开心。

每个带孩子去游乐园的家长最心累的估计就是排队,遥遥无期的队伍让我们错过了很多其他精彩项目。高德地图和广州长隆联合,首次推出线上动态排队功能,只要打开你的"长隆欢乐世界一键智慧游",就能很快地了解乐园动态,在入园客流进入高峰时,还可以实时了解各游玩项目的排队时间。"长隆欢乐世界一键智慧游"可以直接查看来自20多个国家的200多位演艺精英组成的娱乐大巡游、北美伐木竞技秀、好莱坞演员的真人实演等项目的表演时间、表演时长、演出介绍,距离演出开始前15分钟,还能通过高德地图展示的演出提醒,及时前往,避免错过演出,一趟下来妥妥地不浪费时间。

（资料来源:百家号.这才是真智慧景区！高德地图在长隆欢乐世界上线"动态排队"功能[EB/OL].（2019-07-13)[2024-01-09]. https://baijiahao. baidu. com/s? id = 1638942102341099058&wfr = spider&for=pc.）

思考：请考察周边地区的一处旅游景区,为其进行排队区设计,并将设计方案提交至景区管理部门。

任务三 游客中心接待服务

课前导入

九华山游客服务中心

九华山游客服务中心隶属安徽九华山旅游发展股份有限公司,位于九华新区"五九"线东侧、西外环北部,占地6.98公顷(即6.98万平方米),是华东地区AAAAA级旅游景区最大的公用广场之一,是九华新区开发建设中的标志性、基础性建筑之一,是九华山旅游发展股份有限公司大力实施九华山"二次开发、二次创业",进一步提升旅游接待设施,着力打造国内一流的旅游产业集团投资兴建的重点项目之一。

九华山作为我国重要的旅游目的地和国际性重要的佛教道场,年接待游客量超过200万人次。游客服务中心为前来九华山旅游观光的游客提供了"人性化"的周到细致服务平台,它是集旅游交通转换、旅游信息咨询、游客投诉接待、旅游商品展销、优秀导游服务等功能于一身的重要旅游公共服务设施,肩负着九华山风景区公益事业的重任。在这里可以办理景区门票、景区车辆通行证、聘请旅行社的导游、预订酒店宾馆、购买旅游纪念品、投诉接待、车辆的停放等服务项目。

(资料来源:百度百科.九华山游客服务中心[EB/OL].(2022-10-30)[2024-01-09].https://baike.baidu.com/item/%E4%B9%9D%E5%8D%8E%E5%B1%B1%E6%B8%B8%E5%AE%A2%E6%9C%8D%E5%8A%A1%E4%B8%AD%E5%BF%83/2225391?fr=ge_ala.)

课前导入任务单

任务名称	游客中心接待服务		时间		班级	
成员名单						
任务要求	(1) 对游客服务中心的功能有初步认知; (2) 对游客服务中心的接待服务有初步认知; (3) 培养学生主动服务的意识					
(1) 阅读上述材料,游客服务中心的作用有哪些? (2) 你去旅游景区时,在游客服务中心主要完成哪些事项? (3) 通过课前案例,你认为游客服务中心还需要开展哪些服务事项来方便游客?						

完成效果自评		优	良	合格	不合格
成员姓名					

课中学习

游客中心又称游人中心、访客中心，是旅游景区设立的为游客提供游览信息、咨询、游程安排、讲解、教育、休息、投诉接待等旅游设施和服务功能的专门场所，一般位于景区的中心或出入口，是游客接触景区的第一扇窗口，初期印象的好坏对游客的认知非常重要。

西安碑林游客中心示意图如图 2-13 所示。

图 2-13　西安碑林游客中心示意图

一、游客中心的功能

游客中心作为景区管理和对外宣传的主要形象窗口，是接待来访客人的第一站，担负着为游客提供各项旅游服务的责任，旅游景区要充分发挥游客中心的功能和作用。

（一）售票服务

售票服务是游客服务中心的主要功能之一，游客可以在此进行线下景区游览门票、内部交通票、演出票的购买。

（二）景区宣传

游客中心是景区树立和展示形象、宣传促销的主要窗口，可以通过媒体播放、图片展示等形式为游客展示旅游景区的风光和风物，引导旅游者对景区进行游览。

（三）信息咨询服务

游客服务中心通过为游客提供"一站式"、全方位信息咨询服务，不仅使游客迅速掌握所需信息，而且能消除游客身处异地所产生的陌生感。信息咨询服务主要包括景区及旅游资源介绍、所在地的历史文化风土人情介绍、游程信息、天气询问、住宿咨询，并提供旅游景区导游图、旅游景区内部小交通的乘坐使用、求救电话、注意事项提醒等涉及旅游景区方面的信息。

（四）导游服务

导游服务是游客接待中心最为重要的功能之一，主要为游客提供导游讲解服务，游客可在此雇用、租赁或免费获得各种导游服务，如导游员、导游图、电子解说器等。

（五）旅游投诉受理

受理由于游客游览过程中对景区服务质量、服务设施、游览安全等因素不满而引发的投诉问题，并根据游客的投诉请求，对投诉事项进行调查、调解与处理。

（六）其他服务

其他服务包括园区管理、门票服务、失物招领、物品寄存、医疗服务、雨伞租借、手机、录像机(照相机)免费充电、寻人广播服务、邮政托运快递服务、残疾人设施提供、紧急避险场地、饭店宾馆预约服务及票务服务等。

▍相关链接▍

景区游客中心提供哪些服务

　　鸣沙山月牙泉景区游客中心是 2012 年 11 月建成的，是集办公、咨询、邮政、医疗、售票、投诉、小件寄存、地质博物馆、导游接待、购物、休闲娱乐、影视播放等于一体的综合性游客中心。游客中心所有的功能设置全部按照国家 5A 级旅游景区关于游客中心的要求进行布局，主要为游客提供售票、咨询、投诉、导游、邮政、医疗等八大项 32 个服务项目，其中 11 个免费服务项目：轮椅、婴儿车、雨伞、拐杖、饮用水、手机加油站、宣传折页、语音导览器、地质博物馆、便民针线包、小件寄存，所有的服务功能由东南西北中五个区域组成。

　　(1) 东区：主要为游客提供咨询投诉服务和便民服务。通过咨询服务让游客更加清晰地掌握进入景区该玩什么、怎么玩、怎样玩得更好，同时为游客提供快速便利的投诉受理服务，第一时间为游客解决游览当中发生的矛盾纠纷。

　　(2) 南区：主要功能有影视播放厅、地质博物馆、导游中心。影视播放厅主要展示景区风光、旅游项目，全天循环播放敦煌人文历史文化的专题片和景区风光片。

　　(3) 西区：主要为游客提供邮政、医疗、免费休息服务。景区医疗室配备常用医疗器械和常用急救药品。邮政服务厅主要为游客提供敦煌纪念邮册、景区明信片，为游客加盖景区纪念邮戳，邮寄信件、物品等服务。在休息区内，游客可以在此中转休息，也可以观看景区风光片、纪录片，还可以浏览当天的报纸杂志。

　　(4) 北区：主要为游客提供旅游纪念品、敦煌土特产茶饮休憩等服务，设有茶饮休息室、土特产超市、卫生间等。

　　(5) 中区：是售票区，专门提供售票服务，设有 9 个售票窗口，可以同时为 600 人提供售票服务。

　　(资料来源：鸣沙山月牙泉风景名胜区官方网站. 景区游客中心提供哪些服务？[EB/OL]. (2020-04-13) [2024-01-09]. https://baijiahao.baidu.com/s? id=16389421023410990586wfr=spider&for=pc.)

二、咨询服务

（一）咨询服务的工作要求

1. 统一着装

一个规范的景区从门口到景区内部的每一个景点、销售点及卫生间的服务人员，都应该有统一的形象，服务人员穿着统一的制服既是景区的形象统一的要求，同时也便于景区的规范管理。

2. 礼仪形象

景区的服务人员代表了整个景区，景区服务人员的职业形象将关系到游客对整个景区的印象。咨询服务人员在岗期间，必须着装整齐，大方得体，服饰发型、指甲、站姿、坐姿、手势等要严格遵循职业要求。

3. 微笑服务

微笑服务是服务行业的基本要求，咨询服务人员在接受游客的旅游咨询时，面部表情应诚恳并带微笑，且双目平视对方，全神贯注，集中精力，专心倾听，以示尊重与诚意。

4. 业务熟练

咨询服务人员应具有较高的旅游综合知识，熟知景区的各项信息，准确、及时了解景区的相关政策，随时掌握景区动态，对于游客关于本地及周边区域景区情况的询问，能够提供准确、及时的答复和游览指导。

5. 服务得体

在接受客人咨询时，应做到语言得体、应对大方、耐心细致、有问必答、简洁明了，尽可能全面地向游客介绍本景区及周边景区的信息，以满足游客的需求。

（二）电话咨询服务的程序

景区游客中心接听咨询电话的流程如下。

1. 接听电话

电话铃响后，应该放下手中的工作做好接电话的准备。铃响第二声到第三声的时候，接起电话。如果铃响三次以上接听，应首先向对方道歉："对不起，让您久等了。"

2. 问候客人

在电话接通之后，接电话者应该先主动向对方问好，然后自报单位名称及所属部门："您好！这里是××景区，请问有什么需要帮忙吗？"或"您好！这里是××景区游客中心，很高兴为您服务。"

3. 询问并解答游客的问题

电话接听的过程中，应当集中注意力、耐心倾听对方的讲话，明确来电的目的，并及时做出反馈。例如，"您好，有什么可以为您服务？""您好，有什么可以帮您的吗？"如果在接听电话过程中遇到需要查询的情况，应当动作迅速，也可以礼貌地向对方说"请您稍等片刻"或"请挂了电话，我过会儿再打给您"。

4. 记录游客需求

在通话过程中，应当一边听，一边询问，一边做记录。作为景区的服务电话，电话旁边应该备好记录用的办公用品，如咨询服务记录表和笔，确保在工作区域内能够随时记录咨询内容、需要转达、通知等的通话内容。

5. 转接电话

如果超出本人或本部门职责范围需要转相关部门时，应向咨询者说明原因，在征得对方同意后，协助转到相关部门或人员处理。如果受话者在附近，请对方稍等后，把话筒轻轻放下，走到受话人身边通知对方。如果受话者不在，应耐心地询问对方，是否需要回电或转告，若需要则记录下来，以便转告。

6. 打错电话

接到打错的电话时，咨询服务人员不能对其呵斥或者不礼貌地就挂掉。应当有礼貌地回答："对不起,您打错了,这里是××景区。"这样既为景区做了宣传,还给对方留下了好的印象。

7. 结束通话

结束通话时,应向对方道谢或祝福"很高兴为您服务"或"祝您玩得愉快"后,等对方先挂电话后再挂断自己的电话,挂电话时要轻拿轻放。

(三)面对面咨询服务工作流程

1. 主动问候

当游客距离服务台 1.5 米左右,咨询服务人员应目视客人,面带微笑,问候招呼："小姐/先生,您好,请问有什么可以帮到您?"当遇到满脸疑惑、迷茫或来回走动的游客时,应主动上前询问游客是否需要帮助,这样会给处在困难中的游客温暖的感觉,并留下亲切、热情的好印象。

2. 认真聆听

对于前来询问的游客,要集中注意力、耐心倾听对方的讲话,明确来电的目的,并及时给予回应,让对方知道你听明白了他的阐述。切忌三心二意、左顾右盼或打断游客的谈话等。

3. 有问必答

对于游客的问询,要做到简洁明了,有问必答,百问不厌,用词得当,简单明了,不能用"大概""也许""可能"之类没有把握或含糊不清的话来敷衍搪塞。遇到自己无法解决的问题,要向游客道歉,并通过电话或向旁边的工作人员咨询的形式来解决游客提出的问题。

4. 礼貌送客

对待游客的咨询服务,应当直到其满意为止。当游客满意地准备离开时应主动地向游客道别,并祝其玩得愉快。

咨询服务工作流程示意图如图 2-14 所示。

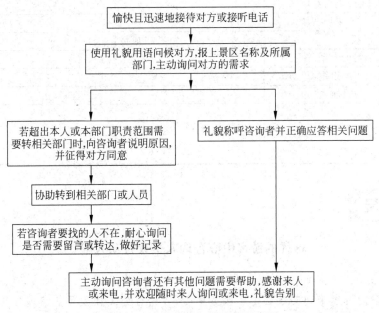

图 2-14　咨询服务工作流程示意图

课中实训

实训项目	学生在实训中心分别扮演游客和景区的游客中心接待人员,模拟旅游宣传、咨询和回答问询。其他同学观摩接待服务过程,并提出其过程是否符合规范,以及有待改进之处
实训目标	(1)掌握景区游客接待中心咨询服务的程序; (2)加深对景区游客中心相关功能的认知; (3)掌握景区游客中心旅游宣传、咨询服务等管理内容; (4)培育学生的人本情怀和团队意识
实训地点	
物料准备	资料、笔、便签、电话等
实训过程	(1)模拟接待人员过程中出现的问题主要有哪些? (2)你认为游客接待服务过程中需要具备哪些主要的素质? (3)咨询服务过程中遇到游客情绪不稳定等特殊事件如何处理?

实训总结	知识获取	
	能力获取	
	素质获取	

实施人员	组长:	成员:

实训成绩	实训考勤(20分)	
	小组组织(20分)	
	项目质量(60分)	

效果点评	

课后拓展

这样的游客中心咨询人员太打动人啦

1. 情景描述

一位失望的游客来到某景区游客服务中心,咨询台的工作人员热情地接待了他。

景区工作人员:“您好,请问我能为您做些什么?”

游客："我们来了两天了,结果都是阴雨连绵,这里的景点都在室外,我们只能在酒店客房里睡觉。你们附近还有没有别的景区？我们要换地方了,不想继续在这里浪费时间了。"

景区工作人员听了游客的回答后说："先生,实在抱歉,因天气原因给您带来的不愉快,我们也实在遗憾。如果您想换个游玩的景区,我可以给您推荐离我们景区30分钟左右路程的一个乡村旅游风景区。另外,距离我们景区1小时路程的地方有一个地下溶洞,体验感也非常不错呢！"

游客："那个地下溶洞怎么过去呢？"游客显然有些想法了。

景区工作人员："如果您对这个景区感兴趣,我们可以帮您叫车过去……不过我们还是真诚地希望您能留下来。因为根据天气预报显示,今天下午天气会由雨转多云,到时候您可以欣赏到我们景区雨后的飞瀑和云雾缭绕的山景,如果幸运的话您还可以看到美丽的彩虹呢！"

游客："那……"(此时游客开始犹豫不定。)

景区工作人员："现在还下着小雨,我建议您先去溶洞玩一下,下午玩好之后还想回来的话,可以再到我们景区逛逛呢！"

游客："请问在哪里坐车呢？"

景区工作人员："您把您的电话号码给我,您可以先在游客大厅休憩区休息一下,我联系好车以后通知您！"

游客被景区咨询台工作人员的真诚所打动,本来他只是想抱怨一下,没想到服务人员有如此细致的工作。

他在溶洞游览结束后立刻返回来,正好欣赏到景区美丽的雨后风光,并且在景区多逗留了一天。当他对工作人员表示谢意后,工作人员微笑地说："竭尽所能为游客服务是我们服务宗旨,这是我们应该做的呢。"

这位游客返程后还把他的游览经历告诉了他周边的朋友,推荐他们有机会来景区逛逛,那里景美人更美。

2. 案例分析

案例中的游客因为天气原因对景区有些失望,打算转到别的景区。当他把意图告诉景区工作人员后,工作人员热情友好地接待了他,并向他详细介绍了周围景区的概况。

在赢得了游客的认同之后,工作人员将游客的想法重新拉回到本景区,告诉游客天气马上就会好转,到时候景区的美景就会尽收眼底。同时,主动去联系交通工具送游客前往其他景区。

因此,游客被工作人员打动了,完全采纳了工作人员的建议,在景区和周围度过了美好的休闲时光。

景区咨询服务人员是景区的窗口,与游客面对面的咨询服务是他们的日常工作,其服务态度和言行举止代表着景区的形象。

景区内除了要有专职的咨询服务人员外,其余所有的工作人员同样都是兼职的咨询服务人员,也就是说每位景区员工都有可能会成为游客咨询的对象。

(资料来源:知乎.景区面客服务案例|这样的游客中心咨询人员太打动人啦！[EB/OL].(2018-12-25)[2024-01-09].https://zhuanlan.zhihu.com/p/53209515.)

实践:请选择周边地区的一处旅游景区,进行半天的旅游咨询服务实践。

任务四　投诉处理服务

哈尔滨冰雪大世界开放首日4万游客进园　为服务不周致歉

　　哈尔滨冰雪大世界官方微信2023年12月19日发布《致广大游客的一封信》,信中表示,2023年12月18日,第二十五届哈尔滨冰雪大世界开园,4万游客纷至沓来,部分游客的游玩需求没有得到充分满足,哈尔滨冰雪大世界对此深表歉意,对服务不周进行深刻反思并连夜整改。

　　为保证游客的游览体验,哈尔滨冰雪大世界将提升景区服务品质。即日起,园区内娱乐项目采取现场排队和延时服务方式,设置排队信息提示,对游玩项目分时、分段提醒,满足游客体验需求。园区内增加安保、接待、志愿服务人员,充实游客流量较高点位的服务力量,为游客提供维护秩序、问询导览等暖心服务;增加投诉受理服务台和客服人员,设置投诉服务电话:400-639-××××,线下线上同步受理解决游客诉求,真诚接受广大游客的监督。

　　(资料来源:中国新闻网.哈尔滨冰雪大世界开放首日4万游客进园　为服务不周致歉[EB/OL].(2023-12-19)[2024-01-09].https://www.chinanews.com/sh/2023/12-19/10131414.shtml.)

课前导入任务单

任务名称	投诉处理服务认知	时间		班级	
成员名单					
任务要求	(1)对游客的投诉原因有所认知; (2)对旅游景区投诉处理服务有初步认识; (3)树立学生的法律意识				
(1)请写出你知道的旅游景区投诉方式。					
(2)查阅相关材料,请描述旅游景区客人常从哪些方面进行投诉。					
(3)通过课前案例,你认为可以通过什么方式有效解决景区游客投诉问题?					

续表

（4）通过课前案例，请思考客人投诉对旅游景区有哪些影响？

完成效果自评	优	良	合格	不合格
成员 姓名				

课中学习

当今，旅游已成为人们休闲生活的主要方式，作为旅游业核心要素的旅游景区，在其为旅游者提供接待服务的过程中，开始暴露出越来越多的问题，与游客之间的矛盾也日益突出。尤其是一些热点旅游景区，旅游投诉问题逐渐增多，投诉的问题涉及面也越来越广。

一、景区游客投诉的原因

旅游景区投诉是游客为维护自身和他人的旅游合法权益，对景区的产品质量问题、服务态度等各方面的问题，向景区或上级行政管理部门反映情况，检举问题，并要求得到相应的补偿的一种手段。引起游客投诉的原因有很多，主要表现在以下几个方面。

（一）对景区服务人员的投诉

某些旅游景区管理方式落后，管理水平有待提高，服务人员思想意识淡薄，职业素养低下，导致工作过程中服务不规范、服务态度差、处事方法简单粗暴、服务技能有待提高。例如，对待游客爱答不理，言语粗鲁，顶撞游人，甚至侮辱谩骂游客，这些都成为游客投诉的主要因素。

（二）对景区硬件和环境的投诉

景区存在配套设施设备不到位；服务设施存在安全隐患；景区内安全标志欠缺或不明确；景区内部或周边卫生环境较差，垃圾遍地；景区内或周边"黑导""野导"疯狂拉客宰客等，旅游安全隐患较多都是导致游客投诉的热点。

（三）对景区服务产品的投诉

景区没有为游客提供适宜的产品或服务，广告宣传与实际产品相差甚远；景区的商品价格或服务项目收费价格虚高或收费标志不明，不按承诺给予收费优惠；景区内景点或活动项目强行另外收费，或随意宰客，使得旅游者的满意度下降，产生投诉。

相关链接

景区内商家未提供物流服务且不出具任何证书

2023年3月,游客王女士在景德镇市某景区内古窑瓷品生活馆花费8600元购买花瓶和茶具,因商家未提供物流服务,且不出具任何证书,所以要求景区全额退款。景德镇市旅游投诉受理机构接到游客投诉后,立即对相关情况进行核实。经调解,景区与游客达成一致,妥善解决游客诉求并将购买花瓶和茶具共计8600元费用全额退还,游客对处理结果表示满意。

(资料来源:搜狐.我省公布六大旅游投诉典型案例[EB/OL].(2023-11-15)[2024-01-09].https://www.sohu.com/a/736610020_120904252.)

二、游客投诉心理

大多数旅游者想要投诉的心理都来自于外力,了解和认识游客的投诉心理有助于正确处理游客的投诉。游客投诉的心理主要表现在以下三个方面。

(一)求心理上的尊重

受尊重是人们最普遍、最基本的心理需求之一。游客在整个旅游过程中,游客始终是处于"来宾"的身份,寻求被尊重的心理需求是很强烈的。当游客在旅游活动中没有享受到相应的服务,就会感觉到没有被尊重,就会进行投诉,期望通过投诉得到补偿或重新获得应有的尊重。在投诉后,游客希望别人认为这一行为是对的,是有道理的,希望得到尊重和支持,希望相关部门及工作人员能够重视他们的意见,渴望被投诉人向他们道歉,并立即采取相应措施。

相关链接

擅自给游客拍照红豆村景区被投诉

"六一"儿童节期间,游客郑先生带小孩到蓬安"红豆村"景区游玩开卡丁车,在未被告知并征得其同意的情况下,被拍摄了现场照片。郑先生对此十分不满,近日通过网上信访平台投诉维权。7月7日,记者获悉,经景区所在地政府组织多部门调解,景区卡丁车项目经营负责人向游客郑先生道歉并补偿200元。

游客投诉带小孩游玩被景区拍照

"请求景区旅游经营方停止抓拍偷拍游客开卡丁车的照片,停止买卖消费者照片的行为……"近日,游客郑先生通过南充网上信访投诉服务平台投诉,"六一"儿童节期间,他驱车前往位于蓬安县正源镇的"红豆村"爱情主题公园景区游玩,当日下午,他购买了开卡丁车的门票,工作人员并没有告知他,在开卡丁车的过程中,要被抓拍照片。他开完卡丁车后才发现,他和小孩开卡丁车时被抓拍,后经营方让其认购照片。

游客郑先生对此不满,认为景区相应旅游项目经营方此行为涉嫌侵犯消费者(关键还有未成年人)肖像权,要求对方道歉并赔偿。郑先生投诉时,上传了被现场拍摄的照片等作为证据。

部门调解经营方道歉并补偿游客

游客郑先生投诉的事项经网上信访服务平台逐级交办至景区所在地蓬安县正源镇人民政府后,当地政府予以了受理,并向郑先生发出了《受理告知书》。

7月1日,正源镇政府在答复时表示,受理郑先生投诉后,蓬安县市场监督管理局、蓬安县消费者协会、蓬安县正源镇信访办工作人员及景区旅游公司负责人等对郑先生反映的事项进行了协调处理。卡丁车负责人迅速与郑先生进行了电话沟通,解释了该项目提供的此项服务的温馨提示牌可能做得不够醒目,没有让游客第一时间看见提示牌,并对其服务不够完善深表歉意。

经协调,郑先生接受道歉和卡丁车旅游项目经营负责人给予经济补偿200元。征得郑先生本人同意,卡丁车负责人当场添加了郑先生的微信,现场微信转账进行了补偿。在各个相关部门的现场协调处理下,此事最终得到了圆满解决。

(资料来源:南充市人民政府官方网站.擅自给游客拍照"红豆村"景区被投诉[EB/OL].(2021-07-08)[2024-01-09].https://www.nanchong.gov.cn/wgj/ztzl/fzzf/202107/t20210708_1491351.html.)

(二)求心理上的平衡

在游览过程中,当游客感觉受到了不公平待遇,遭到了某种挫折时,心理上会觉得不平衡,会产生负面情绪,只有将这些负面情绪发泄出来,游客才能重新获得心理的平衡,而投诉就是最有效的一种发泄负面情绪的方式。这些都是正常人寻求心理平衡、保持心理健康的正常方式,作为景区工作人员应该要理解。

(三)求物质上的补偿

游客在遭受物质或者精神上的伤害时,有可能通过投诉的方式要求得到补偿,以弥补自己的损失。例如,游客对饭菜的质量不满意,希望更换或打折;门票内包含的表演项目被取消、游乐设施被关闭、要求必须退钱;买到假冒伪劣商品时,希望能退货等,这是一种正常的普遍的心理现象。

三、游客投诉处理流程

受理投诉是解决问题,促进景区发展的外在动力,旅游景区要正确把握处理投诉的原则,要真心诚意地解决问题,同时应切实保护旅游景区的利益不受损害。

(1)耐心倾听游客的投诉事项,避免使用过激的语言,保持眼神交流,敏锐地洞察对方感到的委屈、沮丧和失望之处,不能无视对方的情绪,让游客感受到你的倾听。

(2)用友好的态度积极配合他们的抱怨,尊重他们的意见,发自内心的表达自己的歉意,体现出诚意,同时还要对游客的遭遇表示同情与安慰。

(3)真诚地与游客交流,理解游客,同时了解游客需要解决的问题。适时提出问题,获取客人的需求信息,用自己的话重复、确认游客所遇到的问题,并适时做好记录。

（4）明确游客的问题之后，根据景区的实际情况，诚恳地查摆问题，找出问题的矛盾点，并且对已出现的问题不隐瞒、不回避，客观对待问题。

（5）对于客人遭受的损失可通过补偿性服务来弥补。补偿性服务通常包括：打折、送赠品（包括礼物、商品或服务）等。在解决问题的时候，既要维护游客合法、合理的权益，又要维护旅游景区的合法权益，通过双方协商、认可确认之后形成最终的方案。对待有些问题无法处理，要注意让客人知道进程，以显示重视，以避免误解。

（6）通过后续跟踪服务，进一步向游客了解旅游景区的解决方案是否有用、是否还有其他问题，如果有不满意的地方，可继续寻求更好的解决方案。后续跟踪服务的方法通常包括：电话、电子邮件、信函等。

▌▌相关链接▌▌

无锡市太湖鼋头渚风景区管理处游客投诉处理程序

景区各点设立投诉电话：9688××××，安全监察科负责受理9688××××接到的游客投诉。

1. 投诉处理态度

正确对待游客投诉，主动、礼貌接待投诉客人，不推托、不怠慢、不和客人争吵，以事实为根据，不准确、不完全属实的投诉内容也应耐心解释，消除误解。

2. 投诉处理

（1）现场投诉处理如下。

① 接到投诉，9688××××即联系相关部门负责人到现场，了解事实真相，纯属误会、情况不熟，即耐心向游客解释消除误解，事后9688××××需做好对投诉游客的回访及向管理处安全监察科的上报工作，并做好投诉事件的记录汇总。

② 如遇有重特大游客投诉时，9688××××应立即联系安全监察科，安全监察科及时向投诉处理领导小组报告，同时到达现场做好对游客的安抚解释工作，并根据领导小组商议后提出的组织意见，与游客达成协议，妥善处理，以减少游客损失、缩小负面影响。

（2）电话投诉：接听及时，耐心听取游客投诉内容与要求，做好记录，及时向相关科室及部门负责人转达，并立即到现场进行调查，作出处理意见，其处理规范与现场投诉相同。

（3）函件投诉：接到客人书面投诉，及时阅读投诉内容，及时和客人联系，掌握客人要求，并由安全监察科牵头，和投诉涉及的相关科室及部门负责人对投诉事件进行调查核实，提出处理意见，尽快将处理意见回复客人。

（4）网络投诉：由专人定期上网浏览，发现有投诉问题及时由安全监察科牵头和投诉涉及的相关科室及部门负责人对投诉事件进行调查核实，提出处理意见，将处理意见尽快回复客人。

（5）所有现场投诉，应尽量在游客离开景区前解决，已经离开景区的游客投诉72小时内解决，做到处理及时。

（资料来源：无锡市太湖鼋头渚风景区官方网站.无锡市太湖鼋头渚风景区管理处游客投诉处理程序[EB/OL].（2014-03-01）[2024-01-09].http://www.ytz.com.cn/zuzhilingdao/361.html.）

课中实训

实训项目	以小组为单位,选择附近的1~2家景区,通过调研了解该景区投诉情况,分析其原因,统计该景区在处理投诉案例中取得的成绩和存在的问题,并收集相关数据和图文,形成汇报材料
实训目标	(1) 了解目前景区投诉处理管理的现状; (2) 加深对景区投诉处理服务的认知; (3) 结合课堂学习内容,掌握景区投诉受理、处理内容; (4) 增强学生的法治思维和底线思维
实训地点	
物料准备	相机或者可以摄像的手机、笔记本、笔等
实训过程	(1) 调研景区采用了哪些类型的投诉受理方式? (2) 调研景区常见的投诉是哪些方面的? (3) 调研景区的投诉处理流程是什么? (4) 调研景区的投诉处理服务可以从哪些方面进行提升?

实训总结	知识获取	
	能力获取	
	素质获取	

实施人员	组长:	成员:

实训成绩	实训考勤(20分)	
	小组组织(20分)	
	项目质量(60分)	

效果点评	

课后拓展

美丽西湖更美好的奥秘是什么？

2019 年春节长假，西湖依然是全国最热门的景区之一。春节黄金周假期，西湖景区共计迎客 363.38 万人次，比去年同期增加 42 万人次。如此巨大的游客量整个景区只发生群众投诉 29 件，这与往年的数据相比呈现出了断崖式下降。这是怎么做到的？

春节出门在外，玩得开心、舒心，过好一个祥和快乐的春节是每一个游客的愿望。多部门联动、智慧景区搭建、24 小时在线服务……不断下降的投诉量，让我们看到巨大客流量背后，西湖景区各项旅游保障措施积极落实到位，智慧旅游体系日渐完善，也让我们看到了那些西湖工作者的坚守。

游客有困难，一个字：帮！

为了提高西湖景区旅游服务质量，今年各个主要旅游景点都设置旅游投诉服务点、党员服务先锋岗、志愿微笑服务亭等，做到及时就地服务游客。

像人气火爆的灵隐景区，就设置了旅游投诉服务点，在这里，信访、公安、市场监管、行政执法、志愿服务等多个单位部门统一集中前置，现场答复旅游咨询，现场化解矛盾苗头，既减少了后期来电来信投诉，也更容易在当时就取得游客的理解和满意。

要说春节期间最热门的景区，玉皇山肯定是其中之一。每年正月初八，来玉皇山上烧"头八香"是杭州人沿袭百年的风俗。为了服务好市民游客，春香旺季期间，凤凰山管理处增加工作时间，每天早上 5:30 开门，保证春香旺季各项工作的有序开展，还建设了集"服务＋管理＋执法"为一体的"凤凰岗"综合管理服务平台。另外，凤凰岗还在玉皇山正大门口临时设立一个服务点，为来往游客提供服务保障工作，帮助老人通过绿色通道、为游客提供医药箱、帮忙找寻失物等，获得了游客与市民的一致好评。

游客需求提升，一个字：变！

除了做好保障服务，今年西湖旅游智慧化也在不断提升，无论是买东西还是逛景区，游客体验感都在发生着变化。

很多游客就体验了最新的西湖手划船 POS 机。现在每条手划（摇橹）船都配备有一台与船工手机终端相连接的 App 打票机，乘客上船时，打票机会打印出一张预约单，下船时则会再打印出一张结算单，用于乘客核对乘船时间和乘船费用。如果乘客没有收到这两张单据或者只收到了其中任何一张，可以拒付船费。这个新举措可以说大大提升了游客的"安全感"。

截至目前，春节期间西湖景区各码头还没有收到一条游客投诉信息，西湖手划船顾客评价单满意率也近 100%，真正做到了让游客玩得安心，玩得满意。

（资料来源：杭州网.美丽西湖更美好的奥秘是什么？[EB/OL].(2019-02-14)[2024-01-09].https://hznews.hangzhou.com.cn/jingji/content/2019-02/14/content_7146283.htm.）

思考：西湖景区在投诉处理服务中主要考虑到了游客的哪些需求？这对其他景区的管理有哪些启示？

旅游景区解说服务

任务一 初识景区解说

课前导入

冰蛋：秦俑馆里的"段子手"

冰蛋原名张斌，是西安著名景区秦始皇兵马俑博物馆的一位解说员，他善于在解说中加入地道的陕西方言，让旅游者们在游览西安的名胜古迹之时，也领略到了陕西方言的别样韵味，他诙谐幽默的解说也令他迅速走红。

听过冰蛋解说的旅游者，多少都会说上几句陕西话。

"来，跟我一起读'回眸一笑百媚生，六宫粉黛无颜色'。"7月10日，在西安市临潼区华清宫景区，当冰蛋用地道的陕西方言读出《长恨歌》时，旅游者都认真地学了起来。漫步在这座皇家园林中，他们在探寻盛唐文化印记、触摸历史脉搏的同时，也领略到了陕西方言的别样韵味。

"之前看资料说，唐诗就要用陕西话读才更押韵、更标准，今天总算是体会到了。"来自浙江温州的旅游者岑炎华一边打趣，一边向记者展示着刚刚学习的成果。

这支由近30名来自全国各地旅游者组成的旅行团，有一个共同点——冲着冰蛋来的。

疫情期间，因为兵马俑等景区关闭的缘故，冰蛋在网上开起直播、录制短视频，推介起陕西的历史文化和美景美食，凭借幽默风趣的解说收获了不少粉丝。他还与观众约定"了解陕西不能光在网上看，过一段时间记得要把这里转"。

冰蛋本名叫张斌，从2013年开始在兵马俑解说，因为"金句"频出被称为"秦俑馆里的'段子手'"。2018年，一位旅游者将张斌的解说视频上传至网络，让更多网友认识到了这位"别人家的解说"。

"最厉害的还是西北政法大学，挖出了法学家张汤的墓，把祖师爷都给挖出来咧。"2019年12月，一条"西安那些'古墓派'大学"的视频在网络爆红，点赞超过220万。面对突然的走红，张斌很坦然。他说，作为一名解说员，能把陕西最有魅力的一面呈现给观众，吸引更多旅游者了解并爱上陕西这座"大博物馆"，就是他一直以来的目标和追求。

在解说过程中,他不断创新方式方法,激发旅游者对陕西历史文化的兴趣。"景区解说员讲故事不是照本宣科将文字转述给旅游者,而是要用旅游者爱听的话语,讲述这座城市的历史、文化、生活,让他们在轻松愉悦中有所收获。"张斌说。

"秦始皇的一生可以用八个字概括:额滴!额滴!都是额滴!""大家在给兵马俑拍照时记得关掉美颜相机,可不要把国字脸的秦俑拍成瓜子脸了"……张斌诙谐幽默的解说,时常引得旅游者笑声不断。

兵马俑博物馆全程2小时的解说,张斌能讲出5种版本。他说,要成为一名"问不倒"的景区解说员,就必须加强学习,充实知识库,才能在解说中不断融入新的内容。"有的旅游者还会问博物馆里的花花草草,于是我把博物馆里所有的花卉都学了一遍。"张斌说,"针对旅游者年龄结构、历史知识水平不同,我也会选择不同的解说方式,力争让每位旅游者都能听进去、有收获。"

张斌回忆,有一位浙江的旅游者半年内先后带着家人、同事、朋友7次来到兵马俑,专程来听他的解说;还有一所香港的学校,每年都会组织学生来兵马俑参观学习,返回后还会将学生游陕西的感悟体会发给他。张斌说,相比在网上收获的点赞数,这些才是其景区解说员生涯中最"高光"的时刻。

黄帝陵、华山、大唐不夜城,陕北的苹果和狗头大枣、安康的富硒产品、宝鸡眉县的猕猴桃……越来越多的陕西美景美食出现在张斌的短视频和"段子"里,被网友熟悉和向往。大家纷纷留言"陕西可真是一座历史与现代辉映,传统与时尚融合的宝库""马上要来陕西旅游了,等着我"。

"史书上的白纸黑字不足以诠释三秦大地的精彩过往,只有踏上这片土地,才能感受到这里厚重的历史和灿烂的文化。希望努力成为陕西旅游的一张'名片',把陕西最动人的故事讲述给更多人。"张斌说。

(资料来源:魏光敬.冰蛋:秦俑馆里的"段子手"[EB/OL].(2020-12-19)[2022-11-01].https://www.163.com/dy/article/FU6QMU1N0534A4SB.html.)

课前导入任务单

任务名称	初识景区解说	时间		班级	
成员名单					
任务要求	(1)从基础知识方面初步对景区解说有所认知; (2)增强学生的创新精神; (3)培育学生的人本情怀				
	(1)查阅冰蛋相关材料,请描述冰蛋的哪些方面让你印象深刻? (2)冰蛋的景区解说有哪些特点? 				

续表

（3）通过"冰蛋"的案例，请思考在解说我国景区文化方面有哪些值得借鉴的地方？

（4）请写出你所知道的优秀景区讲解员讲解特点。

完成效果自评	优	良	合格	不合格
成员姓名				

课中学习

景区解说人员也称解说员，是指在旅游景区景点为旅游者进行解说服务的工作人员。

一、景区解说类型

（一）按照语言划分

（1）中文解说，是指景区内能够使用普通话、方言或者少数民族语言进行的景区解说工作。目前，这类解说的主要服务对象是在国内旅游的中国游客。

（2）外语解说，是指景区内能够使用外语进行的景区解说工作。目前，这类解说的主要服务对象是以入境旅游的外国旅游者为主。

（二）按照解说工具划分

（1）人工实地口语解说，是指景区内提供的人工实地口语解说，通常它包括解说人员在旅游者旅行、游览途中所做的介绍、交谈和问题解答等解说活动，以及在参观游览途中所做的介绍和解说。目前，人工实地口语解说服务是景区提供的主要解说服务。

（2）图文声像解说方式，也称物化解说方式，它包括导游图、交通图、旅游指南、景点介绍册页、画册、旅游产品目录等；成熟的景区对图文声像解说极为重视，各旅游景点一般都在"旅游服务中心"或"旅游问讯处"摆放着各种印制精美的图文声像旅游宣传资料，人们可以随意翻阅，自由索取。

（3）电子解说方式。随着景区解说服务的进一步发展和 AI、VR 技术的进步，目前许多景区采用电子解说方式或电子技术辅助的解说方式。一般会使用自动感应式为基础的电子解说器，无须景区人工解说，参观者可以直接扫码或按键或电子定位触发听景区解说。这样的感应式解说器需要提前录好景区解说内容，这种解说方式的益处是能够节省人工成本，也较为智能化。

随着技术的进步，景区解说服务方式将越来越多样化、高科技化。随着合成技术的发展，或许有一天大部分场景电子解说方式能取代人工解说，但完全取代不太可能。人工实地口语解说不仅不会被电子解说方式所替代，而且将永远在景区解说服务中处于主导地位。其原因如下。

（1）景区解说服务的对象是有思想和目的的旅游者。由于社会背景和旅游动机的不同，不同的旅游者出游的想法和目的也不尽相同，有的人会直接表达出来，有的人比较含蓄，还有的人可能缄默不语。单纯依靠图文声像一类千篇一律的固定模式介绍旅游景区，是不可能满足不同社会背景和出游目的的旅游者的需求的。

（2）现场解说情况复杂多变。现场解说情况纷繁复杂，在景区解说人员对参观游览的景物进行介绍和解说时，有的旅游者会专心致志地听，有的则满不在乎，有的还会借题发挥，提出各种稀奇古怪的问题。这些情况都需要景区解说人员在解说过程中沉着应对、妥善处理。在不降低解说服务质量标准的前提下，一方面满足那些确实想了解参观游览地方景物知识的旅游者的需求，另一方面要想方设法调动那些对参观游览地不感兴趣的旅游者的游兴，还要对提出古怪问题的旅游者做必要的解释，以活跃整个旅游气氛。

（3）旅游是一种人际交往和情感交流关系。旅游是客源地的人们到旅游目的地的一种社会文化活动，通过对目的地社会文化的了解来接触目的地的居民，实现不同国度、地域、民族之间的人际交往，建立友谊。对于景区来讲，景区解说人员是旅游者在景区里首先接触而且接触时间最长的目的地的居民，景区解说人员的仪容仪表、言谈举止和解说方式都会给旅游者留下难以泯灭的印象。通过景区解说人员的介绍和解说，旅游者不仅可以了解目的地的文化，增长知识，陶冶情操，而且通过接触目的地的居民，特别是与其相处时间较长的景区解说人员，会自然而然地产生一种情感交流。这种旅游者与解说人员之间建立起的正常的人与人之间的情感关系，是提高景区解说服务质量的重要保证。这同样是高科技解说方式难以做到的。

二、景区解说基本要求

景区解说是景区解说人员与旅游者交流时使用的一种具有丰富表达力、生动形象的口头语言。从广义的角度说，景区解说是景区解说人员在解说服务过程中必须熟练掌握和运用的所有含有一定意义并能引起互动的一种符号。所谓"所有"，是指景区解说不仅包括口头语言，还包括态势语言、书面语言和副语言。其中副语言是一种有声而无固定语义的语言，如重音、笑声、叹息、掌声等；所谓"含有一定意义"，是指能传递某种信息或表达某种思想感情。如介绍旅游景观如何美、美在何处等；所谓"引起互动"，是指旅游者通过感受景区解说行为所产生的反应。

景区解说人员无论是进行景区解说,还是回答旅游者的问题,在发音之前都要对所讲、所谈的内容进行组织,然后用语言表示出来,同时语言在运用中又存在着方法和技巧。对于景区解说人员来说,由于服务的对象是不同的旅游者,他们的性格、兴趣和爱好各异,景区解说人员的语言除了要符合语言规范外,还要满足以下基本要求。

（一）景区解说的准确性

景区解说的准确性是指景区解说人员的语言必须以客观实际为依据,即在遣词造句、叙事上要以事实为基础,准确地反映客观实际。

1. 严肃认真的科学态度

首先,要求景区解说人员有竭诚为旅游者服务的思想,有不断提高解说服务质量的意愿,才能抱着对旅游者、对自己、对旅行社、对国家负责的态度。其次,要有锲而不舍、勤学苦练的学习精神。只有这样才能不断进取,认真地对待语言中的每一个词语,使之符合语境并贴切地反映客观实际。

2. 了解和熟悉所讲、所谈的事物和内容

了解、熟悉所讲、所谈的事物和内容,是运用好语言的基础。如果景区解说人员对所讲、所谈的事物和内容有充分的准备,谙熟于心,讲起来不仅侃侃而谈、旁征博引,而且遣词造句也十分贴切,就能准确地反映所讲、所谈事物的本来面貌,易于为旅游者所接受和理解。

3. 遣词造句准确,词语组合、搭配恰当

首先,遣词造句准确,词语组合、搭配恰当是语言运用的关键。如武汉市景区解说人员在归元寺向旅游者介绍《杨柳观音图》时说:"这幅相传为唐代阎立本的壁画,它所体现的艺术手法值得我们珍惜。"这里,"珍惜"属于用词不当,而应该"珍视"。"珍惜"是爱惜的意思,而"珍视"则为看重的意思,即古画所体现的艺术手法值得很好欣赏。

其次,词语的组合、搭配要恰当。景区解说人员在选择贴切的词汇基础上,还要进行词语的组合与搭配,使之组合符合规范,搭配相宜,这样才能准确地表达意思。如景区解说人员在向旅游者介绍了某一自然景观之后说:"这里的景色真叫人心旷神怡。"这里的"叫"字同心旷神怡的搭配就不如用"令"字更好,因为"令"字有"使"的含义,即客观事物使人们主观上产生一种感受。

（二）景区解说的逻辑性

景区解说的逻辑性是指景区解说人员的语言要符合思维的规律性。

（1）景区解说人员的思维要符合逻辑规律,其语言要保持连贯性。逻辑分为形式逻辑和辩证逻辑。前者是孤立地、静止地研究思维的形式结构及其规律的科学;后者是关于思维的辩证发展规律的科学,即从事物本身矛盾的发展、运动、变化来观察、把握,研究事物的内在联系及其相互转化的规律性。景区解说人员若能掌握并正确地运用这些逻辑形式,遵守形式逻辑的思维规律,就会使自己的思维具有确定的、前后一贯的、有条理的状态,从而在语言表达上保持首尾一致,具有较强的逻辑性。如景区解说人员在讲西湖孤山时,说"孤山不孤、断桥不断、长桥不长"。景区解说人员作出"孤山不孤"这一判断是从

"孤"和"不孤"选择而来的,作出这一选择是由其思维逻辑确定的,即孤山是由火山喷出的流纹岩组成的,整个岛屿原来是和陆地连在一起的,所以说"孤山不孤"。那么为什么又叫它孤山呢?一是因为自然的变迁,湖水将它与陆地分隔开来;二是因为这个风景优美的岛屿过去一直被称为孤家寡人的皇帝所占有。同样,"断桥不断""长桥不长"也是如此。

(2)语言表达要有层次感。景区解说人员应根据思维逻辑,将要讲的内容分成前后次序,即先讲什么、后讲什么,使之层层递进、条理清楚、脉络清晰。

如一段介绍武汉市长江夜游的解说词:

各位朋友,我们的游船现在所在的位置就长江与汉江交汇之外,浑黄的长江水与碧绿的汉江水汇成大大的人字,把武汉分为汉口、汉阳、武昌三镇。这两条江交接的地方像不像鱼的嘴巴?我们武汉人亲切地把它称为南岸嘴。南岸嘴与被称为"德国角"的莫塞河与莱茵河交汇处极其相似,但规模更大,气势更恢宏。为了开发建设好这个中国内陆城市唯一的江河半岛,武昌市委、市政府邀请了清华大学七名世界级的设计大师专门对进行了研讨,同时设计招标工作也已全面展开,希望通过全球范围的竞争为南岸嘴找到最好的景区建设方案。

现在我们看到的是位于汉水北岸的是龙王庙码头,它全长有1080米,始建于清乾隆年间,也就是1739年,此前筑有"龙王庙"。由于龙王庙地段河面非常狭窄,水急浪高,素以险要著称。故有人修筑龙王庙祈求龙王爷保佑平安。这里曾多次发生不同类型的险情,是武汉三镇防洪的心腹之患。1931年,大水涨到26.94米时,汉口就发生过溃堤被淹的情况。中华人民共和国成立后,党和中央政府高度重视堤防安全,龙王庙险段尤为关注。每当汛期来临时,这里就成了各级领导和群众关注的焦点。1998年,武汉遭到了百年罕见的特大洪水,水位达到29.43米。党和国家领导人到龙王庙险段指挥作战,面对汹涌的洪水向全世界人民宣告:伟大的中华民族是不可战胜的。武汉军民和全国人民一道,齐心协力共同作战,取得了抗洪斗争的伟大胜利。

请各位顺着我手指的方向看,在码头的防水墙上嵌有"纪念98抗洪"大型花岗石浮雕,共有8个,依次为洪水压境,军民抗洪,严防死守,顽强拼搏,团结奋战,科技神力,力挽狂澜,欢呼胜利,这组浮雕高3.45米,总长度为102米,一幅一个故事,再现98抗洪精神。

这一大段解说词的语言表达层次非常清晰。首先介绍了南岸嘴的情况,再介绍龙王庙的历史,然后引导到抗洪救灾,最后到抗洪精神。由此可见,这位景区解说人员对此景点的介绍的成功与其具有的严密的逻辑思维密不可分。

景区解说人员的语言要具有逻辑性,必须学习一些基本的逻辑方法。主要的逻辑方法有比较法、分析法与综合法、抽象法、演绎法与归纳法。

(1)比较法就是两种或两种以上同类的事物辨别其异同或高下的方法。人们常说"有比较才有鉴别",只有通过比较,才能对事物有所区分。在景区解说中,应用比较法的场合很多。例如:"长江是中国第一长河,世界名列第三",就是通过比较得出的结论,因为它的长度仅次于南美洲的亚马孙河和非洲的尼罗河。

(2)分析法与综合法包括分析法和综合法。分析法是把一件事物、一种现象或一个概念分成较简单的组成部分,然后找出这些部分的本质属性和彼此之间的关系;综合法则是把分析的对象或现象的各个部分、各种属性联合成一个统一的整体。例如:

"各位旅游者,到我们武汉市归元寺罗汉堂,数罗汉的方法一般有三种:一是男左女右,进罗汉堂大门后男同志靠左边、女同志靠右边。二是哪只脚跨进罗汉堂大门门槛,就从哪个方向数。三是在罗汉堂里任何一处挑选一尊作为起点,数到自己年龄的最后一个数字,那一尊罗汉便象征您的性格气质命运等。"

这段解说词对武汉市归元寺罗汉堂的解说用分析法进行了介绍,首先将其分为三种类型,然后介绍它们各自的方法。若将这些解说词倒过来叙述,即先讲述罗汉的各种方法再归纳为三种,这就是综合法的运用。

(3)抽象法又称概括法,是从许多事物中舍弃个别的、非本质的属性,抽出共同的、本质的属性的方法。例如:

"正是由于人们对道教神仙的崇拜、敬仰和畏惧,才产生了道教文化艺术。至今保存在武当山各个宫殿和道观中,大量的道教神仙造像、法器供器,既是中国古人对神仙信仰的生动体现,也是道教文化留给今人的可贵的艺术成果。道教思想文化,作为中华传统文化的重要组成部分,在悠久和精深博大的中华传统思想文化的哺育下,形成了具有自己特色的思想哲理和信仰体系,为历代有识之学者和方外之士所珍重,引导着历代悟道修真之士信仰修行、研究继承和弘扬发展。"

这段解说词就高度概括出道教文化对湖北武当山和中国传统的影响。

(4)演绎法与归纳法都是推理的方法,前者是由一般原理推出关于特殊情况下的结论,其中三段论就是演绎的一种形式。后者是由一系列具体的事实概括出一般原理。这两个方法是相互对应的,如景区解说人员在介绍湖北神农架野人之谜时说:

"关于野人的传说在我国流传几千年,这种传说遍布全国,早在3000多年前,我国西南少数民族麋国就将'野人'作为礼物献给周成王。战国时屈原曾对'野人'在《九歌》中进行过充满诗意的描写。但在1976年5月14日神农架林区副主任就曾在林区的大龙潭亲眼见到'红毛野人',后又有人再次发现其毛发、粪便及野人窝,从毛发的表皮来看,无论是髓质形态还是细胞结构都优于高等灵长目动物。最令人惊叹的是'野人窝',它用20根箭竹扭成,人躺在上面视野开阔,舒服如靠椅。其制造与使用是介于人和高等灵长目动物之间的奇异动物或野人了。"

此段解说词首先介绍我国关于野人的传说,然后叙述神农架地区有关野人的情况,最后得出"野人窝"证明了这一情况的结论。景区解说人员在这里采用的逻辑方法正是从一般到特殊的演绎法。归纳法则与此相反,即从特殊到一般。

(三)景区解说的生动性

景区解说人员向旅游者提供面对面的服务时,旅游者大多数情况下是在听景区解说人员说话,所以景区解说人员的语言除了语音、语调、语速及要有准确性和逻辑性外,生动性也至关重要。景区解说人员的语言表达要力求与神态表情、手势动作及声调和谐一致,使之形象生动、言之有情。如果景区解说人员的语言表达平淡无奇,和尚念经般的单调、呆板或者十分生硬,旅游者听了必定兴趣索然,甚至在心理上产生不爱听、不耐烦或厌恶的情绪。反之,生动形象、妙趣横生、幽默诙谐、发人深省的景区解说不仅能达到引人入胜的效果,而且会起到情景交融的作用。为此,景区解说的表达应力求使用形象化的语言,以创造美的意境;使用鲜明生动的语言,以增加语言的情趣性;使用幽默诙谐的语言,以增强语言的感染力。

要使口语表达生动形象,景区解说人员除了要把握好语音、语调外,还要善于运用比喻、比拟、夸张、映衬、引用等修辞手法。

1. 比喻

比喻就是用类似的事物来打比方的一种修辞手法,它包括下面几种形式。

(1)使抽象事物形象化的比喻。例如,"土家族姑娘山歌唱得特别好,她们的歌声就像百灵鸟的声音一样优美动听。"这里土家族姑娘的歌声是抽象的,将其比喻为百灵鸟的声音就形象化了。

(2)使自然景物形象化的比喻。例如,"如果说,云中湖是一把优美的琴,那么,喷雪崖就是一根动听的琴弦。"这里将云中湖比喻为琴,将喷雪崖比喻为琴弦,显得既贴切又形象。

(3)使人物形象更加鲜明。例如,"屈原的爱国主义精神和《离骚》《九歌》《天问》等伟大的诗篇与日月同辉,千古永垂!"这里将屈原比喻为"日月",使其形象更加突出。

(4)使语言简洁明快的比喻。例如,"鄂南龙潭是九宫山森林公园的一条三级瀑布,其形态特征各异,一叠仿佛白练悬空;二叠恰似银缎铺地;三叠如同玉龙走潭。"这里将瀑布比喻为白练、银缎和玉龙,言辞十分简洁明快。

(5)激发丰富想象的比喻。例如,"陆水湖的水,涟涟如雾地缠绕在山的肩头;陆水湖的山,隐隐作态地沉湎在水的怀抱。陆水湖的山水像一幅涂抹在宣纸上的风景画,极尽构图之匠心,俱显线条之清丽,那么美轮美奂舒展着,那么风情万种地起伏着。她用山的钟灵揽天光云影,她用水的毓秀成鉴湖风月。"这里将陆水湖比喻为山水风景画,令人产生无穷的遐想。

2. 比拟

比拟是通过想象把物拟作人或把甲物拟作乙物的修辞手法。在景区解说中,最常用的是拟人。譬如:"迎客松位于九宫山狮子坪公路旁,其主干高大挺直,修长的翠枝向一侧倾斜,如同一位面带微笑的美丽少女向上山的旅游者热情招手。"迎客松是植物,赋予人的思想感情后,会"面带微笑",能"热情招手",显得既贴切又生动形象。

运用比拟手法时,景区解说人员要注意表达恰当、贴切,要符合事物的特征,不能牵强附会;另外,还要注意使用场合。比拟的手法在描述景物或解说故事传说时常用,而在介绍景点和回答问题时一般不用。

3. 夸张

夸张是在客观真实的基础上,用夸大的词句来描述事物,以唤起人们丰富的想象的一种修辞手法。在景区解说中,夸张可以强调景物的特征,表现景区解说人员的情感,激起旅游者的共鸣。譬如:"相传四川、湖北两地客人会于江上舟中,攀谈间竞相夸耀家乡风物。四川客人说'四川有座峨眉山,离天只有三尺三',湖北客人笑道'峨眉山高则高矣,但不及黄鹤楼的烟云缥缈。湖北有座黄鹤楼,半截插在云里头'。惊得四川客人无言以对。"这里用夸张的手法形容黄鹤楼的雄伟壮观,使旅游者对黄鹤楼"云横九派""气吞云梦"的磅礴气势有了更深的认识。

景区解说人员运用夸张手法应注意两点:一是要以客观实际为基础,使夸张具有真实感;二是要鲜明生动,能激起旅游者的共鸣。

4. 映衬

映衬是把两个相关或相对的事物,或同一事物的两个方面并列在一起,以形成鲜明对比的修辞手法。在景区解说中运用映衬的手法可以增强口语表达效果,激发旅游者的兴趣。譬如:"太乙洞(咸宁)厅堂宽敞、长廊曲折,石笋耸立、钟乳倒悬,特别是洞中多暗流,时隐时现、时急时缓,水声时如蛟龙咆哮,闻者惊心动魄;时如深夜鸣琴,令人心旷神怡。"这里"宽敞"和"曲折"、"耸立"和"倒悬"、"隐"和"现"、"急"和"缓"、"蛟龙咆哮"和"深夜鸣琴"形成强烈的对比,更加深了旅游者对洞穴景观的印象。

5. 引用

引用是指用一些现成的语句或材料(如名人名言、成语典故、诗词寓言等)作根据来说明问题的一种修辞手法。在景区解说中经常运用这种方法来增强语言的表达效果。引用包括明引、意引和暗引三种形式。

(1)明引是指直接引用原话、原文。其特点是出处明确、说服力强。譬如:"归元寺的寺名'归元'也称归真,即归于真寂本源、得道成佛之意,取自佛经上的'归元性无二,方便有多门'的偈语。"这里引用的佛经上的偈语诠释了归元寺名称的内涵,令人信服。

(2)意引是指不直接引用原话原文而只引用其主要意思。譬如:"国内外洞穴专家考察后确认,湖北腾龙洞不仅是中国目前已知最大的岩溶洞穴,而且是世界特级洞穴之一,极具旅游和科研价值。"这里引用的专家对腾龙洞的评价虽不是原话,但同样具有较强的说服力。

(3)暗引是指把别人的话语融入自己的话语里,而不注明出处。譬如:"东坡赤壁的西面石壁更峻峭,就像刀劈的一样。留在壁面上的层层水迹,表明当年这儿确乎有过'惊涛拍岸,卷起千堆雪'的雄奇景象。"这里引用的苏东坡《念奴娇·赤壁怀古》中的词句虽没有点明出处,但却是对赤壁景观最形象的描写和绝妙的概括,让旅游者听后产生无穷的遐想。

景区解说人员在运用引用手法时,既要注意为我所用恰到好处,不能断章取义,又要注意不过多引用,更不能滥引。

课中实训

实训项目	以小组为单位,选择附近的景区,调查至少两种类型的景区解说服务,分析被调查景区解说服务的特点以及解说服务管理的现状,能对其解说服务提出改进意见
实训目标	(1)加深对景区解说词特点的认知; (2)了解目前景区解说词的内容; (3)结合课堂学习内容,掌握景区解说词的优化方法; (4)坚定学生的文化自信
实训地点	
物料准备	相机或者可以摄像的手机、笔记本、笔等

续表

实训过程	（1）被调查景区解说属于哪种类型？ （2）被调查景区解说服务有哪些特点？ （3）被调查景区解说服务存在哪些问题？ （4）被调查景区解说服务方面可以从哪些方面进行提升？

实训总结	知识获取	
	能力获取	
	素质获取	

实施人员	组长：	成员：

实训成绩	实训考勤（20分）	
	小组组织（20分）	
	项目质量（60分）	

效果点评	

课后拓展

如何规范景区解说人员的素养

我们在外出旅行初次来到一个新景点时，有时会碰到景区面积很大而自己出行时间有限，对景区的历史文化了解不多等情况。这时我们往往需要请解说员来带领我们快速熟悉景区特色,给我们讲解有关景区的历史背景,并指引我们游览最具特色的景点。一个优秀的解说员的讲解服务能帮助我们达到事半功倍的效果,但也有很多解说员由于业务水平低下,用错误的历史知识误导游客甚至强行向旅游者推销景区商品等行为,严重影响到景区的声誉,针对这类现象,有关部门应出台严厉措施,提升解说员素质,笔者认为可从如下几个方面来对解说员予以规范。

1. 景区考核

景区管理部门必须加强对所聘用解说员的全面业务培训,对解说员要制定业务考核办法,采取择优持证上岗原则,对业务水平不足者须对其再培训再考核,直至达标为止。

2. 口才训练

作为一名解说员,口才的训练是最重要的基本功,这就要求解说员在平时一定要参加口才培训并努力提升自己的水平,做到吐字清晰、言语富有条理性,能够让旅游者轻松获取到景区的有关文化。

3. 历史储备

我们在游览景区的时候,往往对景区的特色文化和历史底蕴抱有浓厚兴趣,因此解说员就必须做好这方面的功课,平时多挖掘景区的历史事迹及名人风采,需要注意的是所讲述历史内容必须真实可靠,切勿为博眼球而大谈野史,甚至胡编乱造来误解说客,以致给景区造成负面影响。

4. 景区地理

正如开篇所说,由于很多景区面积非常大,这对初次游览的朋友来说常感觉无从下手,不知该逛哪些地方才能做到不虚此行。因此一个合格的解说员需要对景区的所有建筑及道路、人气较旺的特色景点等都做到如数家珍,详细向旅游者介绍这些内容供旅游者选择,以节省旅游者时间。

5. 严禁推销

我们在新闻上经常看到景区解说员诱导甚至强制性要求旅游者购买景区商品的行为,这背后无非就是解说员与商家间不可描述的利益互通,此恶劣行为常令旅游者感到反感,从而对景区的声誉造成严重影响,因此解说员应洁身自好不参与此类行为,景区管理部门也需明令禁止这种推销行为。

6. 旅游者监督

对解说员的言行约束,有时仅仅靠解说员的自律是不足以达到满意的效果的,这就要求旅游者朋友们应充分具备消费权益意识,对那些解说水平不达标、态度不诚恳、行为不文明的解说员坚决予以举报,更严重者可通报到旅游管理局对园区进行严肃处理,这其实也间接维护了今后旅游者的利益。

景点解说员是一个景区的门面,园区必须对他们进行充分的素养培训;作为合格的景区解说员,应具备良好的口才,丰富的历史知识,并对园区地理了如指掌。

(资料来源:仪孝法.导游业务[M].北京:北京交通大学出版社,2007.)

思考: 请详细深入调查一处景区的解说服务,了解其现状,分析其问题,请思考如何提升该景区的解说服务水平?

任务二 提高景区解说服务技能

一位老景区解说员的解说心得

从旅游者的角度学解说员解说,我是一位干了 10 年的老解说员,新人们总是问我,以一个老解说员的观点,怎样才能进行好解说,我每次都是从旅游者的角度回答这类问题。你要想抓住旅游者的注意力,你得了解旅游者们想听些什么,想听怎样的解说。我们许多新解说员一上岗总觉得最重要的是背好景区材料,把它们背得烂熟,张口就来,不会停顿,这就是表示他已是一个合格的解说员了,其实完全不是这样!想象一下把自己当一个旅游者,你看到上车来一位解说员,他一开口就在背书,你会觉得还不如自己拿本书来看效果更好。

解说员的解说是一种讲话,你得像在和朋友聊天,你会眉飞色舞地给朋友讲你知道而朋友不知道的事情吧。好!就是这样,给旅游者解说也就是要这样,才能抓住他们的注意力。好,这一点明白之后,你还得知道怎样才能讲得眉飞色舞,最重要的条件一是熟,二是自己也惊叹于这件事。如果你自己心里就一点都不以这件事为异,那你讲出来一定也不会让人家觉得惊异。那么有些景点有令人惊叹的事,有些景点没有,怎么办?我们知道有一句老话叫"情人眼里出西施",一个普通的女人,由于爱她,才能看出来像西施一样的惊艳,所以一个景点,由于爱它,也可有一样的效果。更何况能当景点的本来就已不是一个"普通的女人"了,它必定有很可爱的地方。

所以说解说员要解说得好,首先得有对这个景区的热爱,爱了之后就会去探索关于它的每一点资讯、每一点故事、每一点惊人之处,然后用你全部的热情,眉飞色舞地给讲出来,那你的解说就已成功了一半了。其次解说要成功的另一半是解说技巧,一说到技巧,有些新解说员就会觉得它是一个很深奥很复杂的东西,其实有那么几条挺简单、易操作的规律。第一就是你讲什么都要和游客家乡或他熟悉的东西对比着讲。你对一个人讲一大堆他不熟悉的东西他会越听越累,但你提到他家乡的东西、他熟悉的东西,他必会感兴趣。比如你讲一座大桥,全长有多长、花费多少钱、建了多少时间等,这些数字对于大多数人来说都是枯燥的,但如果你找出一座客人家乡比较著名的桥,告诉他比那条长一倍,比它建得快三倍,比那座桥用的钱还少,这样他就会惊讶了,他的注意力就回来了,他就真的听进去了。要做到这一点,当然,你得在出团前有所准备,你必须先了解客人来自哪里,他的家乡或他的工作等情况,然后还要找到相关的资料。解说员虽说号称"杂家",应该什么都知道,但一个人,特别是新解说员,哪里会有那么渊博的知识呢。不要紧,现在有了互联网,什么都能搜到,非常方便,而且信息广、资料精,上到历史上的哪些天出现过日全食,下到珊瑚有多少种分类,什么都查得到。通过这样的方法,不但你能出色地带好这个团,而且你学到了许多知识,这样工作上几年,你就真的成了"杂家""博家"了。

上面我们说到你要了解游客的情况，这不但对于你查找关于他们的资料有帮助，同时也帮助你决定给他们讲到什么程度。比如你带团参观溶洞，许多解说员都会指着这一块那一块的石钟乳告诉旅游者像什么，但如果游客是搞科技工作的，最好少讲这些，而多讲些石钟乳的形成原因、这个溶洞的地质发展、当年的开发情况等，不然一会儿功夫他们就会自己走得没影了。

但如果游客是些农村老人你还给她们讲地质，她们也会弃你于不顾了。另外，解说员最好多记一些方方面面的笑话，随时随地在解说的过程中插入一个相关的笑话，那样就会使解说生动有趣得多，比如讲当地的山路比较险，就插入这样一个笑话：有一次，司机向当地一位居民打听："请问，此地哪里可以找到汽车配件？"村民答道："往前走，过了那个急转弯处有个峡谷，那下边什么型号的零件都有。"再如，有时火车或飞机延误，你可以讲这样一个笑话：肥仔在铁路上做了多年的买卖，这天偶然发现一列火车准时到了站。他连忙跑到列车员跟前说："请吸烟，我祝贺你！我在这条铁路上跑了15年，这还是第一次见火车正点到站。""留着你的烟吧，"列车员说，"这是昨天的列车！"如果你要带团队去果园，可以讲这样一个笑话：从前有个农学院的毕业生回到家乡，见老园丁在移植果树，便说："你这种移植方法很不科学。照你这种干法，从这棵树上能收获七个苹果就够让我大吃一惊了。"老园丁看着他，慢吞吞地说："如果这棵树能收获七个苹果，我也会大吃一惊，因为这是一棵桃树。"如此常常穿插幽默和机智的话语，团队的整个旅程都在一片笑声中度过。

所以解说员背笑话不单单是为了在长途行车的表演节目时用的，而更多应穿插在解说的过程中。最后，你什么都掌握好了，但就是没有掌握游客的生理情况，解说可能还是会惨败。比如游客是乘长途火车而来，夜里都没睡好，你却在那里兴致勃勃地给他们大讲特讲，即使你讲得很不错，但他们生理上的困顿还是可能打败一切精彩的解说，而他们的鼾声会如此地打击你的自信。这时候你要知道，你不是失败在解说上，而是失败在关心人上。当好一个解说员，不但要有对景点的热情，还要有对旅游者的热情。这个热情不单单是指你为他们解说服务的热情，还包括对他们作为一个人的全部关怀。

资料来源：根据网络资料整理。

课前导入任务单

任务名称	提高景区解说服务技能	时间		班级	
成员名单					
任务要求	（1）从经验之谈方面初步对提高景区解说服务技能有所认知； （2）树立学生的创新意识，激发学生热爱导游的情感				
（1）查阅解说心得相关材料，请描述老解说员的哪些方面让你印象深刻？					

（2）老解说员有哪些心得？

（3）通过心得分享,请思考在弘扬中华传统文化方面有哪些值得借鉴的地方？

（4）请写出你所知道的景区解说心得。

完成效果自评	优	良	合格	不合格
成员姓名				

课中学习

一、景区解说常用方法

党的二十大报告提出,要加快构建中国话语和中国叙事体系,讲好中国故事、传播好中国声音,展现可信、可爱、可敬的中国形象。对于景区而言,景区解说人员应灵活运用多种方法,塑造景区的良好形象。

（一）概述法

概述法是景区解说人员就旅游城市或景区的地理、历史、社会、经济等情况向旅游者进行概括性的介绍,使其对即将参观游览的城市或景区有一个大致的了解和轮廓性认识的一种解说方法。这种方法多用于景区解说人员接到旅游团后坐车驶往下榻饭店的首次沿途解说中,它好比是交响乐中的序曲,能起到引导旅游者进入特定的旅游意境,初步领略游览奥秘的作用。以介绍武汉为例:

武汉位于中国腹地、湖北省东部，东西最大跨距 134 千米，南北最大跨距 155 千米，形如一只自西向东翩翩起舞的彩蝶。武汉是湖北省省会和全省的政治、经济、文化中心。它雄踞长江中游，处在长江与汉江交汇之处，形成武昌、汉口、汉阳三镇鼎立的格局，现辖 13 个城郊区，总面积为 8467 平方千米，人口 740 万，是长江中游人口最多的城市。

武汉市区地势开阔，湖泊星罗棋布，且有龟山、蛇山、洪山、磨山等数十座山峰蜿蜒其间。武汉的气候属亚热带季风性气候，具有雨量丰沛、热量充足、冬冷夏热、四季分明的特点。武汉以"水杉"为市树，以"梅花"为市花，水杉有"活化石"之称，梅花也被称为"岁寒三友"之一，为世人所颂。武汉被誉为"江城"，是缘于唐代大诗人李白的《与史郎中饮听黄鹤楼上吹笛》一诗，诗中写道"一为迁客去长沙，西望长安不见家，黄鹤楼中吹玉笛，江城五月落梅花。"除"江城"外，武汉还有一些其他的名称，这些名称的来源反映出武汉的历史文化发展渊源。譬如商周时代的盘龙古城即可指代武汉；在航船为主要交通工具的时代，由于汉江（古称夏水）注入长江的入江口处称为夏口，从而使武汉有江夏之称达两千多年；而"武汉"这个包括三镇的名称被用得较晚，最早出现在 1572 年的《重修晴川阁记》。当时武昌府、汉阳府合称武汉。作为一座历史文化名城，全市现有名胜古迹 339 处，革命纪念地 103 处，国家级、省级、市级重点文物保护单位 169 处，其中包括殷商盘龙城遗址、辛亥革命首义军政府旧址、中共"八·七"会议旧址和武汉国民政府旧址四处国家重点文物保护单位。武汉申报国家 4A 级旅游景区的共有四处，其中东湖风景区是国家首批重点风景名胜区，黄鹤楼为"中国旅游胜地 40 佳"之一，归元禅寺是国家重点佛教寺院，湖北省博物馆因收藏的曾侯乙编钟和越王勾践剑、吴王夫差矛等稀有珍品而名扬海内外。此外，武汉还有古琴台、晴川阁、中山舰、长春观、宝通寺、木兰山、道观河等景点，它们共同构成了武汉旅游景观最亮丽的风景线。

（二）分段解说法

分段解说法就是对那些规模较大、内容较丰富的景点，景区解说人员将其分为前后衔接的若干部分来逐段进行解说的解说方法。一般来说，景区解说人员可事先在前往景点的途中或在景点入口处的示意图前介绍景点概况（包括历史沿革、占地面积、主要景观名称、观赏价值等），使旅游者对即将游览的景点有个初步印象，达到"见树先见林"的效果。然后带团到景点按顺次游览，进行景区解说。在解说这一部分的景物时注意不要过多涉及下一部分的景物，但要在快结束这一部分的游览时适当地讲一点下一部分的内容，目的是引起旅游者对下一部分的兴趣，并使景区解说环环相扣、景景相连。以长江三峡为例，乘船自西往东游览长江三峡，景区解说人员就可将其分为五个部分来解说。

（1）在游船观景台上介绍长江三峡概况：

长江三峡是瞿塘峡、巫峡和西陵峡三段峡谷的总称，西起重庆奉节县的白帝城，东至湖北宜昌市的南津关，全长约 193 千米。峡谷两岸悬崖绝壁，奇峰林立，江流逶迤湍急，风光绮丽。瞿塘峡素以雄奇险峻著称；巫峡向以幽深秀丽为特色；西陵峡则以滩多水急闻名。这种山环水绕、峡深水急的自然风光系由历次造山运动，特别是燕山运动使地壳上升、河流深切而成，是大自然的鬼斧神刀留下的山水和谐的经典之作，它与峡谷沿岸众多的名胜古迹相互融合,使长江三峡成为名闻遐迩的中国十大风景名胜之一,并被中外旅游者评为"中国旅游胜地四十佳"之一。

(2)船进瞿塘峡时,景区解说人员介绍瞿塘峡概况:

瞿塘峡是长江三峡第一峡,从重庆奉节的白帝城到巫山的大溪镇,全长约8000米,是长江三峡中最短也最雄奇险峻的峡谷。瞿塘峡中,高达1300多米的赤甲山、白盐山耸峙峡口两岸,形成一陡峻的峡门,称为夔门,素有"夔门天下雄"之称……

(3)船过巫峡时,景区解说人员再解说巫峡:

巫峡是长江三峡第二峡,从重庆巫山县大宁河口到湖北巴东县官渡口,绵延42千米。巫峡口的长江支流大宁河全长300多千米,著名的"小三峡"就位于其中。"放舟下巫峡,心在十二峰",巫峡中景以最秀丽、神话传说最多的是十二峰,其中最为挺拔秀丽的是神女峰,峰顶有一突兀石柱,恰似亭亭玉立的少女……

(4)船到西陵峡时,景区解说人员进一步介绍:

西陵峡为长江三峡第三峡,西起湖北秭归县的香溪口,东至湖北宜昌的南津关,全长76千米,历来以滩多水急著称,西陵峡西段自西向东依次为兵书宝剑峡、牛肝马肺峡和崆岭峡三个峡谷;西陵峡东段由灯影峡和黄猫峡组成……

(5)最后再向旅游者解说举世闻名的三峡工程。

(三)突出重点法

突出重点法就是在景区解说中不面面俱到,而是突出某一方面的解说方法。一处景点,要解说的内容很多,景区解说人员必须根据不同的时空条件和对象区别对待,有的放矢地做到轻重搭配,重点突出,详略得当,疏密有致。景区解说时一般要突出以下四个方面。

1. 突出景点的独特之处

旅游者来到目的地旅游,要参观游览的景点很多,其中不乏一些与国内其他地方类似的景点。景区解说人员在解说时必须讲清这些景点的特征及与众不同之处,尤其在同一次旅游活动中参观多处类似景观时,更要突出介绍其特征。譬如,全国罗汉堂保存较完好的寺庙包括北京碧元寺、昆明筇竹寺、成都宝光寺、重庆罗汉寺和武汉归元寺,景区解说人员介绍归元寺罗汉堂,就要突出其独特的罗汉制作工艺和武汉人特有的"数罗汉"的习俗等内容。

2. 突出具有代表性的景观

游览规模大的景点,景区解说人员必须事先确定好重点景观。这些景观既要有自己的特征,又能概括全貌,实地参观游览时,景区解说人员主要向旅游者解说这些具有代表性的景观。譬如,湖北省博物馆展出的曾侯乙墓出土文物,包括礼器、兵器和乐器三个部分,景区解说要把重点放在乐器上;而乐器中又包括弹拨乐器(如五弦琴和十弦琴)、吹奏乐器(如排箫)和打击乐器(如编钟和编磬),景区解说人员要重点介绍其中的曾侯乙青铜编钟。

3. 突出旅游者感兴趣的内容

旅游者的兴趣爱好各不相同,但从事同一职业的人、文化层次相同的人往往有共同的爱好。景区解说人员在研究旅游团的资料时要注意旅游者的职业和文化层次,以便在游览时重点解说旅游团内大多数成员感兴趣的内容。譬如,游览湖北神农架,对华侨及港澳台胞应重点介绍神农祭坛,解说炎帝遍尝百草、搭架采药的壮举;对青年学生则把重点放在神农架自然博物馆,向他们介绍珙桐、金丝猴等珍稀动植物;对喜欢逐新猎奇的旅游者,多给他们讲一讲神农架"野人"之谜、神奇的白化动物、冬水夏冰的岩洞、闻雷涌鱼的暗泉等。

4. 突出"……之最"

面对某一景点,景区解说人员可根据实际情况,介绍这是世界或中国最大(最长、最古老、最高,甚至可以说是最小)的……因为这也是在介绍景点的特征,很能引起旅游者的兴致。譬如,三峡工程是世界上施工期最长、建筑规模最大的水利工程;三峡水电站是世界上最大的水电站;三峡工程泄洪闸是世界上泄洪能力最强的泄洪闸;三峡工程对外专用公路是国内工程项目最齐全的公路。这样的景区解说突出了三峡工程的价值,使国内旅游者产生自豪感、外国旅游者产生敬佩感,从而留下深刻的印象。不过,在使用"……之最"进行景区解说时,必须实事求是,言之有据,绝不能杜撰,也不要张冠李戴。

(四)问答法

问答法就是在景区解说时,景区解说人员向旅游者提问题或启发他们提问题的解说方法。使用问答法的目的是活跃游览气氛,激发旅游者的想象思维,促使旅游者和景区解说人员之间产生思想交流,使旅游者获得参与感或自我成就感。同时,还可避免景区解说人员唱独角戏的灌输式解说,加深旅游者对所游览景点的印象。

问答法包括自问自答法、我问客答法、客问我答法和客问客答法四种形式。

1. 自问自答法

景区解说人员自己提出问题,并作适当停顿,让旅游者猜想,但并不期待他们回答,只是为了吸引他们的注意力,促使他们思考,激起兴趣,然后做简洁明了的回答或做生动形象的介绍,还可借题发挥,给旅游者留下深刻的印象。譬如,游览湖北大洪山两王洞,景区解说人员引导旅游者从人工开凿的洞口进洞后,指着洞顶一"天窗"告诉旅游者:"这才是两王洞真正的洞口!早在公元 17 年,农民起义领袖王匡、王凤率绿林军屯兵于此。那么,这些绿林军是怎样从这么高的洞口进洞的呢?除了用藤索、木梯外,传说这些绿林好汉都有一身的轻功,能飞檐走壁,正是靠着这身本领推翻了王莽残暴的统治。"

2. 我问客答法

景区解说人员要善于提问题,但要从实际出发,适当运用。希望旅游者回答的问题要提得恰当,估计他们不会毫无所知,也要估计到会有不同答案。景区解说人员要引导旅游者回答,但不要强迫他们回答,以免使旅游者感到尴尬。旅游者的回答了不论对错,景区解说人员都不应打断,更不能笑话,而要给予鼓励。最后由景区解说人员解说,并引出更多、更广的话题。

3. 客问我答法

景区解说人员要善于调动旅游者的积极性和他们的想象思维,欢迎他们提问题。旅游者提出问题,证明他们对某一景物产生了兴趣,进入了审美角色。对他们提出的问题,即使是幼稚可笑的,景区解说人员也绝不能置若罔闻,千万不要笑话他们,更不能显示出不耐烦,而是要善于有选择地将回答和解说有机地结合起来。不过,对旅游者的提问,景区解说人员不要他们问什么就回答什么,一般只回答一些与景点有关的问题,注意不要让旅游者的提问冲击你的解说,打乱你的安排。在长期的解说实践中,景区解说人员要学会认真倾听旅游者的提问,善于思考,掌握旅游者提问的一般规律,并总结出一套相应的"客问我答"的解说技巧,以求随时满足旅游者的好奇心理。

4. 客问客答法

景区解说人员对旅游者提出的问题并不直截了当地回答,而是有意识地请其他旅游者来回答问题,也称"借花献佛法"。景区解说人员在为"专业团"解说专业性较强的内容时可运用此法,但前提是必须对旅游者的专业情况和声望有较深入的了解,并事先打好招呼,切忌安排不当,引起其他旅游者的不满。如果发现旅游者回答问题时所讲的内容有偏差或不足之处,景区解说人员也应见机行事,适当指出,但注意不要使其自尊心受到伤害。此外,这种解说方法不宜多用,以免旅游者对景区解说人员的能力产生怀疑,产生不信任感。

如景区解说人员在带旅游者游览泰山时,可以提问:"各位旅游者,大家知道五岳是指哪五座山?"一般情况下,旅游者都能够回答出来,即使回答不完全或回答有误,旅游者的兴趣也因此调动起来,景区解说人员可根据情况进行纠正或补充。"岳在古今汉语中均为高大的山的意识,五岳就绝对海拔高度和山体规模而言,并不是我国最高大的,但由于五岳之名是中国古代帝王封赐的,这些山地都曾是历代帝王登基后举行盛大封禅活动的地方,故闻名天下。一般是指东岳山东泰山,西岳陕西华山,北岳山西恒山,南岳湖南衡山,中岳河南嵩山。"然后,景区解说人员进一步提问"五岳各自的特点是什么?"提问后可稍作停顿,观察旅游者的反应,如旅游者踊跃回答,应待旅游者回答后做总结或补充;如旅游者回答不出,再予以解说。"东岳泰山以雄伟著称,西岳华山以险峻著称,南岳衡山以秀丽著称,北岳恒山以幽静著称,中岳嵩山以峻闻名。"

(五)虚实结合法

虚实结合法就是在景区解说中将典故、传说与景物介绍有机结合,即编织故事情节的解说方法。所谓"实",是指景观的实体、实物、史实、艺术价值等,而"虚"则是指与景观有关的民间传说、神话故事、趣闻逸事等。"虚"与"实"必须有机结合,但应以"实"为主,以"虚"为辅,"虚"为"实"服务,以"虚"烘托情节,以"虚"加深"实"的存在,努力将无情的景物变成有情的景区解说。譬如,参观武汉黄鹤楼,景区解说人员可结合一楼大厅《白云黄鹤图》的壁画向旅游者介绍黄鹤楼"因仙得名"的传说故事:"古时候,有个姓辛的人在黄鹤山头卖酒度日。一天,有一个衣衫褴褛的老道蹒跚而来,向辛氏讨酒喝……"在实地景区解说中,景区解说人员一定要注意不能"为了讲故事而讲故事",任何"虚"的内容都必须落到"实"处。譬如,游览黄仙洞(湖北钟祥)、太乙洞(湖北咸宁)、龙麟宫(湖北恩施)等溶洞,除了向旅游者介绍诸如"黄仙华盖""太乙拂尘""麒麟摆舞"的传说故事外,景区解说人员应着重解说石钟乳、石笋、石柱等洞穴景观的科学成因。

（六）触景生情法

触景生情法就是在景区解说中见物生情、借题发挥的一种解说方法。在景区解说时，景区解说人员不能就事论事地介绍景物，而是要借题发挥，利用所见景物制造意境，引人入胜，使旅游者产生联想，从而领略其中之妙趣。譬如，步入武汉东湖风景区听涛区，旅游者可看到有"活化石"之称的珍贵植物——水杉。景区解说人员在介绍水杉的发现过程和科学价值后，向旅游者特别说明："为纪念水杉这一古老树种在湖北发现，并以其刚毅坚强、耿直不阿的精神象征英雄的武汉人民，水杉被定为武汉市的市树"；然后进一步发挥："那么，武汉市的市花又是什么呢？那便是不畏寒威、独步早春的梅花，它象征着武汉人民的刚强意志和高贵品质"。

（七）制造悬念法

制造悬念法就是景区解说人员在景区解说时提出令人感兴趣的话题，但故意引而不发，激起旅游者急于知道答案的欲望，使其产生悬念的解说方法，俗称"吊胃口""卖关子"。通常是景区解说人员先提起话题或提出问题，激起旅游者的兴趣，但不告知下文或暂不回答，让他们去思考、去琢磨、去判断，最后才讲出结果。这种"先藏后露、欲扬先抑、引而不发"的手法，一旦"发（讲）"出来，会给旅游者留下特别深刻的印象。譬如，参观世界文化遗产——湖北明显陵，旅游者看到陵前的外明塘往往困惑不解，景区解说人员不失时机地介绍："明塘是显陵的独特设置，不仅有外明塘，里面还有内明塘，那么显陵为什么要在陵前设置明塘呢？请大家边参观边思考，等到了明楼我再告诉大家答案。"这就给旅游者留下了一个悬念。再好的解说方法都不能滥用，"悬念"不能乱造，以免起反作用。

（八）类比法

类比法就是在景区解说中用风物对比，以熟喻生，以达到类比旁通的一种解说方法。景区解说人员用旅游者熟悉的事物与眼前景物进行比较，既便于旅游者理解，又使他们感到亲切，从而达到事半功倍的解说效果。类比法可分为同类相似类比和同类相异类比两种。同类相似类比是将相似的景物进行比较，便于旅游者理解并使其产生亲切感。譬如，将北京的王府井比作美国纽约的第五大街、法国巴黎的香榭丽舍大街；参观苏州时，将其称作"东方威尼斯"（马可·波罗称苏州为"东方威尼斯"）；讲到梁山伯和祝英台或《白蛇传》中许仙和白娘子的故事时，将其称为中国的罗密欧和朱丽叶等；同类相异类比则是将两种同类但有明显差异的风物进行比较，比出规模、质量、风格、水平、价值等方面的不同，以加深旅游者的印象。譬如在规模上将唐代长安城与东罗马帝国的首都君士坦丁堡相比；在价值上将秦始皇陵地宫宝藏同古埃及第18朝法老图坦卡蒙陵墓的藏宝相比；在宫殿建筑和皇家园林风格与艺术上，将北京故宫和巴黎附近的凡尔赛宫相比，将颐和园与凡尔赛宫花园相比等。这样不仅使外国旅游者对中国悠久的历史文化有较深的了解，而且对东西方文化传统的差异有进一步的认识。

（九）妙用数字法

妙用数字法就是在景区解说中巧妙地运用数字来说明景观内容，以促使旅游者更好地理解的一种解说方法。景区解说中离不开数字,因为数字是帮助景区解说人员精确地说明景物的历史、年代、形状、大小、角度、功能、特性等方面内容的重要手段之一,但是使用数字必须恰当、得法,如果运用得当,就会使平淡的数字发出光彩,产生奇妙;否则,就会令人产生索然寡味的感觉。譬如,科学家发现各种比例关系中的最佳比值是 0.618,并称其为"黄金分割率"。我国许多古建筑之所以给人布局得体、高矮适宜的感觉,就是其主要的比例关系接近黄金分割率的缘故。像北京故宫太和殿高 35.03 米,左右陪体(体仁阁、弘义阁)各高 23.78 米,比值为 0.678;太和殿广场东西宽 200 米,南北进深 130 米,比值为 0.65,均接近黄金分割率的比值,所以产生良好的审美效果。

(十)画龙点睛法

画龙点睛法就是景区解说人员用凝练的词句概括所游览景点的独特之处,给旅游者留下突出印象的解说方法。旅游者听了景区解说,观赏了景观,既看到了"林",又欣赏了"树",一般都会有一番议论。景区解说人员可趁机给予适当的总结,以简练的语言,甚至几个字,点出景物精华之所在,帮助旅游者进一步领略其奥妙,获得更多更高的精神享受。譬如,旅游团游览湖北后,景区解说人员可用"壮美的长江三峡,灿烂的荆楚文化,绮丽的神龙仙境,迷人的三国胜迹,绝奇的武当功夫"来概括湖北的风光特色;参观武汉后,可用名区(武昌辛亥革命首义文化区)、名馆(中山舰流动博物馆)、名苑(盘龙城遗址文物博览苑)、名楼(国民政府旧址——南洋大楼)和名胜(黄鹤楼、东湖、归元寺、古琴台等风景名胜)来进行总结。

除上述十种解说方法外,我国景区解说人员还总结出了简述法、详述法、联想法、猜谜法等多种技法。但在具体工作中,各种解说方法和技巧都不是孤立的,而是相互渗透、相互依存、互相联系的。景区解说人员在学习众家之长的同时,必须结合自己的特点融会贯通,在实践中形成自己的解说风格和解说方法,并视具体的时空条件和对象,灵活、熟练地运用,这样才能获得良好的解说效果。

二、景区解说应符合的具体要求

景区解说是为了向旅游者有效地传播知识、联络感情的一种服务方式。一方面,解说人员解说的知识要能够为旅游者所理解;另一方面,要使旅游者在心理上或行为上产生认同,在情感上与解说人员趋同。解说人员在解说时应符合以下八项具体要求。

旅游景区解说
服务.mp4

1. 言之有物

景区解说要有具体的指向,不能空洞无物。解说资料应突出景观特点,简洁而充分。要求充分准备,细致解说,不要东拉西扯,缺乏主题,缺乏思想,满嘴空话、套话。解说人员应把解说内容最大限度地"物化",使所要传递的知识深深地烙在旅游者的脑海中,实现旅游的最大价值。

2. 言之有理

解说人员解说的内容、景点和事物等都必须要以事实为依据,要以理服人,不要言过其实和弄虚作假,更不要信口开河。那种违反以事实为依据的解说,一旦旅游者得知事实真相,即刻会感到自己受了嘲弄和欺骗,解说人员的形象在旅游者的心目中一落千丈。言之有理不仅是讲道理的"理",另外一层含义在景区解说要符合一定的生活和风俗习惯,符合人们的欣赏习惯,符合法律法规。

3. 言之有趣

解说人员在解说时要生动、形象、幽默和风趣,要使旅游者紧紧地以解说人员为核心,在听解说的过程中,要感受到一种美好的享受和满足。需要指出的是,解说人员在制造风趣幽默时,比拟要自然,要贴切,千万不可牵强附会,不正确的比拟往往会伤害旅游者的自尊心,并对其他旅游者产生不良的影响和反感,

4. 言之有"神"

景区解说应尽量突出景观的文化内涵,使旅游者领略其内在的神采。其解说内容要经过综合性的提炼并形成一种艺术,让旅游者得到一种艺术享受。同时,解说人员要善于掌握旅游者的神情变化,分析和掌握哪些内容旅游者感兴趣,哪些内容旅游者不愿听,旅游者的眼神是否转移,旅游者是否有人打呵欠……这些情况要随时掌握,及时调整所讲内容。

5. 言之有力

解说人员在解说时要正确掌握语音、语气和语调,既要有鲜明生动的语言,又要注意语言的音乐性和节奏感。此外,解说人员在解说结尾时,语音要响亮,让旅游者有心理的准备。

6. 言之有情

解说人员要善于通过自己的语言、表情、神态等传情达意。解说时,应充满激情和热情,又充满温情和友情,富含感情和人情的解说更容易被旅游者接受。

7. 言之有喻

解说人员应结合旅游者的欣赏习惯,恰当地运用比喻手法,减少旅游者理解的难度,增加旅游审美中的形象和兴趣。

8. 言之有礼

解说人员的解说用语和动作、行为要文雅、谦恭,让旅游者获得美的享受。

课中实训

实训项目	以小组为单位,选择附近的景区,调查至少两种类型的景区解说方法,分析被调查景区解说方法的类型以及解说方法的现状,能对其景区解说提出改进意见
实训目标	(1) 加深对景区解说方法的认知; (2) 了解目前景区解说的现状; (3) 结合课堂学习内容,掌握景区解说的优化方法; (4) 坚定文化自信,树立职业精神
实训地点	
物料准备	相机或者可以摄像的手机、笔记本、笔等
实训过程	(1) 被调查景区解说方法属于哪种类型?

实训过程	（2）被调查景区解说方法有哪些？ （3）被调查景区解说存在哪些问题？ （4）被调查景区解说方面可以从哪些方面进行提升？	
实训总结	知识获取	
	能力获取	
	素质获取	
实施人员	组长：	成员：
实训成绩	实训考勤（20分）	
	小组组织（20分）	
	项目质量（60分）	
效果点评		

课后拓展

景区解说经验总结及分享

景区解说员在解说时，我们往往容易犯一个错误，就是只顾着自己把所知道的内容，一股脑儿地讲出来，而没有去注意旅游者的反映，没有注意我们解说词的质量，所以，效果往往也是事倍功半。所以，我们要注意解决这个问题，本人有这样几点建议，总的来说是五大点。

一、解说不是背书

我们在给旅游者作解说时，有相当一部分景区解说员，是在背书，把自己从书上背下来的内容几乎一字不差地背给旅游者听。有些连书上的书面语都照搬无误，这样做不免使自己的解说生涩难懂。所以，我们要先把我们在书上学到的，记下来的知识消化，然后用自己的语言表达出来，这样，既使自己易于记忆，也使旅游者能清晰地理解你所表达的内容。

二、好的解说需要充足的知识储备作后盾

我们景区解说员,尤其是新景区解说员,在解说中经常遇到讲着讲着忽然发现自己已经把要讲的都讲完了,已经没有什么可以给旅游者讲了。这时,有的就给旅游者胡吹乱侃,有的干脆坐下不说了。这就是知识储备不足的原因造成的,所以,我们景区解说员们,要学习大量相关知识,大家记住,今后的旅游要求是学者型,知识型的景区解说员。

三、解说的内容需要事先做好规划,分好层次,建立好结构

我们的解说有些时候是混乱的,也许我们有些景区解说员知识很丰富,但是他在解说起来却显得力不从心,讲得混乱不堪,明明一开始是在向旅游者介绍这个,可是说着说着就跑题了,把相关的甚至无关的说了一大通,旅游者听了个云里雾里,景区解说员自己也又累又急。所以,我们在知识储量足够的情况下,在做解说前,就要把我们的解说内容作一个统筹安排。比如,我准备突出哪些知识点,怎么突出,准备延伸哪些知识点,怎么延伸,每个点之间的衔接采取什么样的方法,怎么有意识地去克服口若悬河的缺点,增加解说的条理性。这些,都是我们应该做好的总结和准备工作。

四、解说的时机要把握好,旅游者的心理要照顾到

还有些景区解说员,他在作解说时不管你是什么样的旅游者,也不管你现在是不是很累,他都会滔滔不地做着辛苦的解说,他很辛苦,也很敬业,我也是佩服的,但是,客人的反映好吗?旅游者也许不会投诉,因为景区解说员没有偷懒,但是,旅游者也一定没有把景区解说员的解说听进去,因为景区解说员没有考虑到旅游者群体地域,层次,年龄,性别等差异,接一百个团,都是讲这一套东西。也没有考虑客人的生理,心理的需要,在客人不希望你出来讲话的时候,你却在滔滔不绝地一直说。最后,你只落了个白辛苦的下场。

五、解说语气,语言技巧的运用

有了自己的知识,有了充足的储备,有了好的结构,把握好了心理时机,那就能讲出好的解说词了吗?其实,还差那么一点点。这一点点就是景区解说员在解说时的语气和技巧。很多景区解说员都没有注意到这一点。解说时语气过快,过于平淡,缺乏抑扬顿挫,句与句,段与段之间缺乏停顿,每句话里都没有重音出现,等等,都使解说的精彩程度大打折扣。所以,我们不妨借鉴其他的很多艺术形式,如相声艺术,当然,我们更重要的是要学习电视中好的旅游节目解说人员,主持人等的语言技巧,使我们的解说更精彩。

以上,是我在工作中总结出的几点,多有欠缺,希望对大家能有所帮助。也希望我们景区解说员队伍的素质不断提高,成为真正的民间大使。

(资料来源:根据网络资料整理。)

思考:请详细深入访谈一处景区的解说员,了解其讲解困惑,分析其职业认同感,请思考如何进一步提升该景区解说员的解说水平?

项目四

旅游景区商业服务

任务一　旅游景区餐饮服务

课前导入

景区连续 4 年推出"一元午餐"服务项目

2020 年 10 月 4 日,河南洛阳,无人值守"一元午餐"服务项目在老君山景区持续"上岗",从今年的国庆长假开始,已持续四天,也是该景区国庆假期持续推行一元午餐的第四年,在现场大家一起倡导"珍惜粮食,拒绝浪费",工作人员引导游客保持距离,分时放行,有序就餐。

现场依然是无人值守,每位一元,自觉投币自助找零,今年在钱箱上增设了扫码付费功能。在入口和出口处设立了电子秤,自助称体重,并附上温馨提示,建议进食重量控制在 1500 克以内,科学饮食。

在食物配置上,今年主食依然是当地特色的玉米糊涂面,并配有装着黄瓜段、圣女果、两个鹌鹑蛋的果盘,由于今年国庆假期恰逢中秋,景区特地又另外增加了一块月饼。并设置了大小份,馒头分大小馒头、主食面条也有一份和半份之分,以避免浪费。

在现场设有就餐桌,每张桌子上都有"珍惜粮食,拒绝浪费"的警示标牌,提醒人们不要浪费。现场还有游客将没有吃完的馒头和月饼打包带走,表示不能浪费粮食,就餐后餐桌也显得非常干净。

据了解,虽然是无人值守,收入却不少反多,当天售卖一元午餐 2200 份,经过盘点,现金加支付码付费,共收入 2319 元,多出 119 元。

（资料来源:百家号.景区推出无人值守一元午餐已坚持 4 年[EB/OL].（2020-10-04)[2024-01-09].https://baijiahao.baidu.com/s?id=1679632186975083922&wfr=spider&for=pc.）

课前导入任务单

任务名称	旅游景区餐饮服务认知	时间		班级	
成员名单					
任务要求	（1）对景区餐饮服务的特点有初步了解； （2）对景区餐饮服务的形式有初步了解				
	（1）老君山景区"一元午餐"成功的原因有哪些？ （2）请思考一下景区餐饮服务有哪些特点？ （3）请查阅资料，收集两项景区餐饮服务的创新做法。				

完成效果自评	优	良	合格	不合格
成员姓名				

课中学习

一、景区餐饮的类型

通过综合各类型游客的消费金额、停留时间、核心需求等内容，将景区餐饮分为团队餐饮、散客餐饮和高级餐饮。

（一）团队餐饮

团队餐饮主要针对普通旅游团游客以及拓展会议等特殊团队游客，团队餐饮的特点体现为客流量大，但人均消费低；在产品质量方面，客人普遍关注食品卫生和菜品特色问题；由于团队餐饮讲究翻台率，所以团队餐饮应注重更高的工作效率，不要求过高的服务标准。

(二)散客餐饮

散客餐饮经营管理的重点在于方便快捷,并能够体现出景区当地饮食文化。因此,需要重点关注其餐厅布局和产品创新。与团队餐厅依托景区市场营销常年都有固定的合作对象不同,散客餐厅的客流量极为不稳定,因此在市场营销和产品创新方面要求较高,需要更加灵活多变的市场营销策略和多样化的营销手段。

(三)高级餐饮

高级餐饮消费形式主要是包间消费,这类客人对食品安全、质量、特色等具有较高要求。同时,该市场客源构成主要是少量的游客和当地与景区联系紧密的企事业单位,需要极大地依赖景区公共关系,这使得餐厅在顾客关系管理方面具有更的要求。

▎▎相关链接▎▎

黄山玉屏楼宾馆

1979 年 7 月,邓小平登山在黄山玉屏楼宾馆下榻,"黄山是个旅游的好地方,要有点雄心壮志,把黄山的牌子打出去!"邓小平的这简短的一句话,从此也就刻在了黄山人和黄山管理者的脑海里了。2001 年 5 月江泽民来黄山玉屏楼宾馆并赋诗:"遥望天都倚客松,莲花始信两飞峰。且持梦笔书奇景,日破云涛万里红。"(《登黄山偶感》)。1998 年,宾馆玉屏宾馆按照四星的标准进行了扩建,已形成具有一定规模的旅游宾馆,是安徽省首批命名的旅游涉外饭店,2001 年 9 月 28 日宾馆荣膺四星级旅游饭店称号。如今的玉屏楼宾馆由两栋中式仿古建筑组成,依山而建,通过廊道相连接,建筑面积3200 平方米。宾馆目前拥有套房 2 套、标准间 50 余间和不同档次的经济房,房内设有进口取暖器、防寒羽绒衣、程控电话、精制家具、卫星闭路电视、10MB 宽带、隔断淋浴间,可全天供应冷热水。宾馆还设有多种风格的中西餐厅,提供名厨主理的徽菜、粤菜、浙菜、川菜等各种风味菜肴。玉屏楼宾馆餐饮素有"游在黄山,食在玉屏"的美誉,其特色菜有:龙鼎银丝、黄山瓦罐双石、竹荪炖竹鸡、菊花冬笋、玉屏豆泥卷、雪蛤豆腐菊、双色金鱼饺、人参扒鲍翅等,其中"龙鼎银丝""雪蛤豆腐菊"被评为黄山市名菜。宾馆一楼设有零点餐厅和自助餐厅,二楼设有多功能宴会大厅、贵宾厅可满足举办各种活动的需求。宾馆的通信、商务、桑拿按摩、娱乐、医疗、购物等服务设施先进齐全,是游客观光览胜、休闲度假的理想下榻地。

(资料来源:百度百科.黄山玉屏楼宾馆[EB/OL].(2021-04-01)[2024-01-09].https://baike.baidu.com/item/%E9%BB%84%E5%B1%B1%E7%8E%89%E5%B1%8F%E6%A5%BC%E5%AE%BE%E9%A6%86?fromModule=lemma_search-box.)

二、旅游景区餐饮存在的问题

(一)操作卫生差,管理难度大

在旅游景区餐饮店中,中小型餐饮企业比重较大,经营规模参差不齐,经营者多数为下岗职工和外来打工人员,其文化素质不高,技术水平不高。在这种形势下出现的问题也比较严重,经营环境差,卫生条件差,卫生知识薄弱等问题,从业人员的流动性很大,给监督管理部门造成了很大的麻烦。

(二)价格昂贵,有宰客现象

旅游受季节性因素的影响较大,不少经营商都是以旺季赚取丰厚的利润,加之经营成本较大,一些导游人员还要赚取回扣等原因,使得景区的物价暴涨,一瓶矿泉水就要卖到五元钱,这种现象很普遍,对部分游客来说还有些吃不消。此种原因的出现有多方面因素。虽然不能取缔,但是应该适当进行调控。另外,很多经营者,很少能看见他们的笑容,这使很多旅游者感到比较扫兴。

(三)产品质量无保障,口味差

在景区内的餐饮店中,特别是小型餐饮店,卫生状况差、原料来源不明、口味差、与地方文化大相径庭、营养价值低等问题已经成为家常便饭。经营者为了方便,用便宜的食材,油也是劣质的,消费者的健康得不到保障。而这种现象,在目前我国各大景区中仍普遍存在,并有扩大的趋势,很多小吃在不同的地区都会同时出现,这使得旅游者搞不清究竟是哪里的特色,哪里的文化。

三、景区餐饮服务的质量控制

(一)重视餐饮卫生安全

景区在为游客提供的餐饮服务中应把食品卫生安全工作放在首位。提供的食品原料要处于良好的卫生状态,没有腐烂变质和污染;食品的加工和存放,要注意冷热、生熟、荤素分开,防止交叉污染;各种餐具要由专人洗涤保管,消毒彻底,摆放整齐,取用方便,保证餐具、酒具等光洁明亮,完好无损;保持餐厅地毯或地板整洁卫生,桌布、口布等棉织品洗涤彻底。

(二)营造舒适的就餐环境,完善就餐设备设施

景区内餐饮设施的规模和数量应与接待游客规模相适应。规模过小或数量过少无法满足大量游客的就餐要求,反之,规模过大或数量过多又会造成资源浪费;就餐环境应整洁优美,通风良好,空气清新,同时与提供的菜品服务相协调。可以增加就餐环境的文化内涵,从餐厅外在的有形店景文化到餐厅的功能布局、设计装饰、环境烘托、灯饰小品、挂件寓意都能体现文化主题和内涵。景区的餐饮服务要配备消毒设施,避免使用对环境造成污染的一次性餐具。

(三)制定合理的餐饮价格

客人对酒店所付的价格要和酒店所提供的有形及无形的服务相吻合,要注重菜品的数量和质量,符合客人所支付的餐费。服务要做到使客人满意而归,永远把服务做在客人开口之前,使之没有受亏待冷落的感觉。为宾客提供完美的服务产品,即"色、香、味、形、质、器、名"俱佳的菜品,菜肴色泽鲜艳、香气扑鼻、口味纯正、造型别致、选料讲究、器具配

套、取名耐人寻味,使人感到"物有所值"。

(四)提供良好的服务

餐厅的服务人员应根据就餐客人的特点,有针对性地提供热情、周到的服务。景区内的餐厅为游客提供的餐饮服务主要有两种方式:零点用餐服务和团队用餐服务。

1. 零点用餐服务

针对散客用餐,随点随吃,吃完自行结账的服务方式。由于接待散客就餐,宾客人数多,构成复杂,客人的口味需求不同,到达时间不一样,因此要求服务人员在提供零点用餐服务时,主动、周到、反应灵敏,能够根据当天厨房的供应情况、菜式烹调的基本方法和客人的需求,向客人推荐合适的菜式,以最佳的服务适应和满足不同客人的需求。

2. 团队用餐服务

针对团体客人就餐,按照每人每餐的用餐标准及要求提供膳食和服务。团队用餐由于用餐时间统一,人数集中,因此提供服务时,要注意集中人力做好餐前准备工作,尽力缩短客人的候餐时间,迅速上菜。另外,尽管团队餐的用餐标准统一、菜式品种也不多,但是也要注意科学合理搭配,确保餐饮服务质量。

▌▌ 相关链接 ▌▌

袁家村&文和友:沉浸式文化体验的新玩法

一些传统景区在对餐饮进行升级,而另一些不太传统的新景区,走了"让餐饮本身变成景区"的路线。

袁家村和文和友便是其中的代表。

作为乡村旅游"教科书"的袁家村是景区中为数不多以餐饮为主体闻名全国的,其最有代表性的"景点"便是本为分流农家乐客流而建立,结果却"无心插柳柳成荫"而火起来的袁家村小吃街:一条街上 200 多家关中特色小吃店,一店一味,差异化经营减少竞争,给游客提供了极为多样的选择。

小吃街火到什么程度?产业研究数据显示,袁家村小吃街中的粉汤羊血店年利润达 300 万元,酸奶铺的单日营业额最高达 29 万元。

袁家村村委会副主任王琪在接受新旅界采访时表示,小吃街能火到这个程度,一是靠严格品控带来的消费者的信任,二是与小吃街和"关中文化"的高度结合密不可分。

"如果掺假,甘愿祸及子孙""店主重誓承诺:如做不到以上几点甘愿后辈远离仕途坠入乞门"……这些毒誓标牌,让游客见证了"店主捍卫食品安全"的决心。"本身村内会提供优质原材料,而造假会砸自己和整个景区的口碑,错失庞大的客流量,对店铺来说非常得不偿失。"

除了道德约束和利益一致,袁家村对小吃街食品质量的监管主要依靠对原材料的把控。醋、辣子等必须从村里的手工作坊或村内自建的工厂里采购,面粉、大米等需要从袁家村与周边农民合作建设的农业基地获取。这样下来,整条产业链都在袁家村的监督控制范围内,食材质量能得到最大限度的保障。

而在沉浸式的文化氛围方面，王琪认为，袁家村的特别之处正在于那种文化体验并非出于商业目的刻意营造出来的，它们本身就是农民生活的一部分。

"我们最初的发展理念便是给游客带来'关中印象体验'，所以当初在建立小吃街时，采取的就是'顺藤摸瓜'的方式，按照关中知名小吃名单，搜罗对应品类的经营者或手艺人，通过免除租金、管理费的方式吸引他们在袁家村开店。他们（店家）本来就是做这个的，所以游客在小吃街看到的他们制作小吃的那个过程，就是关中农民最真实的日常生活。"

作为村农商联盟的典范，袁家村小吃街最为人称道的便是其营收分成模式。小吃街创造的巨大利润，会被以营收分成与分红的形式反哺给袁家村及其村民们。

"分成上，对于麻花、酸奶这种极受欢迎、卖得很好的店，我们会征收其营业额的60%～70%；对于收益比较平稳正常的，征收50%左右；收益偏低的，征收20%左右；对那些收入极低，但为了维系整条小吃街的多样性无法将其剔除淘汰的，我们会从营收中拨出一部分为它提供保护性补贴，让它能继续经营下去。而且我们也鼓励村民和小吃店互相入股，共享利益、共担风险。"王琪说。

作为证明公开挂出的入股名单，和那些承诺食品质量的毒誓牌子一起，让共同发展、共同创收的"新农民生活"本身也成了一种景观。它们即是对农民质朴、诚实、负责的一种体现，也是袁家村"乡愁"式农村文化元素的一部分，进一步强化了袁家村"关中农村"的沉浸式文化氛围。

如果说袁家村胜在用真实生活"展现本真"，那么长沙的"超级文和友"就胜在对老长沙市井文化商业式的"刻意营造"。与袁家村不同，它本身算不上是一个严格意义上的景区，但它凭借独特的文化特色，让自身成了"旅游目的地"。许多人不远万里跑来长沙，就为了去长沙的超级文和友吃顿饭、拍个照。

作为新型商业模式的现象级成果，文和友在沉浸式文化氛围塑造方面下的功夫最为人津津乐道。20世纪80年代的长沙筒子楼间，错落的霓虹灯箱、褪色的墙壁和斑驳的招牌组成了一个市中心的"异度空间"。文和友CEO冯彬在接受媒体采访时曾表示，文和友在设计上花了非常多的心思，"灯光布景要有足够的抽离感，与现实隔绝起来"，这样就让这个独特的文化空间成为人们可以沉浸其中、逃离现实生活的乌托邦。

而在这样的环境里，小钵子甜酒、邋遢粉、臭豆腐、小龙虾等餐饮小吃，吸引人的地方与其说是作为餐饮的"美食吸引力"，不如说是市井文化的呈现窗口。

这也是许多消费者明知这些小吃店口味上并没有超出一般太多，但仍对"超级文和友"趋之若鹜，甚至愿意排十几个小时的长队等一万多个号只为"到此一游"的原因。在这里，游客可以去照相馆拍照、去不插电理发店理发、去歌舞厅跳舞甚至去婚介所相亲，饮食已经融入其中，成了特定文化氛围下生活方式的一部分。

据媒体报道，超级文和友的营收方式分为两种，对于部分店铺按照传统模式收取租金和物业费，对于另一些具有文化特色、生意火爆但本身不具严格意义上的商业化运作能力的店铺，则不收租金和物业费，通过店铺收益进行分成。

后者与袁家村模式相当类似,因为两者需要达成的目的是一样的:吸引这些传统小吃的制作人,吸引他们的店铺来组成"长沙市井文化生活"的一部分。

许多分析都指出,现在的文和友品牌,尤其是"超级文和友"严格来说已不再是餐饮品牌而是文化品牌,甚至计划逐步收回餐饮品牌的商标使用权。但无论如何,文和友的发展火爆验证了"餐饮+文创"模式的有效性。

2020年7月,文和友张家界旗舰店与张家界标志门·九院十街正式签署战略合作协议,让文和友正式进军其他景区。立体沉浸式文化空间及其中的餐饮与景区相性如何,或许将在此得到验证。

(资料来源:知乎.景区餐饮:跟上旅游业转型的脚步[EB/OL].(2021-03-19)[2024-01-09]. https://zhuanlan.zhihu.com/p/358299007.)

四、景区餐饮的形式

随着游客餐饮的多元化需求,景区的餐饮形式开始与各种娱乐活动相结合,呈现出多样化的特点,常见的有以下三类。

(一)餐饮与歌舞表演相结合

采取饮食文化与歌舞艺术相结合的形式,使游客在品尝美味佳肴的同时,还能欣赏一台优美的歌舞表演。比较著名的有西安唐乐宫唐代歌舞盛宴,昆明世博园的"吉鑫宴舞"等。

(二)餐饮与康体活动相结合

这主要是指餐饮与垂钓、桑拿、洗浴等康体活动相结合。例如在一些景区,游客可以在鱼塘垂钓后,将自己亲手钓的鱼虾交给景区内厨师烹制,更可亲自下厨,做出适合自己家人口味的美味佳肴。

(三)餐饮与郊野娱乐相结合

这种餐饮形式常见的有篝火晚餐、滨海大排档、野外烧烤。例如在承德坝上草原推出的"烤全羊"项目,同时附赠篝火晚会项目。

五、景区餐厅的设计

(一)体验设计在餐厅设计中的运用

体验维度理论将体验的参与度和参与类型两种体验维度分别作为纵轴和横轴组合成一个矩阵,将体验划分为四个体验范围,分为娱乐体验、教育体验、审美体验和沉浸体验。这四种体验范围在空间里对应着不同的设计表达方式,从外观设计上的物质表现,到娱乐活动体验的展现,再到文化内涵与设计的融合,共同带来与空间环境氛围的身心融合,共同构成完整的体验,如表4-1所示。

表 4-1 体验设计在餐厅设计中的运用

体 验 分 类	具 体 内 容	空间体验特质表达
娱乐体验	娱乐体验是对活动感到愉悦、欢快的行为,推动体验的进行	可以在空间内带来愉悦的体验活动,并在活动体验中感受乐趣和文化内涵
教育体验	教育性体验需要主动对活动进行参与,在参与过程中对内容进行思考和反思	在空间内融入文化元素,通过触点引导人们进行思考,主动汲取设计中所表达的文化内涵
审美体验	审美影响人们的情绪和理解,使人们对事物感受到吸引力	从材质、色彩、造型等方面吸引人们进行联想、酝酿情绪,营造身临其境的体验
沉浸体验	沉浸性体验是指一个能够屏蔽外界,能够身心融入,不受干扰的地方	对空间内文化氛围的营造,进行实际的体验。通过实际场景的建造,或多媒体技术的运用,从设计中的文化元素感受文化精神和情绪。比如,环境模拟、行为体验等

(二)主题餐厅设计(以红色文化为例)

1. 红色文化主题餐厅顾客需求调研

调研主要采用访谈法向顾客进行访谈收集资料,并且事先对访谈提纲进行设计,访谈的提纲主要从顾客在餐厅中的行为、在餐厅消费的心理原因和看待餐厅的态度三个方面列举问题。

访谈提纲如表 4-2 所示。

表 4-2 访谈提纲 1

顾客的行为	(1) 在用餐体验感受是怎样的? (2) 除了用餐外你还进行了怎样的体验? (3) 你如何进行餐厅的娱乐活动体验的?
顾客的心理	(1) 你为什么选择这家餐厅? (2) 你为什么会对餐厅留下印象? (3) 你觉得餐厅环境氛围怎样? 为什么?
顾客的态度	(1) 你能接受餐厅的文化主题设计吗? (2) 你能接受餐厅的餐具和包装的设计吗? (3) 你怎么看待这家餐厅与其他同类型餐厅的区别? (4) 餐厅是否能满足就餐以外的需求?

针对以上访谈的内容,分析整理出顾客的需求和相应的设计机会(表 4-3 内容仅供参考)。

表 4-3 访谈提纲 2

需 求	需求具体描述	设 计 机 会
空间形象突出特点	(1) 设计表现单一; (2) 空间形象没有突出特点	(1) 结合时代特征的空间设计; (2) 选用当地的材质; (3) 具有鲜明时代特征的陈设

续表

需 求	需求具体描述	设 计 机 会
健康轻食	(1) 新鲜的食材; (2) 低卡轻食	(1) 采摘、挑选与陈列当地食材; (2) 绿色食品的食物设计; (3) 餐具的选用及设计
红色文化感知	(1) 文化传达的内容; (2) 文化传达的形式	(1) 开展展览、观影会等文化活动; (2) 结合具有地方文化特征的空间外观和陈设, 以及主题场景宣传文化
人际交往	(1) 服务员对顾客的响应; (2) 顾客与顾客的社交	(1) 服务员对顾客回应的及时性; (2) 顾客之间社交的参与性; (3) 餐厅文化活动的娱乐性

2. 红色文化主题餐厅的体验设计策略

1) 红色文化设计元素的整理与分析

莱昂和克拉克在 2003 年提出了文化划分理论框架,该理论框架将文化划分三个研究层次:代表有形的、物质的外在层次,代表行为的、习俗的中间层次和代表意识形态的、无形精神的内在层次。这三个层次分别对应着材料造型、色彩等文化元素所在的外在层次,体现生活行为和习俗文化用具的中间层次和代表精神文化视觉符号等的内在层次。文化分层与设计元素的对应关系,如表 4-4 所示。

表 4-4　文化划分理论框架

文化层次	层 次 内 容	设计元素表现
外在层次	有形的、物质的	材料、色彩、造型等设计元素
中间层次	行为的、习俗的	体现生活行为和习俗的造型、用具等
内在层次	意识形态的、无形精神的	代表精神文化含义的视觉符号、传统文化故事

2) 红色文化主题餐厅体验构建

将整理出的设计机会归类到审美体验、娱乐体验、教育体验和沉浸体验四个体验范围进行设计,如表 4-5 所示。

表 4-5　文化主题体验构建

文化层次		红色文化元素
外在层次	建筑材质	木头、竹子、黄泥、砖石
	建筑造型	坡顶灰瓦、风火墙
	色彩	红色、绿色、白色、黄色
中间层次	陈设配件	木制桌椅、竹制用具(竹制餐具、竹篮、竹筒、竹席等)、斗笠、草编用品(草鞋、草篓、扫帚)、马灯、搪瓷杯等
	装饰	木制围栏、屏风等
	菜品	南瓜、红米、竹笋等
内在层次	故事题材	《八角楼的灯光》《朱德的扁担》《朱毛会师》《宁冈运粮》《毛委员挑米》《一根灯芯》《三湾改编》《三项纪律六项注意》《泥腿子县长—王次淳》等
	视觉符号	镰刀锤子,红色五角星,毛主席像、斧头、火把、徽章等

六、景区餐饮的发展趋势

景区餐饮的
发展趋势.mp4

（一）餐饮产品 IP 化

作为游客体验度的加分项,主题化的食品不仅可以呼应主题,提升游客购买欲,还可以强化游客的认知辨识度,作为一种潜移默化的 IP 宣传。

游玩过迪士尼的朋友们应该会有深刻的印象,除了那些刺激的游乐设施,可爱的卡通人物,独特的主题餐饮也绝对是不容错过的体验。米奇鲜肉月饼、米奇烤鸭比萨、跳跳虎尾巴面包、米妮豆沙包、唐老鸭华夫饼……原本普通的食物通过造型设计,菜名变化等贴上主体化标签后瞬间升值,极大地提升了游客购买力。

（二）餐饮演艺化

目标群体的多元化可以带来流量上的大幅上升,为丰富主题餐厅的服务内容,"餐饮＋"已成趋势,其他业态的植入和融合可以给餐饮注入新的活力。

例如在东京迪士尼中,比所有要排队的设施更具人气的就是波利尼西亚草坛餐厅。餐厅主打边吃饭边看表演,并且表演完的迪士尼明星还会逐桌和游客合影,表演最后还会邀请所有小朋友一起上台和偶像唱唱跳跳,满足大人小孩的明星梦。这种做法更让餐厅一位难求,需要在入园前一个月就上网抢位。这种餐饮演艺化的趋势,成功将原本独立的餐饮、表演、卡通明星见面等内容进行整合,受到多数游客的青睐。

（三）餐饮景点化

通过对主题餐厅特色亮点的宣传来加大餐厅的人流导入比例,配合强有力的管理团队,使之成为乐园内的"打卡圣地",变成一个"网红"游玩项目。这样资金的注入使雪球效应就会越来越明显。

根据东京迪士尼乐园运营方 Oriental Land 公司最新公布的财报,游客的餐饮花费较前一个财年上升 1.3% ,平均每位游客的餐饮花费约人民币 132 元。而迪士尼乐园的主题餐厅正是把演艺化、场景化、IP 化、景点化的餐饮服务做到了极致,才达到游客愿意付出较高的费用,体验舌尖上的乐园的效果。

课中实训

实训项目	以小组为单位,选择附近的 1～2 家景区,调查至少两种类型的景区餐饮产品,分析被调查餐饮产品的特点以及服务管理的现状,能对其服务管理提出改进意见
实训目标	（1）加深对景区餐饮服务特点的认知; （2）了解目前景区餐饮服务管理的现状; （3）结合课堂学习内容,掌握景区餐饮产品的服务管理内容
实训地点	
物料准备	相机或者可以摄像的手机、笔记本、笔等

实训过程	(1) 被调查景区餐饮产品属于哪种类型?
	(2) 被调查景区餐饮产品有哪些特点?
	(3) 被调查景区餐饮服务管理方面存在哪些问题?
	(4) 结合景区餐饮的发展趋势,请分析被调查景区在餐饮服务产品和方面可以从哪些方面进行提升?
实训总结	知识获取	
	能力获取	
	素质获取	
实施人员	组长:	成员:
实训成绩	实训考勤(20分)	
	小组组织(20分)	
	项目质量(60分)	
效果点评		

课后拓展

景区餐饮步入良性循环需四步走

众所周知,景区一直是"香饽饽"般的存在,面积有限,并不是随意就能开店的地方,很多餐饮店想进也进不去。

但景区餐饮如果不能做到正确规范经营,迟早会让景区餐饮口碑甚至整个景区的名声扫地。现在很多人旅游时,尽量自带干粮都不愿意在景区用餐。出现这种现象时,餐饮商家就应该要反思了:为什么会这样,又要如何才能正确经营,让旅游餐饮获取更大的市场?业内人士指出,解决景区餐饮痛点,需要做好以下四点。

一、实事求是,明码标价

很多旅游餐饮还是通过顾客口述、服务员手写的方式点餐,有时候消费者甚至看不见价格表。

前些年沸沸扬扬的"雪乡事件"之后,黑龙江规定餐饮应明码标价,经营者还将实行"餐前消费确认":在顾客点餐后,将菜品和服务的价格标注在点菜单上,现场让消费者签字确认后才可下单上菜。这一细节创新获得了消费者的一致好评。明确"点菜单"必须由消费者签字确认虽略显烦琐,但是餐前确认价格却能消除顾客的顾虑,是旅游餐饮向大众餐饮靠拢的必经之路。做生意都需要良心经营,景区餐厅应该实事求是,明码标价,让顾客消费得敞亮明白。

二、运营管理,精细规范

从目前来看,开放性景区和旅游综合体项目,在衔接旅游餐饮和本地生活消费方面更加游刃有余。业内人士认为,有条件的景区,应当考虑增加自营的餐饮店作为示范,对外部进入的企业要做严格的遴选,并与之签订合同,保证餐饮与服务的质量。而且对此,景区要有监督、检查和接受处理游客投诉的途径。

现在很多景区餐饮店都不是什么连锁品牌,甚至多为小店,这种店很少会有精细化和规范化的运营,甚至脏乱差,顾客的体验感非常差。在这方面,景区其实可以尽量引进品牌快餐企业,尤其是品类多样的快餐连锁企业,包括中餐和西餐。

三、打造特色,提升体验

人们来旅游就是来享受的,这种享受不仅仅是视觉上和玩耍上的,自然也包括吃和住,吃本来就是人生第一大要素。而景区的餐厅,本来就是依附景区而生存的,那么,景区餐厅就不能损毁景区的名誉。

深入挖掘地方文化特色,依托当地特色打造独特的餐饮场景,给游客带来更好的体验,这种更加有人文气息的旅游餐饮,往往更受消费者欢迎,生意大都红红火火。

因此,景区餐厅可以打造自己的特色来增强顾客的旅游体验感,比如一些景区主题餐厅,或者一些地方特色小吃,都能增加顾客对本次旅游的体验。比如去陕北旅游,就会体验那边的肉夹馍;到川渝旅游,会去吃上一顿美味的火锅;到湖南长沙,就会打卡文和友;去内蒙古,也会体验那边的烤全羊等。这些都是跟地方特色有关,景区餐饮打造好地方特色的体验感,自然会成为一个加分项。

四、明确品类,定位单品

景区餐饮,要么就做简餐小吃面向普通大众,要么就专做中高档餐饮,抑或专注于一个品类做出特色,切忌各种价位、品类的餐品"一锅乱炖"。

比如,海南三亚的一家知名椰子鸡连锁店,创立仅4年已经连续两年荣登大众点评必吃榜,也是很多游客去三亚必打卡的餐厅之一。这家椰子鸡餐厅之所以能在三亚餐饮中脱颖而出,很大原因就在于其专注椰子鸡品类,将椰子鸡做出了特色,让消费者记忆深刻,也让门店在消费者心中有更加清晰的定位,从同质化的竞争之中脱颖而出。

（资料来源：百家号.景区餐饮痛点如何纾解？[EB/OL].（2021-04-28）[2024-01-09].https://baijiahao.baidu.com/s?id=1698265748931635654&wfr=spider&for=pc.）

思考：请详细深入调查一处景区的餐饮服务，了解其现状，分析存在的问题，请思考如何提升该景区餐饮经营水平。

任务二　旅游景区住宿服务

课前导入

裸心度假村

2011年10月，在莫干山脚下一片绿色的山谷，当今著名的度假村——裸心谷在此诞生！莫干山更因裸心谷成为中国地图上必游的景点之一。裸心度假村不仅助力当地经济发展，莫干山更因此获得国际媒体的赞誉。作为中国顶级度假村，裸心度假村已成为绿色可持续发展，奢华与杰出服务度假村的最佳代名词。

人类原本不是生活在喧嚣的城市里。如今，我们已经完全适应这种都市的生活方式，但有时，我们也应该回归那个最原本的自己。

在隶属于裸心集团的裸心度假村，我们倡导与环境融为一体，在优雅中无拘无束地接近大自然。我们的高端度假村注重打造自然、可持续性、卓越客户服务的品牌特色，创造独特而又难忘的度假体验。

我们倡导可持续发展，裸心度假村在设计和运营上都倡导可持续发展理念，尤其是在建造过程中最大限度地保留和利用自然环境。我们打破传统惯例，成为可持续发展的先锋，为了给客户提供更加创新和难忘的体验，这些独特的价值观引领我们一直在做真善美的事情，例如：无论何时都雇佣当地的雇员和服务；保护当地环境，利用循环系统对废物进行循环利用；支持当地的经济，充分利用资源，购买当地种植的食材和当地生产的建材；鼓励客人与我们一起加入可持续性的行为；坚持从当地大批量购买以减少交通以及包装费用；使用特有的净水方式对水资源进行净化以减少浪费；通过雇佣当地员工，培训以及增加当地就业机会来回馈当地社区；使用能生物降解的环保肥皂以及清洁用品；为当地的政府，学校以及国际学校组织长期的环境教育项目；为当地劳动力提供训练并对员工进行可持续性相关教学。

度假村的设计美学融合了中非两种元素，并且将非洲的亲切待客之道与自然的亲密关系带到亚洲。所有的建筑都对自然环境的影响降到最低，把人与自然的共生关系不断强化。建造树顶别墅的时候运用了例如SIP（structura linsulated panels）的创新建造方式。夯土小屋和大厅则采用当地的土建造夯土墙，造就了这一富有设计感的环保建筑。除了高新的科技外，我们同样也用了很多传统的建造技巧，比如石雕，竹子、木材框和传统的土墙。这就造就了裸心谷兼容并蓄的独特风格和与大自然完美融合的特点。

课前导入任务单

任务名称	旅游景区住宿服务认知		时间		班级	
成员名单						
任务要求	（1）初步对旅游景区住宿服务有所认知； （2）初步对民宿的建设理念有所认知； （3）树立以人为本的服务理念					
（1）裸心度假村的民宿有什么特色？						
（2）请查阅中国其他知名民宿的信息，请选择1个进行介绍。						
（3）通过"裸心度假村"案例思考现代人们对旅游景区住宿服务方面有哪些新的追求？						
（4）查阅相关资料，列举常见的旅游住宿企业类型。						
完成效果自评	优		良		合格	不合格
成员姓名						

课中学习

一、景区住宿的类型

（一）度假型酒店

度假型酒店是以进行度假、休闲及娱乐活动的宾客为主要服务对象的酒店，一般位于海滨、海岛、山区、森林、湖岸等具有独特自然景观的地区。度假型酒店建筑风格清新朴素,服务自然亲和,大多为开放式庭院建筑,酒店的娱乐、休闲设施和服务较为齐全。如骑马、狩猎、垂钓、划船、潜水、冲浪、滑雪、高尔夫球、网球、温泉、室内娱乐项目等。

度假型酒店可分为两种,一种是观光度假型酒店,这类酒店要求的地理位置比较独特,多位于海滨、草原、海岛、森林、雪山等拥有独特旅游资源的地方,并且能够提供多种旅游活动和健身活动,如游泳等,这类酒店较注重安全卫生舒适,在房间的设计方面注重景观的欣赏,让游客不管在室内还是室外都能够方便地欣赏到当地的特色景观。

另一种则是休闲度假型酒店,这类不需要有良好的旅游资源,但一定要有安静、舒适的自然环境,这类酒店的顾客在住宿期间能够放松身心,释放压力。

相关链接

富春山居度假村

富春山居度假村位于杭州山水秀丽的富阳区富春江畔,其包括富春别墅,度假酒店及 SPA,高尔夫球场,富春阁,以中国历史文化为元素,用西方现代设计观念呈现出中国建筑艺术的精美风格。

1. 客房休闲

度假酒店主楼客房分为三个楼层,其中酒店主体 22 间园景豪华房,7 间湖景豪华房,20 间园景套房,17 间湖景套房,1 间湖滨套房(附属露台),2 间湖滨高级套房(附属露台)及 1 间湖滨豪华套房(附属露台)。主楼南北方向的酒店别墅 12 栋,均有茶水吧,私人阳台,室外按摩池,柔和的灯光通道加上特色的服务,处处可以让客人领略到度假酒店的独特之处。富春别墅 5 栋,位于葱郁半山中,均设有 24 小时管家式服务,4 间主卧室,私人室内游泳池,厨房,餐厅,客厅等,每栋平均面积可达 1500 平方米。

2. 会议餐饮

度假村能够提供完整的配套高级会议设施:宴会厅、董事会会议厅、小型会议厅等,餐饮设施:湖廊居、亚洲餐厅、水廊居、T8 富春及位于富春阁二楼的别致用餐场所,可容纳 60 人左右。度假村内您可以尽情享受咖啡和茶的休闲时光,具有东西方风味的富春山居菜肴兼具色、香、味俱全,适合不同国家客人的口味,无论在舒适的餐厅还是送餐服务,都可享受我们一流的美食餐饮服务。餐饮设施有富春 T8 餐厅、西餐、亚洲餐厅、中餐、湖廊居、中西式零点。

3. 高尔夫

富春山居高尔夫球场是中国唯一丘陵地形茶园为主题的国际标准高尔夫球场,规划为 18 洞,标准为 72 杆,球场位于茶园景色的环山之中,在茶树清香气氛中,每一洞都充满挑战与期待,高尔夫球场另附设二层式练习场,有 USGA 高尔夫计分系统及影像教学并配有专业的高尔夫培训专案及职业教练,使客人能够完全感受到高尔夫球的魅力所在。

其他设施,如康体娱乐、健身、游泳、桑拿、按摩、网球、SPA、太极、瑜伽。

(资料来源:360 百科. 富春山居度假村[EB/OL]. (2022-03-10)[2024-01-09]. https://upimg. baike. so. com/doc/2445932-2585648.html.)

（二）民宿型酒店

民宿型酒店是指利用自用住宅空闲房间，结合当地人文、自然景观、生态、环境资源及农林渔牧生产活动，为外出郊游或远行的旅客提供的个性化住宿场所。不同于传统的饭店旅馆，也许没有高级奢华的设施，但它能让人体验当地风情、感受民宿主人的热情与服务，讲究的是入住体验，追求的是人文情怀，契合的是当地的文化。

▊ 相关链接 ▊

不舍·野马岭民宿

马岭脚村位于茜溪源头，浦江、建德、桐庐三县（市）交界处，村内拥有美女峰、红岩顶森林公园、马岭古村等旅游资源，其中马岭古村内百年以上的古树有 14 棵，有千年榧树，600 年的糙叶榆，这里的石桌、石凳、石板路、四合院、泥墙黑瓦等，无不彰显其原生态江南村居特色。

马岭古道旁的马岭村已有 500 年历史，上百年的四合院泥墙黑瓦，依山而建。石桌、石凳、石板路处处彰显江南村居特色，鸟鸣谷幽，古色古香。百年老树依旧枝繁叶茂，溪水环绕流淌。不舍·野马岭中国村的有一种穿越感，沿着石板路拾级而上，看过一处雨打芭蕉，再看一处春花零落，于脚底一寸寸地丈量时光，古朴而悠远。然而随意推开一扇雕花门，里面落地灯、玻璃天窗、露天浴缸一应俱全，在水晶灯的照耀下，散发着迷人的光芒，让人恍若置身于城市的五星级酒店。

一门之隔，两个时代。就像外婆家所有分店的设计风格全部都贯穿了吴国平的理念和想法，对于中国村的打造，吴国平也有着自己的原则，那就是外表古朴、内里实用。

在吴国平看来，"黄泥黛瓦是上辈人智慧的结晶，上一代的记忆符号我们要留下，但我们这一代人的记忆符号同样值得保留。如果一栋房子完全修旧如旧，又阴暗又潮湿，采光不够，通风不行，那么这不是民宿，就是一个古建筑博物馆。"

（资料来源：浦江县人民政府官方网站. 不舍，野马岭民宿[EB/OL].（2018-12-17）[2024-01-09]. http://www.pj.gov.cn/art/2018/12/17/art_1229172507_50640180.html.）

（三）经济型酒店

经济型酒店是以大众旅行者和中小商务者为主要服务对象，以客房为唯一或核心产品，其价格低廉，服务标准，环境舒适，硬件上乘，性价比高。经济型酒店有着巨大的市场潜力，具有低投入、高回报、周期短等突出的优点，其内部以客房为主要经营项目，餐饮、康乐、会议等配套设施很少或没有，所以酒店四周半径 300 米范围之内应有满足客人综合需要又步行可及的餐馆、酒吧、商店、邮政、娱乐、便利店等设施。

（四）家庭型旅馆

家庭型旅馆是指以家庭为经营主体的旅馆，一般是利用自己的住宅改造为旅馆，成本低，价格低，规模小。早年流行于欧洲、盛行于美国，是一种"自己管理自己"的小型家庭旅馆，有农舍旅馆、青年旅舍、汽车旅馆、公寓式旅馆等模式。

相关链接

家 庭 旅 馆

"家庭旅馆",早年流行于欧洲、盛行于美国,是一种"自己管理自己"的小型家庭旅馆。在西方国家,家庭旅馆的形式分为两种:一种叫 B&B(Bed & Breakfast)即床位加早餐,由一个家庭空出几间房屋作为客房出租经营;另一种叫 Guesthouse,是家庭经营的小型旅馆,其房间大部分用来出租。

（资料来源:百度百科.家庭旅馆[EB/OL].(2023-04-27)[2024-01-09]. https://baike.baidu. com/item/%E5%AE%B6%E5%BA%AD%E6%97%85%E9%A6%86/1061624? fr=aladdin.）

二、景区住宿服务管理

（一）服务意识培养

文明礼貌,做到语言规范,谈吐文雅,衣冠整洁,举止文明;主动热情地为顾客服务,了解顾客的需求,努力为顾客排忧解难;耐心周到,对顾客服务时要做到耐心周到,耐心听取顾客意见,耐心解答顾客问题,耐心解决顾客的困难。

（二）服务质量标准制定

服务质量标准是指服务活动所能达到的规定效果和满足客人需求的特征和特性的综合,它是由环境质量、设施质量、产品质量和服务水平等要素构成的。服务质量标准要从客人角度出发,对住宿服务的环境、产品、人员三个方面提出最基本的要求,是住宿场所视觉形象、服务功能性以及精神享受等方面最本质的反映。

住宿服务质量标准可以概括为以下方面:让客人看到的必须是整洁美观的,提供给客人使用的必须是安全的、有效的、卫生的、舒适的、方便的、高效的,员工对待客人必须是亲切礼貌的,各项管理和服务必须是规范的。

（三）安全管理

第一要配备安全防范设备设施,例如电视监控系统、安全报警系统、自动灭火系统、通信联络系统、电子门锁系统等;第二要加强对员工的安全教育,要求他们掌握基本的安全防范知识,如发现异常情况时懂得如何处理,如何通过察言观色来识别犯罪分子等;第三要狠抓内部安全管理,制定一套切实有效的安全防范工作程序、应急预案和管理规章制度,根据不同时期的工作重点做好应对各种突发事件的准备工作,建立健全安全管理规章制度和检查制度,实行岗位责任制。

三、景区民宿

民宿最早起源于国外,来源于日本词语的音译,过去很长一段时间内,由于在当地的旅游区域内缺少完善的住宿设施,因此有很多的当地居民会在游客增加时额外将民用的住宅闲置部分短租出去,获取更多的收入,由此形成了民宿这一产物。

景区民宿针对的是当地的景区旅游住宿需求,从某种意义上来说,景区民宿具备的适合家庭一样温馨的效果,尤其是近些年来人们的文化需求、精神需求有所提升,景区民宿设计重点就是要让消费者体会到人文情怀和景区特色。在我国的大理、嘉兴等极具地域文化特色的古镇中,集中了大量的民宿。民宿所需的情怀和当地的文化底蕴之间有着相互呼应的紧密关联,因此民宿的发展是离不开地域文化的,二者相辅相成、彼此推进。

四、景区民宿的设计

情怀、景观和设计构成了民宿成功经营的核心要素。

(一)情怀是民宿的灵魂

情怀是富足而退的人在物质上的状态表现。一家有温馨的民宿和一个有故事的老板可以更好地展示各种各样的爱好和兴趣。有情怀的民宿和有热情的老板是民宿表达自己的最佳方式。

人类是非常情绪化的动物,情怀是最能打动人心的东西。许多民宿业主,尤其是跨行的民宿主,选择投资民宿行业的最重要原因,情怀占据着非常重要的位置,情怀是民宿的灵魂。住宿在民宿不仅仅是休息,更是一种休憩。在旅途中劳累时,民宿更像是一个熟悉而温暖的家。而且,民宿的住宿方式,也给了人们更加惬意的感受,比住在宾馆里舒服和自在。

(二)景观是民宿的基础

民宿在选址时,找的就是一种先天的驱动条件。环境景观是重要因素之一,当你有一栋老宅,紧邻大城市,就能够抓住市场这一重要的条件。若是老宅的附近有自然资源,如山谷河流,尚未开发的风景名胜,或者是具有人文情怀的部落村庄。那么,把老宅稍加修整,便能吸引大城市的人驱车前来。

与民宿相辅相成的周边环境,其吸引力是不可估量的。即便交通条件没那么理想,离市场群体较远,但凭借场地本身的吸引力,同样能建造优秀的具有无敌吸引力的民宿。

(三)设计是民宿的担当

每间民宿都有自己的风格,根据民宿主人的爱好和特点,或根据当地景观的特点,或表现出独特的设计感和艺术感,设计出不同的感觉。无论风格如何,独特的创新设计和艺术魅力总能吸引更多的游客,给所有来到这里的游客带来不同的感受和品位。

▐▌ 相关链接 ▐▌

民宿设计的细节

1. 材料选择

民宿室内空间设计中选择的材料是重要元素之一,民宿整体的设计效果应与周围的地理条件、自然环境等融为一体,经过历史的演变和发展沉淀而来。改造民宿空间时以就地取材为原则,能够与周边环境更好地融为一体,并且达到节约资源的目的。当民宿室内空间设计中体现了含有地域特色的传统材料时,能够在视觉精神上影响消费者,承载和传承当地的地域文化,构建起独特的文化氛围。

2. 特色物件

特色物件运用到民宿室内的陈设,能够将当地特色充分彰显出来,设计民宿室内空间的特色物件陈设,设计师应结合当地的旅游自然人文景观的特色和具体的资源,在室内空间设计中选择适宜的风格元素,加强对空间细节位置的处理,将整体的造型风格体现出来。保证陈设的物件也能够一致,保证整体的民宿室内空间设计效果协调性,展现出当地的地域文化特色。

3. 空间色彩

运用空间色彩能够在民宿室内空间设计中强调地域文化特色,由于不同地区内居民的宗教信仰、生活环境等均存在一定的差异性,因此对于色彩的喜好也各有不同,在民宿室内空间设计中,展示地域文化可以运用当地色彩强大的感染力进行设计。以香格里拉地区的民宿为例,该地区内民宿的室内空间设计在色彩设计方面,通常是运用色彩艳丽的搭配,例如藏式编毯与黑色、红色的搭配等,将藏族居民的特色以及地域文化融入空间色彩中,让消费者形成强烈的体验。

4. 传统造型

为了在民宿室内空间设计中体现地域文化,应塑造起具有传统独特造型的地域文化空间,改变千篇一律的设计风格。虽然运用昂贵的材料进行空间造型的设计,或是采取表达中式符号方式进行设计,但是这样的设计难以体现传统的地域文化特色,达不到理想的设计效果。要突破设计陈规,对该地区内的文化造型元素进行深入挖掘和有效运用,构建起不同特色的室内空间,将全新的地域文化元素呈现出来。

5. 陈设装饰

陈设和装饰能够实现对室内空间设计效果的二次渲染,例如艺术摆件、灯具、家具、布艺和植物等,均能够对民宿室内空间的设计效果形成直接的影响。将对应的环境氛围和文化内涵体现出来,使建筑风格和室内的设计形成统一效果,提高地域文化陈设的协调性。运用竹、木这些天然材料匹配到陈设装饰中,构建起统一的地域文化特色设计效果,运用陈设装饰强化地域文化在民宿室内空间展示的效果。

课中实训

实训项目	以小组为单位,选择附近的景区,调查至少两种类型的景区住宿产品,分析被调查住宿产品的特点以及服务管理的现状,能对其服务管理提出改进意见
实训目标	(1)加深对景区住宿产品特点的认知; (2)了解目前景区住宿服务管理的现状; (3)结合课堂学习内容,掌握景区住宿产品的服务管理内容; (4)增强学生的创新意识
实训地点	
物料准备	相机或者可以摄像的手机、笔记本、笔等

实训过程	（1）被调查景区住宿产品属于哪种类型？	
	（2）被调查景区住宿产品有哪些特点？	
	（3）被调查景区住宿服务管理方面存在哪些问题？	
	（4）景区内是否有民宿，如果有，特色有哪些？	
实训总结	知识获取	
	能力获取	
	素质获取	
实施人员	组长：	成员：
实训成绩	实训考勤（20分）	
	小组组织（20分）	
	项目质量（60分）	
效果点评		

课后拓展

旅游住宿业新趋势，如程模式为乡村民宿、农家乐发展带来的新思考

　　从零星发展到星火燎原，从摸索前进到理性发展，2019年包括酒店、乡村民宿、农家乐等在内的旅游住宿业已经进入新的发展周期。面对消费者多元化需求，如程盘活市场上闲置的民宿资源，仅半年多时间，实现平台上线200多家民宿，拥有会员20多万，小程序访问量突破1亿等高速增长，被创投圈权威媒体36氪认定为这个领域最有希望成为独角兽的"超级项目"。

究其根源,笔者从现阶段旅游住宿业发展现状出发,探究如程"会员制"模式背后的盈利方式,以及对乡村民宿、农家乐振兴发展的意义所在。

一、"轻资产、集群化"或成行业发展主流

1986年,我国第一家农家乐在四川成都诞生,中国民宿行业开始在华夏大地遍地开花,2015年更是迎来了民宿业发展热潮。但近几年,民宿业的空置率不断攀升,很多乡村民宿入住率甚至不到20%,严重面临淡季无人住,旺季订不到房的尴尬局面,同时民宿主还要支付OTA平台15%~20%流量成本。这巨大的成本压力,迫使民宿主涨价分摊成本,但涨价势必将更多人群拦在门外。

为了有效地解决这些痛点,让更多人享受到优质的非标住宿度假体验。如程团队走遍全国考察酒店,全面了解市场状况后,终于找到了被他们视作几乎完美的解决方案——通过打包采购空置率较高的特色度假酒店,专供于如程会员进行预订并免费入住。目前,用户只需付费880元即可成为如程会员,在一年的会员权益有效期内,不限次数地预订平台合作的所有酒店,预订成功后即可免费入住。

据如程官方披露,目前很多精品民宿因如程平台"会员制"模式获得了更为稳定的客流与收入,民宿入住率由20%提升至接近100%,甚至有部分优质民宿"非宿收入"已翻3倍。

如今,随社会经济脉搏跳动,乡村民宿行业发展正经历由量到质的嬗变,高质量发展是其未来一个时期的奋斗目标,需要不断注入新的发展动力。业内人士认为,"2020年以品牌输出、管理输出、市场输出等为核心的轻资产模式或将成为品牌型民宿企业异地、多地发展的主流行为。同时,产业要素集中和相关业态集聚而成的民宿产业集群发展模式已经被业界普遍接受,在地方政府的政策引导和着力培育下,将会有更多的乡村民宿集群在民宿后发地区涌现。"

而如程自2019年5月成立之初,走的是轻资产的发展路线,既不必像自营民宿"重资产模式"承担酒店在前期拿地、建造装修等各方面投入的巨额资金,又不需要面临巨大的资金周转压力,能保证比较健康的现金流运转。这种创新模式无疑给乡村民宿行业发展,乃至振兴乡村经济带来了新思路。

正如,清华大学建筑学院副教授、乡村复兴论坛主席罗德胤在浙江电视台6频道《匠心中国》节目中所说的,"中国社会面临城乡二元经济问题,民宿与农家乐为振兴乡村经济提供了一个很好的入口,虽然乡村民宿发展也有它的瓶颈或难题,但如果能通过如程'会员制'创新模式扩大整个民宿行业对中国城乡的协调发展,为当地农村经济带来发展新动力,是非常有意义的。"

二、跳出民宿做民宿,"会员制模式"唤醒乡村沉睡资源

如程官网资料显示,如程将自身定位为"会员制特色度假酒店预订平台",并号称成为"中国人的品质生活第一入口",很明显如程自身并不拥有任何一家特色度假酒店,而是跳出民宿在做"民宿",以一种会员制的创新模式整合了民宿主、用户、平台三方资源,以期达到了多方共赢。

笔者发现,这种模式前期以高效获客为目标达到高速增长,后期或许"躺着赚大钱"。简而言之,平台通过平衡会员增长速度、酒店上新速度两者的关系,将公司的现金流维持

在比较健康的状态；而当用户增长达到足够大的规模时，如程就可以通过提高会员费来实现盈利。但现阶段，涨价显然并非明智之举，有碍于如程高速发展成为行业老大。如程还需另辟蹊径，拓宽周边经济圈，实现平台收入结构的多元化。

（资料来源：百家号.旅游住宿业新趋势 如程模式为乡村民宿、农家乐发展带来新思考［EB/OL］.（2020-01-15）［2024-01-09］. https://baijiahao. baidu. com/s? id＝1655783694373111847&wfr＝spider&for＝pc.）

思考：请调查周边地区的一处民宿，了解其经营现状，请思考中国民宿未来的发展之路是什么？

任务三　旅游景区交通服务

课前导入

河南又一个被小交通拖累的景区，网友：景美，但不会再去第二次！

在河南省洛阳市境内，有这样一个景区，这里不仅有着 8 亿～12 亿年地质沉积所形成的山崩地裂、碧水峡湾等奇观，还是国内唯一被黄河三面环绕的原始生态旅游景区，可以说山水之秀在这里得到了完美融合。

但就是这样一个秀美之地，不少去过的游客却大呼："太坑人了！"风景真的是不错，门票 78 元感觉还是值得。但景区小交通另收费不说，管理还太差劲，一点也不人性化，严重影响游玩体验，不会再去第二次。看来又是一个被景区小交通拖累的景区。这个景区，就是位于洛阳新安县石井镇境内的黛眉山景区。

据景区公开信息显示：黛眉山是于 2008 年开始开发建设的，总投资达到了 5 亿元，是一处集观光摄影、户外休闲、度假养生等于一体的综合型景区。现为中国王屋山—黛眉山世界地质公园核心景区、国家 4A 级旅游景区。

景区规划面积为 75 平方公里，拥有大大小小景点 100 余处。因为较大，为方便管理和运营，所以分成了 A/B 两条线路，且各具特色。

A 线主要景点包括天路奇观、高山花园、好运峡、黛眉兵寨、天使之吻、汤黛之恋、飞来神石等。

B 线主要景点包括草原神门、草原木栈道、云顶草原、梳妆台、极顶、月老峰、黄河大观等。

而除了壮丽的景色外，黛眉山还藏着八大未解之谜，分别是黛眉仙灯、半夜日出、黛眉石语、百里钟声、夏日结冰、悬棺之谜、金洞之谜和黛眉仙乐，至今无法解释，每年都会吸引无数游客前往探秘，也为黛眉山平添了一份迷幻色彩。

这两年去过黛眉山的游客，大多对其景色盛赞了一番，不过对于景区的小交通，却有不少抱怨之声，小南整理了一下游客的评论，主要还是集中在几点。

首先，景区的大门票为 78 元/人，作为一个 4A 景区，这个票价其实不算便宜了。但同时,景区规定私家车一律禁止上山,所以只能乘坐景区小交通,票价为35元/人,另收费。

其次,遇到淡季游客不多的情况下,景区交通坐不满不开车,有时候需要等上1~2小时。如果在遇到风雨交加或者是暴热的天气,游客自然是心里很不舒服。

最后,景区内部小交通从山顶下到景区大门并非直达的,需要中途再换乘,导致场面很是混乱。而遇到人多的时候,排队能排到怀疑人生。

不知道你去过黛眉山吗?对于景区小交通,你又是怎么看的呢?

(资料来源:百家号.河南又一个被小交通拖累的景区,网友:景美,但不会再去第二次![EB/OL].(2018-08-09)[2024-01-09]. https://baijiahao.baidu.com/s?id=1608316308747105948&wfr=spider&for=pc.)

课前导入任务单

任务名称	旅游景区交通服务认知	时间		班级	
成员名单					
任务要求	(1)初步对旅游景区交通服务有所认知; (2)能够对旅游景区交通服务的特点有所了解				

(1)查阅相关资料,景区最常见的交通工具有哪些?

(2)你乘坐旅游交通工具时最看重什么?

(3)景区内乘坐交通工具时,你遇到最不开心的情况是什么?

(4)结合课前导入案例,旅游景区应该从哪些方面加强景区交通管理。

完成效果自评		优	良	合格	不合格
成员 姓名					

课中学习

一、景区交通服务的内容

(一)景区交通道路

景区内的交通道路有公路、游步道(台阶、栈道、天然土石路、人工卵石路等)、轨道(火车轨道、有轨电车轨道等)、索道、电梯、桥梁、漂流观光河道、湖泊海洋航线等。其中公路、游步道、轨道、索道、电梯、桥梁是大部或全部由人工劳动修筑而成的,漂流观光河道、湖泊海洋航线通常是利用天然的航道再经过人工探测、整修加工和试航后形成。

景区交通道路按使用的主体又可分为车行道、船行道、步行道和特殊交通道。

(二)景区交通工具

景区内的交通工具按其牵引动力可分为五类:机动交通工具(如火车、轮船、汽车、快艇、沙地摩托车等)、电动交通工具(如电车、电瓶车、电动船、缆车等)、人力交通工具(如人力黄包车、人力三轮车、轿子、滑竿、滑板、皮划艇、羊皮筏子、竹排、木划船、自行车等)、畜力交通工具(如骆驼、马、大象等畜力本身和马车、牛车、驴车、狗拉雪橇等)、自然动力交通工具(如热气球、滑翔机、漂流船、帆船、溜索等)。

▌▌ 相关链接 ▌▌

兰州羊皮筏子

兰州羊皮筏子,俗称排子,是黄河沿岸的百姓保留下来的一种古老的用羊皮做成的摆渡工具,也是一种古老的水上运输工具。它由十几个气鼓鼓的山羊皮组成。筏子有大有小,最大的羊皮筏子由600多个羊皮袋扎成,小皮筏则用10多个羊皮袋扎成。羊皮筏子适用于短途运输,主要用于由郊区往市区送运瓜果蔬菜,渡送两岸行人等。

羊皮筏子是黄河文化的重要组成部分,是古代劳动人民智慧的结晶。羊皮筏子已有300多年历史,早年在兰州黄河用于运输,现在已成兰州黄河上乘坐旅游观光的一大亮点。羊皮筏子在河道上悠闲漂流。远远望去,就像一叶扁舟,人筏混为一体,随波逐流;近看则见在紧贴水面的羊皮筏上,坐着五六个客人,随着波涛的起伏,颠簸而行,有惊无险,极富刺激。

(资料来源:百度百科.兰州羊皮筏子[EB/OL].(2022-04-07)[2024-01-09].https://baike.baidu.com/item/%E5%85%B0%E5%B7%9E%E7%BE%8A%E7%9A%AE%E7%AD%8F%E5%AD%90/912030?fr=ge_ala.)

(三)景区交通站点

景区交通站点是指景区内各种交通运输的起点、途中换乘站和终点以及停车场,也是游客的集散地。交通站点为游客在景区内游览提供便捷、及时、舒适的交通服务,而且车站、港口、码头等可以设计与环境相协调的特殊建筑外观,提供高科技、高水平的服务设施,营造幽雅环境。这些都可以成为吸引人们前来参观游览的因素。

景区交通站点如图 4-1 和图 4-2 所示。

图 4-1　丹霞山竹筏码头　　　　　　　　图 4-2　丹霞山交通站点

(四) 景区交通标志

景区不论大小,都具有一定的空间范围,为游客提供简洁明了的交通引导标志必不可少。景区交通引导标志是景区标志的重要组成部分之一,可以帮助游客熟悉和了解旅游景区环境,顺利地完成旅游体验过程,消除心理上的紧张感。景区交通标志,除了常规的警告、禁令、指路、指示交通标志外,还包括标明游客所处位置的景区地图、与景观相协调的景区路线、景点去向说明牌等。景区交通标志传递了特定的交通信息,便于景区交通管理,保证交通畅通与游览安全。

根据《道路交通标识和标线》(GB 5768—2009),旅游区标志棕色与白色相间边框、棕底白字来标识,分为旅游符号标志和旅游指引标志。

景区交通标识牌的设立原则如下。

(1) 旅游景区(点)交通指引标志属于道路交通标志的组成部分,应符合国家制定的行业相关标准的设置规定。

(2) 旅游交通标志应与其他道路交通标志相互配合、相互补充,使旅游者能方便地识别通往旅游景区的方向和距离及路线。

(3) 旅游交通标志设置应全面、系统,保持导航信息的连续性、设置位置的规律性和导向内容的一致性。

(4) 旅游交通标志应综合考虑道路设计车速、合理线形、交通流量、交通流向和交通组成、道路沿线和交通组织状况等因素,选择通往旅游景区方向有利于交通的最短或最适合路线设置。

(5) 旅游景区(点)交通指引标志的设置不得侵占道路建筑限界,保证侧向余宽和净空高度。

相关链接

交通导向标志设施

　　交通导向标志的设计目的是在短时间内，让游客清晰地了解准确的信息。设计中主要考虑四个方面的因素：时间（提供与观者行进速度相符的信息阅读功能）、距离（一般导向设施会在目的物的附近放置，它与目的物的距离、导向内容和行进速度有关）、识别度（设施阅读面的大小、文字的形式、色彩与阅读需要有关）和规范性（统一的导向系统可以帮助行进的游客提高阅读速度和解读能力）。图4-3所示为两个交通导向牌。

图4-3　交通指示牌

二、景区交通服务要求

（一）安全至上

　　安全性是游客最关注的出游要素。游客出门旅游是为了获得在不同环境下的体验和享受，而不希望发生任何意外。因此，游客往往会充分考虑景区交通的安全性，如道路的安全程度、交通工具的安全程度以及途经区域的安全程度等。

　　此外，景区交通的安全性与景区的可进入性息息相关，并且对景区的形象也有一定的影响，如果经常发生交通事故会动摇游客到景区游玩的决心。因此，景区开发者和项目经营者必须十分重视景区交通的安全性。

（二）高效快捷

　　高效快捷是指景区交通项目建成后使用频率高，通行效果好。交通项目在景区开发建设中属于基础设施项目建设，资金投入较大。因此，景区交通的使用效率直接关系到资金回报问题。交通项目的设计要在充分的市场调研的基础上进行合理的规划和配置，保持交通设施较高的使用频率，以获得较快的资金回报。还应当提高通行速度和通行舒适度，以获得较好的通行效果。

（三）舒适有趣

　　交通本身具有体验性的特征，游客在交通方面较一般旅行者相比更注重交通过程的舒适性和趣味性。因此，在进行景区交通项目设计时，要充分考虑交通道路、交通工具的形式和等级以及交通服务质量标准等方面的舒适性和趣味性要求,使之更加符合游客的需要。

(四)兼顾游憩

在景区交通规划时,除了要突出其传统的交通运输功能,还要兼顾游客的游憩需求。景区的交通道路、工具、站点等要规划建设成氛围轻松、游憩设施完备、景观视线优美的休闲、观光、游憩场所,引导标志也要进行景观化设计。

(五)突出特色

景区交通规划与设计要突出景区自身的优势和特色,充分考虑景区的自然和人文环境特征,宜采用本地特有的材质建设道路,选用本地特有的交通工具,按照本地特有的社会文化风情设计沿线景观,使交通与景区个性文化融为一体。

三、景区交通服务管理

景区内部交通管理就是要确保进出车辆行驶规范、安全有序,工作重点是景区路段、交通标志、运营车辆和运营人员是否符合要求等。

(一)交通管制

景区内单位和个人所拥有的车辆的停放和通行,必须遵守景区交通管理部门和景区管理委员会的规定。对于违反规定强行通行、不听劝阻的车辆,由景区交通管理部门责令其纠正交通违规行为,并依法依规给予罚款等行政处罚;妨碍执行公务的,由公安机关依法追究法律责任。必要时,可以对特定车辆实行交通管制,例如规定进入景区的时间和路段,可以有计划地分流,以免造成交通堵塞以致引起交通事故等隐患。

(二)停车场管理

一般都设有停车场,这是景区必须拥有的基础设施。停车场可以根据景区的交通状况来进行设立,一般可分成级别不同的停车场,用来停靠不同游客车辆。通常,景区可以开设大型机动旅游车停车场和小型旅游车停车场,停车场要与景观环境相协调,停车场的服务应符合景区统一的要求,安排交通协管员或服务人员,要礼貌待客,文明服务,具备一定的交通指挥技能和知识,有安全意识,看护保管好游客的车辆,如位于四川省自贡市荣县大佛寺山门左侧的"生态停车场",占地7000平方米,设车位近100个。该"生态停车场"地表铺设的是厚度达40厘米的生态青砂石,整个停车场按块状划分,车位之间种植树木相隔,夏季可为车辆遮阴,处处体现着人文关怀。

> **‖ 相关链接 ‖**
>
> ### 生态停车场
>
> 生态停车场,是指周围有高绿化和高承载能力的停车场。其透水性能好、草的成活率高。

传统的生态停车场就是用普通的植草砖铺装而成,传统的生态停车场其实根本谈不上"生态"功能。传统植草砖停车场在铺装时,植草砖下面是要混凝土做铺垫的,所以植草砖根本不透水,不透水就不长草,不长草就不能有绿化,没有绿化就算不上生态。

最新的生态停车场是一种具备环保、低碳功能的停车场。它除了具有高绿化、高承载的特点之外,使用寿命也较传统的生态停车场长。生态停车场国际上的标准是绿化面积大于混凝土的面积,达到高绿化的效果,同时具有超强的透水性能,保持地面的干爽。

(资料来源:百度百科.生态停车场[EB/OL].(2023-05-19)[2024-01-09].https://baike.baidu.com/item/%E7%94%9F%E6%80%81%E5%81%9C%E8%BD%A6%E5%9C%BA?fromModule=lemma_search-box.)

(三)交通安全管理

交通安全是旅游景区交通服务最基本的工作,也是游览过程中最易发生事故的环节,旅游交通安全事故的发生不但会给游客带来损伤,也会影响到旅游景区的形象、声誉、市场发展前景。因此景区人员要注意危险地段、公共场所、交通要道的交通秩序,建立健全完善的景区安全标志系统,通过制定严格的管理制度,对游客进行交通安全宣传,提高服务人员交通安全风险辨识能力,旅游旺季加强监视和疏导工作等管理措施,避免交通事故的发生。

(四)景区交通线路设计

线路设计上,尽可能构成环线旅程,减少回头交通,降低出行成本。对于无法避免走回头路的旅游景区,可以通过美化沿途风光,制造兴奋点,增强游客的游览兴趣,使其忘却旅途的疲劳,提高区域旅游的整体吸引力。对社会交通与旅游交通进行分流管制,采用优惠政策引导游客乘坐公共交通,减轻干道交通压力。

(五)交通便捷度提升

将游客的服务集散中心和"P+R"公共停车场(park and ride,P+R停车场即换乘停车场)作为基础,对道路交通、公共交通、慢行交通以及停车等通行方式进行全面的整合,创建更具层次感和立体感的景区接驳换乘交通网络,以此打造出具有高效性和便捷性优点的内外交通衔接系统。

(六)游憩场所人性化设计

1. 人性化设计原则

在游憩活动场所的人性化设计中应把握好几个原则:场址应避免选择在风口位置,场地应保证大部分面积有日照和遮风条件;场地应当选择能够便捷到达、靠近游人的最佳位置;场地设计应当充分考虑植物配置、季节变化等因素;步行道旁边应当设有休息区、坡道和扶手；应当明确场地设施的实用性。

2. 休息设施的人性化设计

休息设施的品质直接影响游人对景区环境的感受。休闲设施一般布置在适宜于停留、具有一定静态空间的地方，在设计上则需考虑场地上微气候状态，如在夏日较炎热的地区，座椅应安排在阴凉处。

景区内为游客设置的躺椅如图4-4所示。

图4-4　景区内为游客设置的躺椅

3. 出入口的人性化设计

出入口的人性化设计主要遵循方便性和安全性的原则：方便性主要体现在出入口应易于辨识，位置在游人的视野中易于通达，场地与主要人流方向相对应等各方面。安全性则需考虑旅游区主入口处是否有足够的空间供机动车通行、游客集散，出入口地面材质的防滑效果等方面。

四、景区交通设计原则

为了向游客提供优质、高效的景区交通服务，要求管理者在对景区交通线路进行规划和布局时应遵循以下原则。

（一）环境保护优先

旅游景区的交通布局应将环境保护放在第一位，以利于景区的可持续发展。

（二）景观完整性

景区在规划和布局交通方式时，一定要考虑景观观赏的效果，将交通看作景区景观的一个组成部分，否则就会有破坏景观整体观赏效果的败笔出现。

（三）多种方式结合

一般的景区不单纯存在一种景观，往往是水、陆、空结合的立体景观，为了使游客能够体会到不同的景观和风情，体验风格各异的交通服务，管理者要在布局交通网络时，遵循多种交通方式相结合的原则。

（四）安全、方便、舒适性

景区的交通布局一定要保证安全,将安全放在第一位。景区的交通在很大程度上起到一种将游客从一个景点转移到另一个景点的作用。因此,景区交通的布局一定要遵循方便的原则。同时,交通服务是旅游活动的一个重要组成部分,尤其是特色的交通方式。这就要求其具备舒适的特点,同时对大部分出来旅游的游客来说,舒适也是其追求的一个重要方面。

（五）最大连通性

景区的交通布局一定要达到使游客"进得来、散得开、出得去"的目的,这就要求管理者在交通布局时一定要遵循最大连通性原则。

五、景区交通线路设计与优化

（一）景点选择与布局

景区旅游路线设计的第一步是选择合适的景点,并进行合理的布局。景点的选择应根据景区的特色和主题进行,以确保游客能够全面而深入地了解景区的历史文化和自然风光。同时,景点之间的布局也应考虑游客的游览便利性和时间分配,避免长时间的等待和走动。

（二）路线规划与导览系统

在景点选择与景点布局的基础上,需要进行路线规划与导览系统的设计。路线规划应考虑游客的游览顺序和时间分配,以最大限度地减少游客的等待时间和走动距离。导览系统则可以通过语音导览、电子地图等方式,为游客提供准确、全面的导览信息,帮助他们更好地了解景区的历史文化和景区特色。

（三）交通及交通枢纽规划

景区路线设计需要考虑交通及交通枢纽规划。交通规划应确保游客能够方便地进入景区和游览各个景点,同时避免交通拥堵和防范安全隐患。交通枢纽的规划则需要考虑游客的接驳需求,确保他们能够顺利地从一个景点到达另一个景点,以提高游览效率和便利性。

（四）游客服务设施规划

景区路线设计需要考虑游客服务设施的规划。这包括餐饮、住宿、购物、卫生等方面的设施。餐饮设施的规划应考虑游客的饮食需求和口味偏好,提供多样化的餐饮选择。住宿设施的规划应考虑游客的住宿需求和舒适度,提供不同档次的住宿选择。购物设施的规划应考虑游客的购物需求和消费水平,提供丰富多样的购物选择。卫生设施的规划应确保游客的卫生安全,提供干净整洁的卫生环境。

(五)旅游路线的优化

通过对游客的行为和需求进行分析,可以对景区旅游路线进行优化,提高游客的旅游体验和景区的经济效益。具体来说,可以通过以下几个方面进行优化。

(1)时间优化:根据游客的时间分配和游览顺序,合理安排景点的开放时间和游览时间,避免游客的长时间等待和拥堵现象。

(2)空间优化:根据游客的游览路径和游览速度,合理布局景点之间的距离和交通枢纽的位置,减少游客的走动距离和时间。

(3)服务优化:通过提供导览系统、游客服务中心等设施,为游客提供准确、全面的导览信息和便捷的服务,提高游客的满意度。

(4)体验优化:通过丰富多样的文化活动、互动体验等方式,提供独特而深入的旅游体验,增加游客的参与感和回头率。

▌▌相关链接 ▌▌

景区交通管理措施

1. 加强智能交通规划和建设,创新交通信息管理与服务

全面加强景区交通引导、交通监控、分析研判等基础功能规划和建设,一是加强交通监控系统建设,通过增设交通检测设备,提高车牌自动识别能力,结合缉查布控系统全面采集车辆特征、行驶轨迹等基础信息,通过自动化分析技术,提升警情的主动发现率;二是加强交通引导信息系统建设,完善景区旅行引导服务,将交通管制信息、视频监控数据、交通事故、拥堵报警等官方数据,与互联网企业深度对接,实现景区智能行车导航,提供进出景区路线个性定制服务;三是加强违法鸣笛自动抓拍系统建设。在景区部分路段试点安装"违法鸣笛现场查处辅助系统",对一定区域内机动车违法鸣笛行为进行实时采集,在抓拍路段配套安装LED电子警示屏,实时发布违法车辆号牌。

2. 加大力度优化景区出行结构,推进景区绿色交通发展

优先保障景区公交路权,确保"公共交通不堵",同时改善景区慢行交通环境。一是推进公交专用道网络建设。在景区内外重点道路施划节假日限时公交专用道,调控小汽车出行需求;二是结合景区交通特征优化公交专用道设置。增设公交待行区、调整公交停靠模式,采用公交车道与社会车道互借方式,进一步提高公交运行效率;三是优先保障公交信号。在进出景区主要路口增设公交专用信号灯,实现公交提前放行,实行站点沿线的公交车辆绿波控制,提升公交运行准点率;四是净化慢行空间。在景区主次干道实施机动车禁停严管,推动规划、市政、城管、交通等部门集中排查整治人行道、非机动车道不连贯、违法占道、路面设施不完善等问题,进一步改善慢行出行环境。

3. 建立核心景区车辆通行证管理制度,规范景区车辆管理

通过为核心景区内的办公单位、经营商户、居住在核心景区的居民以及在核心景区内有工作任务或作业任务的单位或个人办理车辆通行证,加强景区内部生活车辆管理。

一是单位申请的,按单位车辆编制核定申请需求;二是经营商户提出申请的,按规划车位数核定;三是居民提出申请的,以家庭为单位原则上只核定一辆车;四是对违规带客、从事非法营运等行为加大检查与处罚力度。

4. 实施重大节假日停车换乘进山制度,科学优化交通供需

有必要在重大节假日、旅游旺季试行山上景区部分时段,游客自驾车、外地客车、非山上景区居民及其车辆进山实行旅游交通换乘,并做好公交运力的保障,建立车辆预约呼叫机制,随时调配车辆。

(资料来源:闫星培.旅游景区交通管理措施研究[J].汽车与安全,2019(3):73-74.有改动)

课中实训

实训项目	以小组为单位,实地考察或通过互联网查阅资料,了解一家景区的交通设备设施,分析有哪些交通工具?其交通道路设计的特点是什么?交通服务管理的现状,能对其服务管理提出改进意见	
实训目标	(1) 加深对景区交通线路和管理的认知; (2) 了解目前景区交通服务管理中存在的问题; (3) 结合课堂学习内容,掌握景区道路设计及交通服务内容; (4) 培养学生正确处理整体与部分之间关系的意识	
实训地点		
物料准备	相机或者可以摄像的手机、笔记本、笔等	
实训过程	(1) 该景区的交通工具和交通站点有哪些? (2) 所分析景区交通道路设计的特点有哪些? (3) 所分析景区交通服务管理方面存在哪些问题? (4) 所分析景区交通服务管理方面可以从哪些方面进行提升?	
实训总结	知识获取	
	能力获取	
	素质获取	

实施人员	组长：		成员：	
实训成绩	实训考勤(20分)			
	小组组织(20分)			
	项目质量(60分)			
效果点评				

课后拓展

重点解决景区连接线"最后一公里"，实现"城景通""景景通"
——重庆全力构建快旅慢游交通体系

"旅游"顾名思义，先"旅"后"游"。基础在于建好"四通八达、内畅外联"的交通网络体系，让游客进得快、游得慢、玩得好。

2017年，重庆市提出要加快完善"快旅慢游"服务体系，重点解决景区连接线"最后一公里"问题，实现"城景通""景景通"，让"近者悦，远者来"，全面启动"全域旅游基础设施升级版"计划，以旅游供给侧结构性改革为主线，围绕交通建设"三年行动计划"，以需求为导向，完善旅游交通网络设施，提升旅游交通服务品质，打造"山水之城"交通旅游体系。

1. 打通"主动脉"，让八方游客"进得快"

打造重庆旅游业发展升级版，建设世界知名旅游目的地，"大都市、大三峡、大武陵"三大国际旅游目的地是重要支撑点。

重庆市已基本形成铁、空、水、公、立体交通体系，但对标高品质旅游的需要，仍然存在两大短板。其一，"主动脉"不通。联通国内外的支线机场和省域间的高铁建设滞后，普通列车和高速公路很难满足游客出行需求；其二，"内循环"不畅。"旅游大环线"尚未形成，乡村旅游"欠账"较多，不少联通景区的"最后一公里"没有打通，亟须建设的"景景通""城景通"旅游交通总里程达4970千米。其中，"大三峡、大武陵"表现尤为明显。

风景再好，可进入性不强，游客也会"想说爱你不容易"。要解决交通"卡脖子"问题，首要任务是让游客实现"快旅"，即完善航空、高铁、高速公路、轨道交通等快速交通网络，让八方游客"进得快"。

航空方面，充分发挥江北国际机场枢纽作用，增开加密国际国内旅游航线；加快旅游支线机场建设，提档升级万州、黔江机场客运能力，推进武隆仙女山机场、巫山机场及各区县通用机场建设。开创空中"快旅"新局面。

水运方面，加快主城邮轮母港、"两江四岸"旅游码头规划建设，优化沿江港口功能布局；加快长江、嘉陵江、乌江"一干两支"沿江旅游码头及配套设施建设，彰显"江城"旅游特色，提升黄金水道旅游效益。

铁路方面，积极争取国家支持，加快建设东向、南向和北向高铁，构筑"米"字形高铁网，带动全域旅游迈进"高铁时代"。根据规划，未来三年，我市将按照全线速度350千米/

小时的标准,开工建设渝湘、渝昆、渝西、兰渝、成渝中线和渝汉等6条高铁、1400千米,同步开工建设重庆东站等铁路枢纽。

公路方面,大力推进环线建设,建成高效便捷的高速公路网,加速人流、物流、信息流集聚扩散。加快推进南川至两江新区等10个续建项目793千米建设;开工建设巫溪至镇坪、合川至璧山至江津、渝遂扩能等8个项目300千米。

2. 畅通"最末梢",疏通旅游"毛细血管"

游客"进得快",若"毛细血管"不畅,也只能望"游"兴叹。

只有实现大都市与大三峡、大武陵三大旅游目的地和市、区、乡、村四级旅游目的地之间,城区与景区之间、景区与景区之间的旅游交通无缝对接,才能更好释放陆上纵深腹地旅游红利。

为此,重庆市全面提升连接A级以上景区干线公路等级,加速推进快速通道建设,多开客运专线,实现高效"城景通";强化旅游重点交通枢纽站点配套,开通跨行政区域、跨旅游景区的观光巴士,将"珍珠串成项链",实现"景景通";以建设"四好农村路"为契机,硬化和拓宽乡村旅游道路,疏通乡村旅游的"毛细血管",让乡村美景不再"养在深闺人未识"。

制定完善《重庆市"四好农村路"建设管理办法》,全面落实"县道县管、乡村道路乡村管、路站同管"的管理体制,健全县、乡级农村公路管理机构。同时,积极完善"四好农村路"养护资金投入渠道,平稳推进农村公路养护市场化改革,提升农村行政村通客运率。

3. 推进"慢行游",提供"驻足赏美景"

解决了景区进入性问题,让游客"慢下来""留得住"是现代旅游业中又一个课题。

慢行交通和慢城生活,正逐渐成为建设宜居宜游城市的重要元素。打造慢行系统,公交、骑行、步道是着力点。公交方面,大力发展旅游穿梭巴士、特需公交、定制公交等,全面构建旅游"公交都市";骑行方面,在有条件的地方加强骑行道路建设,让游客既能体验骑行乐趣,又能欣赏沿途美景;步道方面,改造坡陡路窄的"羊肠小道",开辟观光与安全兼顾的登山步道,为游客提供"驻足赏美景""迈步登险峰"的舒心体验。

同时,开发交旅融合创新产品,打造公路自驾游、房车旅游精品交通线路,以"三环十二射多连线"为龙头打造高速旅游经济带;大力发展环湖、环江、环峡、环岛、环域、游船游艇等水上旅游产品,推动山水之城"两江四岸"旅游提档升级。

因地制宜打造旅游风景道,以旅游景区、旅游度假区、旅游小镇、旅游村寨等为节点,强化通景干线公路和景区环线公路沿线的环境整治美化,实现乡村风景与道路景观的深度融合,推进普通公路服务设施从单一交通功能向交通、生态、游憩、观光等复合功能转变。

发展租赁服务。支持在城乡节点和交通枢纽合理规划布局汽车租赁点,推动实现一地租车、异地还车;以机场、火车站、公路客运枢纽等综合交通枢纽和旅游集散中心为重点,推进交通枢纽"运游一体化"建设;鼓励和规范共享汽车、共享电车、共享单车等"互联网+旅游交通"的旅游交通出行方式等。

(资料来源:中国铁路网.重庆全力构建快旅慢游交通体系[EB/OL].(2018-05-31)[2024-01-09].https://www.chinahighway.com/article/1516.html.有改动)

思考:请调查周边地区的一处旅游景区,了解其现状,请思考如何进行旅游景区交通"特色"设计?

任务四 旅游景区购物服务

课前导入

云南大理：游客购物起纠纷遭商家怒骂

2020 年国庆黄金周假期快要结束时,有游客发布视频称,在云南大理双廊游玩时,因为进店后没有买店家推销的手鼓,再三拒绝之后,被该手鼓店家女老板辱骂"穷鬼,没有钱就别出来祸害人了"。

据悉,这位店家是一位女老板,主要卖各种款式的手鼓为主,当时好像是正在某平台进行直播,在推销几款手鼓后,游客都没有看上就不打算买了,于是激怒了这位美女老板,随后女商家就怒骂游客。从曝光的视频中可以看到,女商家因与游客发生纠纷,女商家就开始辱骂游客:"没钱就不要出来了好吗!"游客则表示:"没钱也不能骂我们呀。"但该女商家还是依然大喊:"没钱就不要出来祸害人啦。"当时这位女老板一直盯着手机,但是嘴巴里面辱骂的话却一直没有停过。

随后该商家被举报投诉,官方也对商家下发了停业整顿通知书:经查该经营户在经营过程中存在员工辱骂游客的行为,现责令经营户立即停业整顿,同时对员工加强服务意识培训,整顿时间为 30 天。

(资料来源:百家号.云南大理:游客购物起纠纷遭商家怒骂"穷鬼没钱就别出来祸害人"[EB/OL].(2020-10-06)[2024-01-09]. https://baijiahao. baidu. com/s? id=1679788584135598290&wfr=spider&for=pc.有改动)

课前导入任务单

任务名称	景区购物服务	时间		班级	
成员名单					
任务要求	(1) 初步对旅游景区购物服务有初步认知; (2) 对景区商品的特点有初步了解; (3) 对本地旅游景区服务中面临的问题有所了解				
(1) 你出去旅游时购买旅游商品吗? 一般你都会购买什么旅游商品?					
(2) 该案例中的商家辱骂游客的情况,请分析一下除了商家的个人素质外,还有其他原因吗?					

（3）请分析景区购物的动机有哪些？				
（4）查阅相关资料，景区旅游购物应该从哪些方面进行管理？				
完成效果自评	优	良	合格	不合格
成员 姓名				

课中学习

一、景区旅游商品的类型

旅游商品是一种特殊商品，其特殊性主要在于它的购买者是游客。游客对旅游商品的直接需求可以分为纪念性需求、日常生活性需求、旅游专用性需求和其他需求四种类型，从而将旅游商品分为旅游纪念品、旅游日用消费品、旅游专用品和其他商品。

（一）旅游纪念品

旅游纪念品是为了回忆一次旅游而购买的商品，是纪念特殊时期或经历的事物。过去，旅游纪念品的范围非常狭窄，主要指游客在旅游目的地购买的具有浓厚当地特色的土特产品或手工艺品。如今，无论是日常生活用品还是其他产品，只要是游客为纪念的目的而购买的商品都可以称为旅游纪念品，因此旅游纪念品是旅游商品中品种最多、数量最大、销量最好的商品，也是最受游客喜欢的物品。

对一般旅游大众来说，旅游纪念品真正的意义并不在于这件物品的价值，重要的是它可以证明游客曾经到过什么地方，曾经有过什么经历。一般旅游纪念品要标上产地地名，或用产地的人、地、事物特征作为商标。

旅游纪念品可以分为以下几种类型。

（1）旅游景点型：它是以文物古迹、自然风光为题材，为特定旅游景点开发制作的，古文物复制、仿制品等属于这类纪念品。如兵马俑复制仿制品、彩陶仿制品、苏州仿古碑帖字画等。此外,介绍风土人情、景点特色、历史沿革、名人诗文、土特产品的专著、游记等书刊、导游图、风光图片、风情画册、书签、明信片等也属于这一类型。

(2)事件依托型:它是一种专门为特定事件或活动(如运动会、风筝节)开发的旅游纪念品。如在 2010 年世界杯足球大赛期间,旅游部门及有关方面向厂商定制了一大批印有球赛标志的烟灰缸、烟斗、书包、电子足球游戏机、打火机、T 恤衫、纪念币等纪念商品,向游客出售。

(3)名优特产品:这类产品种类很多,可分为工艺品、土特产品、旅游食品等。工艺品是观赏性、陈设性较强、艺术价值较高的旅游商品,包括陶瓷工艺品、雕塑工艺品、织绣工艺品、金属工艺品、漆器工艺品等。特色工艺品等,如图 4-5 和图 4-6 所示。

图 4-5　北京鼻烟壶

图 4-6　北京景泰蓝

(4)土特产品:土特产品是以当地原材料生产加工的地方传统产品,具有浓厚的地方性特征。土特产品原先是当地名优产品,根植于当地生活文化中,是当地居民的日常生活中的优质产品。

(5)旅游食品:旅游食品是指供游客携带或邮寄的,在包装装潢、款式造型上结合了旅游需求特点的各种瓶装、匣装、袋装以及其他各种特别包装的食品,而不是指在旅游宾馆、饭店中供游客食用的各种食品。它包括名酒名点、高级糖果、糕点、风味食品、方便食品、饮料、软硬包装饮料、名贵药材等。天津大麻花如图 4-7 所示。

(6)名牌产品:名牌产品是指在一国或世界上被消费者普遍认可的商品,它们已成为一个国家或一座城市非常有代表性的商品。如法国的化妆品、中国的茶叶、韩国的人参等。这类产品在当地购买具有产地优势和价格优势。日照绿茶如图 4-8 所示。

图 4-7　天津大麻花

图 4-8　日照绿茶

（二）旅游日用消费品

旅游日用消费品是游客在旅游活动中的日常用品,既能满足游客在旅游活动中的日常需要,也具有一定的纪念价值。它包括服装和用品两大类,如各种具有景区或旅游地特色的服装、鞋帽、器械、娱乐用品等。

旅游日用消费品不同于一般日用品,要求实用品艺术化,具有纪念意义,带有礼品性质,因此它是实用性与纪念性相结合的商品。乌镇蓝印花布雨伞如图4-9所示。

图 4-9　乌镇蓝印花布雨伞

（三）旅游专用品

旅游专用品是指满足游客从事旅游活动专门需要的旅游商品,其最显著的特点是具有专用性。如旅游专用鞋、服装、望远镜、照相器材、风雨衣、电筒、指南针、游泳用品、各种应急品等。

（四）其他商品

旅游景区要充分考虑游客的多样性,结合当地气候环境,满足部分游客的特殊需求,如适当地准备一些药品、急救物品等。

二、景区购物服务与管理

（一）旅游购物的心理特征

景区商品销售人员面对的是游客,如果对游客心理没有了解,即使面对面也难以激起游客的购物愿望。下列七种比较常见的带有感情色彩的购物心理就是销售人员所必须了解的。

1. 求纪念价值的心理

游客都希望购买当地有纪念价值的旅游商品带回家,一方面,带回的是一份对家人和亲朋的关爱和思念之情;另一方面,在时过境迁后,睹物思情,唤起对旅游经历的美好回忆。

一般来说,游客往往对具有保存及纪念价值的手工制品、美术品、字画、古董复制品等乐于购买,纪念品中具有明显的当地特色标志的则更受欢迎。

2. 求美的心理

美包括外观美、色彩美和声音美等。追求美是人们的普遍心理,精明的服务人员应该善于把握人们求美的心理,商品的设计和包装要美观,展示商品时要有意表现出它们美的形象。

3. 效仿和炫耀的心理

从心理学角度加以分析,许多人之所以要效仿名人去购买某种商品,是因为他们认为这样做可以表明他们高出一等。从这种意义上说,这种购物心理与追求卓越不凡的自我感觉是大致相同的,因为在那些人心目中他所模仿的人在某一方面是卓有成就的。景区销售人员也可以把握这种购物心理,向买主提出这些东西是人们所崇拜的明星爱用的。

4. 获取的心理

人的获取欲望或占有欲望通常表现在许多方面。绝大部分人都喜欢拥有东西。更有不少人爱收集东西,个别人甚至还爱贮藏东西。

一位销售人员在向一位女游客推销太湖珍珠项链,这位买主还有些拿不定主意,这位服务人员便立即说:"我们畅销的这款首饰快要售完了,如果您放弃的话,其他游客将会毫不犹豫地买下它的。"于是这位游客便马上掏出钱来,买下了项链。由此看出,占有的欲望在这次交易中起了决定性的作用。

5. 好奇心和新鲜心理

现实生活中,人们喜欢观看新景致和追求生活中的新刺激,这种欲望年轻人比老年人更强烈,他们追求新奇感、新刺激的欲望比任何人都要强烈。作为销售人员也可以针对人本身的好奇心来吸引他们对某些商品的注意和兴趣,以诱发他们购买商品的行为。

6. 体现爱的心理

正义感、责任感、对他人的爱,这些都是人们后天培养的一种购物心理。现代人大都希望自己能在事业上有所成就。另外,作为人的天性,表现出各种爱心也是消费者购物心理的一种具体表现:父母之爱、夫妻之爱、恋人之爱等。对这些心理,销售人员在推销产品时应当加以了解并熟记在心,这将会更有利于开展工作,取得非凡的销售成果。

7. 恐惧和谨慎的心理

上述的心理都是寻找和追求美好的结果。而出于恐惧和谨慎的心理购物的动机,在日常生活中也是容易遇到的。谨慎和渴望安全的心理实际是由恐惧心理派生而来的。景区销售人员若能适时提出一些缓解买主恐惧和怀疑的积极建议,例如推销某些能够带来平安、佑护、辟邪的商品,就能够获得极好的销售良机,满足消费者的真正需要。

各种购物心理之间是彼此交错的,因此,景区销售人员在了解游客可能的购物心理时,还需要具体问题具体分析,有针对性地推销,这样才能在销售中做到知彼知己。

（二）景区购物服务质量管理

景区购物服务是旅游景区购物经销商、导游及政府等为旅游者在旅游景区购物提供的一系列服务,包括售前准备服务、现场服务和售后服务三个环节。

相关链接

古窑景区完善旅游购物环境的做法

购物是旅游要素中不可或缺的一个重要组成部分,绝大多数游客都希望在旅游的过程中,可以购买到具有当地特色的旅游商品。对照创建标准,江西景德镇古窑景区规划建设了商业服务区,进一步完善了旅游购物环境。

1. 购物点的建设与景区完美融合

旅游购物点的设置不仅要考虑游客的消费习惯,同时还要与景区的整体环境和文化做到完美融合。古窑景区在购物场所的建设中坚持以人为本的原则,购物场所的选址和布局契合游客的消费习惯,将购物点设置在景区的各个小景观处和景区的出口处。这些购物店与景区的特色紧密结合,既可以满足游客在旅途中休闲、娱乐的需要,又可以促使游客在放松、舒适的环境中产生购买的欲望。

2. 规范购物店销售制度

古窑景区对入驻的所有商家进行严格的筛选,诚信度不高的不许可入驻,这一举措保障了游客在景区内可以购买到质量有保障的商品。在日常管理中,古窑景区要求所有商家必须明码标价,禁止围追兜售、强买强卖的活动。

3. 打造具有陶瓷特色的商品

旅游商品是旅游购物的基础,也是旅游购物收益的关键,很多旅游景区都十分重视对旅游商品的开发。古窑景区的购物点一般以特色的瓷制品为主要销售商品,包括众多种类的瓷质小饰品、工艺品及艺术品。同时,景区还将制瓷老师傅现场制瓷过程、女子瓷乐队的表演融入购物点当中,增加了景区的趣味性、互动性,促进了商品的销售。

（资料来源：江丽娜.古窑景区完善旅游购物环境的做法[N].中国旅游报,2012-09-17(007).)

1. 售前准备服务

景区购物服务的无形性决定了服务质量的不稳定性,因此景区购物企业必须制定服务标准和流程来规范对游客服务的行为,稳定购物服务质量。同时,景区购物企业还应加强服务人员培训,提高服务人员服务意识、服务水平以及对所销售商品知识的掌握程度,改善服务态度,杜绝围追兜售和强买强卖现象的发生。

景区发展旅游购物和旅游商品开发要注意几个问题。

（1）所在的景区适合发展旅游购物吗？多大规模合适？需要结合景区的特点、旅游购物和旅游商品的规律做出科学的判断,避免花费了很大力气游客还不买账。

（2）在哪里卖旅游商品？一定要结合景区的布局安排适量的、符合景区游览、休闲的购物场所。

（3）卖什么旅游商品？要销售适合该景区销售的商品，但不一定是景区自己开发的商品。

（4）开发什么样式的旅游商品？要开发有景区特色的旅游商品，但不限于纪念品、工艺品，应把特色理解到位。如一些皇帝陵墓，如果只是把随葬品开发出来，就很少有游客喜欢购买。

（5）什么时候开发旅游商品？一些适合旅游购物和旅游商品开发的新建景区，不能等建成以后，再去想开发什么样式旅游商品，而是在设计时就要把旅游购物、旅游商品开发融入进去。景区旅游商品开发不能一厢情愿，不能一刀切，要按景区不同的规律、不同的特点、不同的规模、不同的游客、不同的消费，选择不同的旅游购物模式和旅游商品开发方式。

2. 现场服务

现场服务要求服务人员把握游客购物心理，灵活运用销售技巧，准确传递有关旅游商品、旅游购物商店的信息，按照服务标准和流程做好迎接游客、展示商品、推销商品、包装收款、送别游客等服务内容；对于外籍游客，应当使用英语或对方的母语进行接待，推销具有中国特色的产品。值得注意的是，由于游客购物心理的复杂性和多层次性，其购买决策常常因人、因时、因地而异，这就要求服务人员在标准服务和流程的基础上，针对游客的特定需求，提供个性化、人性化的服务。

相关链接

旅游景区自助购物服务

自助服务技术（SST）的概念最早由 Dabholkar（1994）提出，指服务给予者提供的有关硬件科技的活动或利益，顾客能够在此基础上独立完成全部服务或者一部分服务。

景区购物消费因其目的及价格的特殊性，在过去很长一段时间很难找到一个令游客、景区商家都满意的共性，甚至出现强制购物现象（如司机、导游等恶意迫使游客消费），自助服务为景区购物开启了一个新的可能性，该可能性基于游客自愿购买来达到商家盈利的经济预期。从 20 世纪 60 年代第一瓶自动贩卖的罐装饮料开始，自助购物服务开启了现代化、科技化的发展历程。由于自助购物在降低成本、提高效率、买卖完全自愿以及全天候营业上的天然优势，自助购物开始在各种密集人群场合广泛应用。

（资料来源：陈微，王欣，谢天罡，等. 旅游景区自助购物服务需求特征研究[J]. 中国市场. 2018(21)：45.有改动）

3. 售后服务

售后服务是指商品销售后在使用过程中产生的一系列服务活动。要实现旅游景区购物的可持续发展，首先必须完善景区购物的售后服务，提供大件商品的邮寄、托运、回访旅游者对所购商品的满意度、回答旅游者对商品问题的咨询等服务。

相关链接

"七日无理由退货"应成景区购物"标配"

近日,重庆市沙坪坝区在磁器口古镇和红岩连线景区开展"放心消费创建活动"。首批 25 户商家试行线下"七日无理由退货"制度,有效提升了景区服务形象和服务品质。

七日无理由退货制度,大家并不陌生,但很难将其与旅游景区联系。因为现实当中,景区消费纠纷事件不但屡屡发生,而且消费者在买到不称心或是假冒伪劣产品后,通常会遭遇到退货难、维权难等问题。而按照重庆沙坪坝区试行的七日无理由退货制度,只要保证产品完好无损,消费者就可以在七日之内随时退货。这显然有助于打消消费者的顾虑,让其在景区安心消费。此项制度的试行,还会倒逼商家主动查找消费者退货的原因,继而积极采取措施,提升商品质量或服务品质,养成诚信经营的习惯。这不仅能让商家避免因退换货而增加不必要的经营成本,更能从整体上提升景区的服务水平和服务形象,从而吸引更多游客前来观光并消费。期待这样的做法能被更多景区学习和借鉴,成为景区购物的"标配"。

(资料来源:刘剑飞."七日无理由退货"应成景区购物"标配"[N].河北日报,2018-11-20(007).有改动)

三、景区购物环境营造

(一)景区购物环境营造的定义

1. 景区购物区、点选址布局

根据旅游者的购物消费习惯,旅游者的购物(旅游纪念品)往往发生在游览活动结束之后(旅游用品和旅游消耗品一般在游览活动之前)。再者,购物区、点应该分布在游客流相对较集中的地方。因此,购物区、点设置在景区的入口和出口(景区的出入口往往是同一个)处是最合适的。景区应当有一个或者若干个集中购物区,各种各样的购物店在这里均匀分布,品种齐全、琳琅满目,游客可以购买到各种旅游纪念品、旅游用品和旅游消耗品。三峡大瀑布入口处购物街如图 4-10 所示。

图 4-10　三峡大瀑布入口处购物街

当然,并非只能在景区的出入口设置旅游购物点,旅游者在游览过程中必然有休息停顿的时候,在适当的地方设置休息点,同时建设购物网点,将购物网点与景区中的休闲、游憩设施结合起来,既增加游客休息娱乐的兴趣,方便有购物需要的游客,又增加其购买旅游商品的可能性。另外,在景区内特定的活动区内可以设置旅游购物网点,如景区内的野炊区域就有必要设置出售食品、饮料、野炊用具的购物店,在景区内的展览馆等处可设置与展览主题相关的纪念品销售处。景区内购物店如图4-11所示。

图4-11　景区内购物店

2. 景区购物环境

1）外部环境

在规划景区商业店铺时,应注意以下几点:不能破坏景区内的主要景观;不能阻碍旅游者的游览;不能与旅游者抢占道路和观景空间;购物场所的建筑造型、色彩、材质与景观环境相协调;最好不要设置外来的广告标志,以免影响旅游景区的景观。

为了保证旅游景区的环境,旅游景区商业店铺的建筑和布局要做到统一规划、统一布局,尽量使其成为富有特色的旅游商业街,最好能将这些旅游商店统一规划,周密设计,使其位置适当,数量合理。

旅游景区的商铺往往融入旅游景区中,和景区风光构成一体,因而允许每个店铺具有不同风格的同时,必须保证店铺和旅游景区风光和谐一致。要通过店铺的建筑使景区锦上添花,增加旅游景区的魅力,而不能破坏旅游景区的风光。在一些以历史文化遗产为主的旅游景区内,店铺应以仿古建筑为主,店内的工作人员的服饰也应该以仿古服饰为宜。在一些名山大川,其建筑则应以与风景区相适应的亭、台、楼、阁及竹楼、茅草屋等为主,营业人员也应身穿当地或民族服装,并以民族礼仪和民族风情向旅游者提供特色服务,使旅游者更深入地领略当地独有的文化韵味。景区内购物店如图4-12所示。

2）内部环境

购物场所应有集中的管理,环境整洁、秩序良好,无围追兜售、无强买强卖现象,陈列方式合理,购物商店装饰色调适宜,室内照明均匀、光线柔和、亮度适宜,空气新鲜、流动充

图 4-12　景区内购物店

分,温度和湿度宜人,有供旅游者游玩休憩的场所。

3）营造特色、人性化的购物环境

购物环境的好坏很大程度上影响着旅游商品对旅游者的吸引力。现代市场经济的发展也告诉我们,购物不是以往的简单商品交换活动,如今消费者越来越重视购物环境。旅游景区内那些摆放杂乱的摊点、商品雷同的小店,难以激起旅游者的购买欲望。旅游景区发展旅游购物时,除了要注重提供有特色的旅游商品之外,必须配套相关的购物设施,提高人员素质,从而营造一个有特色、人性化的购物环境。

（二）景区购物商品选售的原则

1．独特性原则

俗话说,物以稀为贵。这句话同样适用于景区旅游商品的经营。这也是景区旅游商品能够对旅游者产生吸引力的根本原因。因此,景区选取具有独特性的旅游商品,有利于景区旅游商品的销售。如利用木雕制成的一些小工艺品,如小佛手、小火腿等,挂在钥匙扣上,别致可爱,深受游客的喜欢。

2．审美性原则

随着生活水平的提高,人们的生活品位越来越高。现在人们在购买旅游商品时,已不像以前那样只注重旅游商品的实用性,而是更强调旅游商品的艺术性。旅游商品突出“个性”并不难,如中山陵除了可以推出纪念章外,也可以推出“中山包”“中山服”等特色旅游商品。

3．文化性原则

文化内涵是旅游商品的生命力和魅力所在,景区要选取独具特色的旅游商品。旅游商品的文化特征越鲜明、文化品位越高、地域特征越明显,它的价值就越高,就越受欢迎。如以我国春节文化为依托的年画、以盛唐遗风为元素的唐装等都深受各国来华旅游者的喜爱;中国云南、贵州的民族服饰、苏杭的刺绣,荷兰的木鞋,加拿大的枫叶纪念品,古巴的雪茄,都因具有鲜明的地方特色而受到各国游客的欢迎

4．原产地原则

原产地原则就是以当地自然资源、名胜古迹、历史人物、民俗风情为依托,利用当地特

有材料进行艺术加工和升华来开发、生产、就地销售的原则。利用当地的自然风光、历史传说和典型建筑设计、组合、造型，并利用当地特产的材料来制作的旅游商品，突出了民族特色和地方风格。例如，广西北部有绚丽多彩的民族文化以及丰富的竹林资源，将两者巧妙地结合起来，可以开发出富有民族地方特色并深受旅游者喜爱的旅游纪念品，如竹雕酒具、微缩侗族风雨桥、壮乡吊脚楼、竹子工艺筷、竹画等系列商品。

5. 市场导向原则

任何产品都必须遵循的一个重要原则是市场导向原则，因为没有了市场需求的产品就会被其他适合市场的产品排挤出产品流通领域，失去存在的价值，旅游商品也不例外。景区销售旅游商品也必须了解市场需求，分析旅游者的需求喜好、购买动机、心理动机等，将市场需求与旅游商品特色结合起来，这样才能获得丰厚的收益。

▌相关链接▌

张裕酒城打造购物型景区

2011"好客山东"烟台贺年会期间，山东烟台张裕国际葡萄酒城打造的冬日葡萄酒主题旅游节庆品牌和献瑞送吉祥系列"贺年礼"产品，获得了广大游客青睐。这次贺年会"试水"成功，更是坚定了张裕酒城打造购物型景区的信心。

1. 主打三个系列贺年礼

张裕酒城此次推出主打的三个系列贺年礼品酒：玉兔献瑞系列、梅兰竹菊系列、欧情插画系列。"玉兔献瑞"系列将胶东民俗剪纸元素与张裕葡萄酒文化巧妙融合，以其特有的概括夸张手法，寄托人们寓意吉祥、祈求美好的新年愿景。"梅兰竹菊"系列，以四君子千百年来的清雅淡泊为寄寓，体现了中国深邃的民族文化精神。"欧情插画"系列以西方的绘画手法来表现今年的属相——兔，为中国的葡萄酒增添了西方文化的神韵。

2. 力推特色水果精油皂

烟台素以"水果之乡"闻名，本届张裕酒城贺年礼"借力打力"，以葡萄籽精油为原料制作成天然皂品，精选苹果、梨、葡萄和樱桃四款烟台特产水果为造型，靓丽可爱，传递出亚洲唯一"国际葡萄·葡萄酒城"烟台、浪漫东方海岸特有的田园情怀。该品"贺年礼"以葡萄籽精油为原料，材质纯净、品质优良，同时将产品的实用性、文化性及地区代表性融合一体，加上自然的制作理念和全程无化学成分的制作过程，贴合了人们对绿色健康和低碳环保的消费需求。

3. 压轴精品限量贺年礼

张裕酒城在本届贺年会有两款精品限量贺年礼：张裕庄园香颂(750mL)和张裕庄园典藏礼盒。其中，"张裕庄园香颂"精选卡斯特酒庄葡萄园的蛇龙珠为原料，限定产量并以欧洲传统工艺酿造，经法国橡木桶贮藏18个月以上，让您感受来自古老庄园中的浓浓香颂情怀。"张裕庄园典藏礼盒"采用高档钢琴漆面，内部精选张裕四大酒庄代表产品，四香凝一、尊享品位，是专为爱酒人士打造的经典之作，值得品鉴和收藏。

（资料来源：刘宇艳，黄艳玲. 张裕酒城打造购物型景区[N]. 中国旅游报，2011-02-25(024). 有改动）

课中实训

实训项目	收集当地景区的旅游商品,分析其商品类型、特点及包装形式,提出改良意见,并模拟销售。通过观摩、比较、分析,体会不同类型景区商品特色以及销售技巧的不同		
实训目标	(1) 加深对景区旅游商品类型的认知; (2) 了解当地景区购物商品的特点; (3) 结合课堂学习内容,掌握景区旅游商品设计与销售的服务管理内容		
实训地点			
物料准备	相机、笔记本、笔等		
实训过程	(1) 收集的景区旅游商品属于哪种类型? (2) 收集的景区旅游商品有哪些特点? (3) 收集的景区旅游商品可以从哪些方面进行改良? (4) 景区旅游商品的销售技巧有哪些?		
实训总结	知识获取		
	能力获取		
	素质获取		
实施人员	组长:	成员:	
实训成绩	实训考勤(20 分)		
	小组组织(20 分)		
	项目质量(60 分)		
效果点评			

课后拓展

体验经济下，文创旅游商品发展呈现六大趋势

随着社会、经济、科技的发展，以及人们旅游习惯和旅游观念的转变，中国的文创旅游商品发展呈现出六大主要趋势。

趋势一：向大旅游商品发展

近年来，在国内的旅游商品销售中，生活类工业品在高速增加，在旅游购物中所占的比重也在逐年上升。在一些经济发达地区旅游时，游客购买的生活类工业品在旅游购物中的比重已高达80%。

为了和过去以旅游纪念品、工艺品、农副产品为主的传统旅游商品相区别，把包含了生活类工业品等的旅游商品称为大旅游商品。事实上，在大旅游商品做得好的地区，旅游购物在旅游收入中的比重和旅游购物绝对值都是巨大的。为了满足游客的需求，向全品类的大旅游商品发展成为旅游商品发展的必然趋势。

趋势二：更趋生活化

很长一段时间，经营者多从文化、科技角度去设计、研发、销售旅游商品，形成了旅游商品市场上貌似新产品很多，但游客购买量却不大的"叫好不叫座"的现象。片面强调文化，结果造成印有景区图案、标志或者著名景观造型的商品比比皆是，而商品的功能反而被忽视。为提高生活品质而开发旅游商品，是一个必然的趋势，也是中国旅游商品能够实现快速发展的必然趋势。

趋势三：同步发展相互促进

无论是传统的旅游纪念品、工艺品、农副产品，还是新型的生活类工业品，它们既有各自的发展方向，又有互相促进，不断创新潜力。目前，旅游纪念品、旅游工艺品的开发在向实用化、生活化方向发展。与此同时，那些冷冰冰的工业品也借鉴了很多传统工艺品的图案、纹饰、造型等，使工业品在保留实用性的同时，更有艺术性、观赏性，也更易于受到游客的喜爱。

趋势四：与"游"深度结合

现在很多商店已经开始与旅游结合来销售旅游商品，包括商店位置的选择，建设特色商业街、特色购物街，针对游客宣传促销等。这些都有力地促进了旅游商品的销售，使人们在旅游的时候得到方便轻松的购物享受。尤其是商业街和商店内外旅游吸引物的出现，使旅游购物店、旅游商业街、旅游购物街呈现景点化趋势。

趋势五：建设与销售同步

旅游目的地是包括旅游景区的一个完整的旅游服务系统，让游客不光是游，还要留下来，在这里住，在这里吃，在这里玩，在这里娱乐，在这里购物，而旅游购物所买到的商品就是旅游商品。所以旅游目的地建设的好坏与旅游购物密切相关。

像新加坡等地都是比较成功的旅游目的地。它们将旅游中的各要素融合在一起，让游客在旅游的同时又享受了购物的乐趣。

趋势六：门店与互联网融合

现在出现的线上与线下融合的模式，人们在线上浏览选择商品，并在旅游中到线下的实体店里确认性价比，并选择在线上付费。这种新的模式对旅游商品的销售将起到很大的促进作用。

（资料来源：微信公众号中国旅游规划设计与建筑设计.旅游文创商品发展六大趋势［EB/OL］.（2018-06-19）［2024-01-09］. https://mp. weixin. qq. com/s? __biz＝MjM5NDUyOTc4Nw＝＝&mid＝2650386219&idx＝1&sn＝f65f330500f9bf0844c615120f49d2a5&chksm＝be8b67bf89fceea9eed748f950762e3b11b4cf31b1fefecaf3baa68c3362acfc5286ff66485e&scene＝27.有改动）

思考：请调查周边地区的一处旅游景区，了解其现状，请思考"旅游景区＋文创"如何养成爆款产品？

项目五

旅游景区安全服务

任务一　预防与处置自然灾害

五台山大雨引发泥石流　景区道路已连夜抢通

2021 年 7 月 10 日 18 时至 21 时,五台山景区突降大雨,在南岸沟村引发的泥石流将景区主干道堵塞。经连夜施工,道路已于当日 22 时 30 分左右被抢通。

事发当晚,多段有关五台山发生泥石流的视频在社交媒体传播。其中一段视频的拍摄者,乘坐的车被困在五台山云峰宾馆附近。这段视频显示,随着电闪雷鸣,泥石流裹挟着杂物倾泻而下,冲向景区主干道,不少车辆因此滞留。

泥石流发生后,五台山风景名胜区管理委员会组织公安、消防等救援力量,对被困人员进行转移。山西省消防救援总队官方抖音号发布的一条视频显示,一名男性游客遭遇泥石流,其孩子被困无法自行脱险。紧急关头,当地消防救援人员将其孩子解救。还以为再也见不到孩子的这名游客,见到孩子时失声痛哭。

11 日,五台山风景名胜区管理委员会发布通告称,根据气象部门最新预报,预计 7 月 11 日至 13 日,五台山景区仍有强降雨天气。

五台山风景名胜区管理委员会提醒游客:务必增强安全防范意识,做好个人防护,如遇强雷电或强暴雨天气应尽量避免户外活动,尽快寻找合适场所躲避,尽量不接听电话,以防发生意外。

(资料来源:中国网客户端. 五台山大雨引发泥石流 景区道路已连夜抢通[EB/OL]. (2021-07-12) [2024-01-09]. https://m. china. com. cn/wm/doc1_9_1992875. html.)

课前导入任务单

任务名称	初步认识景区自然灾害	时间		班级	
成员名单					
任务要求	(1) 初步认识自然灾害对于景区的危害; (2) 初步了解景区泥石流预防与处置的措施; (3) 培养学生的景区安全服务意识				

（1）泥石流给景区造成哪些影响？

（2）查阅相关资料，思考景区应采取哪些措施预警和防范泥石流？

（3）请思考旅游景区还会遇到哪些自然灾害？

完成效果自评	优	良	合格	不合格
成员 姓名				

课中学习

　　自然灾害是指给人类生存带来危害或损害人类生活环境的自然现象，如洪水、泥石流、地震等。景区自然灾害频繁发生，不仅破坏了景区资源和环境，而且对景区工作人员和游客生命安全构成重大威胁，对当地旅游业的发展带来不利影响。因此，提高景区预防和处置自然灾害的能力，为游客创造一个相对安全的游览观光环境，是景区安全服务的重要内容。

一、旅游景区常见的自然灾害

（一）气象灾害

　　在景区内常见的气象灾害主要有暴雨、雷电、台风、霜冻、冰雹等。暴雨可引发山洪暴发、江河泛滥以及堤坝决口、泥石流等，会给游客和景区造成重大损失。雷电可能会造成人员伤亡，引起火灾。台风登陆后带来的狂风暴雨可能破坏建筑设施，造成景区人员伤亡、财产损失。

（二）海洋灾害

海洋灾害是指海洋自然环境发生异常或激烈变化，导致在海上或海岸发生的灾害。比较常见的海洋灾害有海啸和灾难性海浪等。

（三）地质灾害

地质灾害是指当地质环境或地质体发生变化而产生的诸如崩塌、滑坡、泥石流、地面沉降、地面塌陷和地表裂缝等给人类造成危害的灾害现象。自然变化和人为的作用都可能导致地质灾害的发生与加剧，景区的过度开发也可能会导致地质灾害。

（四）地震

地震是人类面临的最主要的自然灾害之一。地震灾害具有突发性和不可预测性，且出现频率高，会产生严重的次生灾害，对景区的资源、游客安全会产生严重的影响和破坏。

二、景区山体滑坡和泥石流灾害的预防与处置

如何预防与处置景区滑坡和泥石流灾害.mp4

（一）景区山体滑坡和泥石流灾害的预防

1. 完善自然灾害预防机制

景区应重视山体滑坡、泥石流等自然灾害预防机制建设，制订预防措施，明确防范灾害的责任分工，配备工作人员，专人负责旅游景区山体滑坡、泥石流等灾害风险的调查、监测、分析、防治等工作。建立突发滑坡、泥石流等自然灾害应急预案，成立自然灾害预防指挥中心，统一指挥自然灾害救助工作。

2. 建立灾害监测系统

景区应建立滑坡、泥石流灾害的预测、监测系统，强化灾害预警信息系统建设。完善滑坡、泥石流灾害隐患的排查制度，对所监测区域定期进行勘查；完善预警体系及信息网络，当监测山体出现任何异常时都能马上警示。景区应重视与气象部门、地质部门的联系与合作，随时获得关于暴雨等恶劣天气的相关信息，关注灾害的预警信息。景区内部各部门保持信息畅通，保证有关滑坡、泥石流灾害信息传递快速、准确。

3. 建设滑坡、泥石流防治工程

根据实际情况对景区内滑坡、泥石流防治工程进行规划设计，研发防范滑坡、泥石流新技术。针对滑坡，对岩体裂缝用混凝土加固，实施护坡工程，修建防护墙。针对泥石流，建设拦沙坝、定时清淤，实施植被恢复、生态固坡工程建设。

4. 严禁破坏地质地貌和生态平衡的设施建设

景区应制订科学合理的规划，按照规划，景区的建设与自然生态平衡相符合，严禁随意挖掘、破坏山体、破坏植被等违法违纪及不安全行为。

5. 做好风险提示

在山体滑坡、泥石流常发地段、危险区域，景区应设置规范、醒目的中英文警示标志或

禁止进入标志。在门票上做好风险提示,标明应急救援的联系电话。开通 24 小时求助热线和报警热线,并派有专人轮流值守。建设贯穿整个景区游览线路的广播和警铃系统。

6. 重视提高员工滑坡、泥石流等自然灾害防控知识的培训

景区应配备具有从业资格的安全工作人员。导游等工作人员应持证上岗,应具备基本的专业知识、很强的防灾救灾意识和责任感。定期对其员工进行滑坡、泥石流等自然灾害防控救护知识培训,开展应急预案的演练,提升员工应对自然灾害的能力。

（二）景区滑坡和泥石流灾害的处置

一旦发生滑坡、泥石流自然灾害,景区可以采取以下措施应对。

1. 启动滑坡、泥石流灾害应急预案,向主管部门报告

滑坡、泥石流等灾害发生后,景区应立即启动应急预案,景区自然灾害防治负责人立即赶赴现场,组织游客转移,对受害人员进行救援,同时向主管部门报告。

2. 积极配合有关部门的救援

景区应服从政府和有关主管部门的决定、命令,配合政府部门采取的应急处置措施,做好本单位的应急救援工作,合理协调医疗、公安、武警、消防、通信、交通等多个部门的应急救援工作,协助医疗部门做好受伤游客的治疗工作。

3. 做好受阻滞留游客的救助工作

对于因滑坡、泥石流灾害在景区滞留的游客,应尽快疏散、撤离、安置,将其转移至安全区域,帮助其解决食宿问题,并做好解释和情绪安抚工作。

4. 划定隔离带、警戒区

对于有安全隐患区域,划定隔离带、警戒区,根据实际情况封闭景区,停止接待游客,转移当地居民和服务员工。

5. 及时向有关媒体通报情况

滑坡、泥石流等自然灾害的发生容易引起一些人的恐慌。这种现象对灾后景区的恢复是十分不利的,及时通过各种媒体对民众通报灾害实际情况。

6. 进行灾后重建

滑坡、泥石流灾害发生后,完善并加固防范设施,防止出现新的伤亡事故,因灾害受到破坏的项目和设施,及时重建、恢复,建设完成无安全隐患后,对游客重新开放。将灾害处理情况整理成报告,及时上报有关部门。

（三）滑坡、泥石流紧急避险技巧

旅游景区处于山地中,滑坡、泥石流现象虽然较难以避免,但通过采取积极避险措施,能减轻滑坡、泥石流造成的危害。

1. 识别山体滑坡、泥石流前兆

山体崩塌的前兆会掉块、坠落,出现小崩小塌;在崩塌的脚部出现新的破裂,能闻到异常气味;会听到石头碎裂、摩擦等声音;山体裂缝急剧加大。泉水、井水的水位发生大的变化,动物惊恐异常,出现树木歪斜等不正常现象出现时,很有可能会出现山体滑坡。

泥石流到来之前,一般会听到巨大的响声,看到河水断流、变浑浊,山坡出现裂缝、变形等现象。

2. 迅速撤离

出现山体滑坡、泥石流前兆时,需要立即转移到安全的地方,进行紧急避险。山体滑坡时,马上观察四周,在向下滑动的山坡中,不能向上或向下跑,应向两侧迅速撤离。当出现高速滑坡,无法跑离时,应该镇定,整体滑动时可以原地不动,或抱住大树等物体进行自救。发生泥石流时,应该选择正确的路径逃生,方向应与泥石流的方向垂直,向沟岸的两侧山坡撤离。不能沿着河沟方向朝上游或朝下游跑,不要停留在凹坡处,可到地势平坦的高地避险。逃离时丢掉不必要的行李,保留通信工具和必要的食物。

3. 请求救援

当撤离到安全场所时,迅速拨打救援电话,等候救援。

三、景区地震的预防与处置

(一)景区地震的预防

地震的发生很多时候都无法预测,更无法避免。景区应采取适当的防范措施,以减少损失。

1. 建设防震设施

景区建筑应做好防震设计,严格执行国家防震、抗震标准。保持公共活动场所安全出口、应急通道和安全疏散通道的畅通,并修建与景区规模匹配的地震避难所及其他布局合理的灾害避难所。

2. 保持信息畅通

景区应密切关注地震的信息,保持景区内信息畅通。

3. 制订地震应急预案

根据所在景区的实际情况,制订相应的地震专项应急预案,并组织员工进行应急演练。在演练中,可以发现应急预案的不足之处,及时加以纠正,提高相关部门的团队协作能力。

4. 加强对员工的防震教育培训

加强对员工进行地震知识培训,使员工掌握相应的应急处理、疏散、逃生技能,并注意培养员工良好的心理素质及责任感。

(二)景区地震的处置

1. 做好临震应对工作

接到地震预报后,景区进入临战状态,关闭危险场所,加强对易燃易爆物品的管理,停止一切室内大型活动,疏散游客到安全避险区域。

2. 做好震时、震后应对工作

(1)地震发生时,按照应急预案,组织人员撤离危险场所,转移到地震避难所、室外安全的地方。如果无法撤离,就近躲避,避开墙体薄弱的位置,如楼道、楼梯口、外墙、窗户附近,不要站在吊灯和容易脱落的物体的下面,尽量靠近柱子和承重墙。室外人员躲避到远离建筑物、开阔、安全的地方。如果在山上感觉要发生地震,需要远离陡崖峭壁,防止滑坡、泥石流的发生。

(2)立即关闭燃气等易燃易爆设备设施,防止出现次生灾害。

(3)抢救受伤和被困人员。向上级报告灾情,请求援助,全力抢救受伤和被困人员。供给水、食物等生活必需品,安抚游客的情绪。

(4)进行震后重建工作,修复因地震破坏的设施设备,抢修交通要道,恢复供水、供电。做好地震灾害处置的总结工作,查找不足,改进和完善地震应急预案。

课中实训

实训项目	以小组为单位,选择附近的景区,调查遭遇自然灾害的情况,并为景区制订自然灾害应急预案	
实训目标	(1)了解景区可能遭受的自然灾害威胁; (2)结合课堂学习内容,掌握景区应对自然灾害的措施; (3)培养学生沉稳应对危机的意识	
实训地点		
物料准备	相机或者可以摄像的手机、笔记本、笔等	
实训过程	(1)被调查景区可能面临哪些自然灾害? (2)目前景区在自然灾害防控管理方面存在哪些问题? (3)景区应如何利用现代手段应对自然灾害?	
实训总结	知识获取	
	能力获取	
	素质获取	
实施人员	组长:	成员:
实训成绩	实训考勤(20分)	
	小组组织(20分)	
	项目质量(60分)	
效果点评		

课后拓展

应对自然灾害我们可以多一些胸有成竹

2017 年 8 月 12 日,甘肃白银市景泰县黄河石林景区因暴雨引发山洪,致 296 名游客滞留景区。灾情发生后,景泰县委、县政府立即启动应急预案,民政、水务、农牧、武警等部门单位都赶赴现场,与景区一道开展救援工作。被困游客全部被安全转移,没有人员伤亡。

进入汛期以来,全国不少地方都遭遇了大到暴雨,山洪、塌方,甚至泥石流频频造访一些旅游景区和地质复杂地区的现象,这给广大游客的生命财产和人身安全造成了一定威胁,如何及时有效疏散和撤离游客,是对相关部门和景区的严峻考验。

灾害是无情的,有时也是难以避免和有效预测的,但如果疏散和救援得当得法,有准备有预案有执行力,便可以有效地减少伤亡和损失。在这方面,一些城市和景区的做法令人赞赏。比如,九寨沟地震后,令人动容的众多画面中,有一个场景是一面面导游旗举了起来,导游们在最短的时间内聚齐各自的成员并稳定住大家的情绪,紧张有序地撤离;因受强降雨影响,北京市关闭 184 处景区,并提示市民避免前往山区、河道等危险地带,注意防范山洪泥石流等灾害。

景区应加强人流管理以及疏导方面的措施,有所准备应对起来才能更从容、更有秩序,否则极有可能造成重大的损失和伤亡。换个角度看,如果灾害和事故已然发生,就让完善有效的应急机制发挥最大作用,成为救命的制度"稻草"。

应该看到,近年来,景区自然灾害的防治能力有了较大的进步。比如,对旅游设施、设备的安全管理更加规范,旅游旺季、重大节假日等特殊时期能够有意识地加强景区安全管理,故宫、长城等景点限流、总量控制,就是例证。但与此同时也存在一些有待改进的地方,比如,管理涉及城建、旅游、林业、公安等多个职能部门,部门间有时存在多头管理,有时又存在真空地带。再如,不少景区把安全工作看成是地方政府和治安管理部门的职责,认为自己只是救援的"配角",缺乏主动意识和积极作为。

这种积极作为,体现在预判和预案上。景区能够承受多大的客流量要有设计方案和计算数据,不能"来的都是客",蜂拥而入,既影响游览,又可能引发安全事故;什么天气条件下,景区应该关闭,如何通知游客,要有协调办法和制度;预案中所涉及的各个部门要明确知道各自的职责所在,有分工有协作,真正做到"灾情就是命令",而不是一出状况不知所措。

这种积极作为,也体现在对人流的管理和疏导疏散上。景区旅游,安全先行,景区要及时向游客介绍安全常识,一旦发生灾害怎么办,要组织有序逃生、疏散通道,要让景区工作人员、导游等关键时刻尽到责任和义务……完善的应急制度体系不仅可以帮助相关部门和景区实现更科学、完善的管理,而且将有效降低损失,保障更多游客的安全。

雨季来临,塌方、泥石流、地面塌陷及洪灾等地质灾害不时发生。对于易发地质灾害的区域,要尽可能结合历史数据,进行一些摸排和统计。一些著名的、备受游客青睐的景区,更要做好预案和准备,把制度措施转化为应急能力。面对灾害和突发状况,景区多一分准备,游客便多一分平安。

（资料来源:人民网.工人日报:应对自然灾害我们可以多一些胸有成竹[EB/OL].(2017-08-15)[2024-01-15].http://opinion.people.com.cn/GB/n1/2017/0815/c1003-29470796.html?ivk_sa=1024320u.有改动)

思考:结合案例,思考景区应如何充分利用信息化手段应对自然灾害?

任务二　预防与处置游乐设施事故

课前导入

7岁男童吊威亚滑行意外

2023年12月9日,一名7岁男童在观音山国家森林公园感恩广场"飞天威亚"项目处体验,在准备起飞时,因工作人员操作失误导致使该游客脚尖在地面滑行了约有2米,操作员发现状况后,及时通过对讲机喊停设备操作。

随后,项目人员及时与景区工作人员联动,将该游客迅速送至东莞市樟木头石新医院,进行全身检查。最终检查报告显示,该游客一切正常,只有胸口被威亚安全衣勒红一小处,但无大碍。同时,威亚项目负责人也积极与该男孩的家属进行沟通、解释,并得到家属的谅解。

对于此次事故,公园方高度重视,积极主动协助配合,并紧急召开安全生产工作会,分析事故缘由,对项目方进行处罚,并责令项目方积极妥善解决后续问题。对设备进行全面安全检查,并对工作人员进行安全教育整顿培训,提高安全意识,确保每一位游客都能在观音山享受到安全、愉快的旅游体验。

这起7岁男童吊威亚时脚尖贴地滑行的事件引发了社会广泛关注。观音山国家森林公园表示将认真吸取教训,加强安全管理,确保游客的安全。同时,也希望广大家长在带孩子游玩时能提高安全意识,确保孩子的安全。

（资料来源:百度.7岁男童吊威亚滑行意外,景区通报:操作失误,对项目方进行处理[EB/OL].(2023-12-10)[2024-01-15].https://baijiahao.baidu.com/s?id=17848824661535488878&wfr=spider&for=pc.有改动）

课前导入任务单

任务名称	初步认识景区游乐设施事故	时间		班级	
成员名单					
任务要求	(1)初步认识到景区游乐设施事故的危害; (2)初步了解景区游乐设施事故预防与处置的措施; (3)培养学生"以人为本"的景区服务意识				

（1）你知道有哪些类型的游乐设施事故？

（2）结合案例，思考该事故处理的流程是否合理，有没有其他建议。

（3）从案例中可以吸取哪些教训？

（4）请思考应如何避免游乐设施事故？

完成效果自评	优	良	合格	不合格
成员姓名				

课中学习

目前，我国景区大型游乐设施逐年增加，发生事故的概率也在不断上升。游乐设施事故严重威胁了游客的生命财产安全，降低了游客的体验质量，影响了景区的可持续发展。因此，应重视游乐设施事故的预防，做到防患于未然，给游客创造一个安全的旅游环境；一旦出现事故，要进行有效处置，使损失降到最低。

一、景区游乐设施事故发生的原因

（一）旅游景区方面的问题

1. 游乐设施存在安全隐患

首先，部分景区的游乐项目一味追求新鲜和惊险刺激，在设计游乐项目时缺乏相关技术标准作为参照,使得游乐设施的风险难以有效识别。其次,游乐设施对其设备材料、设备间的连接、运行环境等都有严格的要求,很多景区对游乐设施的管理和维护不到位,容易导致游乐设施事故的发生。再次,在旅游旺季,景区游客爆满,游乐设施处于超负荷运行状态下,运行时间长,再加上缺乏保养和日常检查,容易造成设备损坏,出现事故。最后,部分景区以营利为目的,为了节省成本,在游乐设备老化时没有及时更新,导致出现安全事故。

2. 旅游景区安全管理不到位

首先,旅游景区经营管理人员缺乏足够的风险意识,尤其是部分中小型景区,把经营管理的重点放在营销和营利上,忽视了游乐设施设备的日常保养和维护,想方设法避开或应对政府部门的监管。其次,部分景区没有进行风险管理评估,安全管理制度不健全,没有针对景区游乐设施事故制订应急预案,有的应急预案不符合实际,平时缺少实操演习,发生事故时应急预案落不到实处。有的景区没有建立安全技术档案,无岗位责任制,各项设施安全操作规程不完善。部分景区的安全管理机构工作没有做到位,出现购买不符合安全标准的游乐设施的情况,日常设施设备检查比较松懈。

3. 员工服务有疏漏

首先,一线员工不具备游乐设施操作的必备知识。部分持证上岗岗位的员工没有执业资格证,很多员工都是经过简单培训就上岗了,缺乏必需的安全操作知识。其次,员工的安全意识淡薄,工作态度不端正,在实际操作时简化流程,出现失误。比如对限制年龄的项目没有认真核对游客是否符合要求,系安全带的项目没有一一检查安全带是否扣好,没有按流程对游客进行安全提醒等。

（二）游客方面的问题

1. 游客对风险辨识能力不足

游客本身不了解游乐设施的风险,没有认真阅读游客须知,对一些项目的要求和限制条件不以为意,风险意识淡薄,不配合工作人员的操作要求。如游客隐瞒自己的年龄、健康状况等信息,对自己过于自信,参加自身并不适宜的游乐项目,导致安全事故的出现。

2. 游客的不文明行为

一些游客在游玩过程中出现的不文明行为,也容易导致游乐设施事故。如违反景区规定随意抽烟,乱扔烟头等。

（三）自然风险

自然灾害是导致景区游乐设施事故的一个重要原因,如暴雨、台风、地震等容易引发游乐设施事故,威胁游客的安全。

二、预防游乐设施事故

（一）建立健全景区安全管理制度

1. 完善相关安全管理制度

景区应按照《中华人民共和国旅游法》《中华人民共和国特种设备安全法》《特种设备安

全监察条例》等相关法律法规、规章、安全技术规范、国家标准的规定进行安全管理,建立科学有效的设施设备操作、检验、维修、保养制度,完善设施设备管理、人员管理等相关制度,落实具体责任。高风险的游乐项目严格按照国家标准执行,投保高风险旅游项目责任险。

2. 制订应急预案并进行演练

景区应建立游乐设施设备事故的应急救援体系,制订应急预案。应急预案应与政府的应急预案相衔接,应针对不同类型的游乐项目可能存在的风险,制订不同的应急预案。预案内容包括可能存在的风险因素及事故类别、应急准备工作、应急处理措施、事故发后的紧急恢复工作等。在预案中明确责任划分,责任落实到人。景区应定期开展应急预案的演练,使员工熟练掌握应急处理的流程,增强事故发生时景区各部门的配合和协调能力。

(二)严格管理设施设备

1. 严把设备设施质量关口

景区采购设备设施时应认真把关,购买检验合格、口碑好的游乐设施设备,所购游乐设施安全性能要达标、有安全保护装置和报警装置,不能购买价格便宜、质量没有保障的设备设施。购买后,选择有资质的单位进行安装调试,设备调试到最佳状态时方可投入使用,防止因设施设备质量问题出现游乐设施事故。

2. 严格检验游乐设施

游乐设施投入运营后,景区应制订严格的设施检验制度,对设施设备进行定期、多重检查。每日运营前都要对设施设备进行检查,检查合格后才能使用。定期请第三方检查机构进行全方位的检查,并按时对设施进行维修保养。及时发现潜在的危险因素,重点对关键的零部件、约束装置、锁紧装置等部分进行检验、维修、保养,严禁故障设备运行。建立设备档案,记录设备检验、维修、保养情况。

3. 严禁设施超载运行

在游乐设施设备能承受的范围内运行,在旅游旺季时,注意控制游客流量,防止出现设施设备超载、超负荷运行的情况,并做好设备使用记录。

4. 规范设施操作流程

景区应制订科学规范的游乐设施操作流程,使员工的操作流程有章可循。设备运行过程中,做好监控、跟踪,一旦发现异常,立即采取应急措施,防止出现事故或事故严重化,减少人员伤亡和损失。景区应成立专门的设施设备使用督查部门,制订严格的设施设备使用奖惩制度,对不按照操作流程使用设施的员工进行严厉惩罚。

相关链接

做好游乐设施安全操作工作

游乐设施安全操作是一项十分重要的工作。操作是否得当,在紧急情况下应如何应对,都直接关系到游客安全。为做好游乐设施安全操作工作,运营管理单位应根据设备使用维护说明书的要求,结合本单位的实际情况,对各个设备编制详细的操作规程并置于操作现场。操作人员能够严格按照操作规程的要求进行操作,至少应做到以下几点。

1. 设备运营前

(1) 做好设备运营前检查和不少于 2 次的试运行。

(2) 合上总电源开关,打开钥匙开关,指示正常。

2. 设备运行前

(1) 打开进口门,引导游客有序乘坐,并关门。

(2) 指导和帮助游客正确入座,检查和确认安全保护装置是否正常。

(3) 按下信号按钮,发出提示声。

(4) 按下启动按钮,使设备正常运转。

3. 设备运行中

(1) 操作人员不得擅自离岗,应监控设备运行状况。

(2) 观察游客乘坐情况。

(3) 及时发现设备的不正常状况,制止游客的不安全行为。

(4) 如遇机械、电气、液压或气动等设备故障时,立即按下紧急停止按钮。

(5) 如遇突发事件应按照应急预案采取相应措施。

4. 设备运营结束后

(1) 检查设备和周围环境。

(2) 做好每天运行记录。

(3) 关闭设备,拔掉钥匙。

(4) 切断总电源。

(5) 关好、锁紧门窗。

(资料来源:张宇光."摇头飞椅"缘何频出事故[J].质量与标准化,2015,5(21):29.)

(三) 加强对从业人员的管理

1. 增强员工的风险意识

对员工进行全方位的安全教育培训,端正员工的工作态度,使员工充分意识到游乐设施存在的潜在风险,能够自觉主动地执行景区的安全管理规定,按照操作流程对游乐设施进行正确操作。

2. 保证员工的服务质量

在招聘时优先选择服务意识强、有责任心、素质高的员工。关注员工的心理诉求,完善员工的奖惩制度。对于在工作中能按流程操作、发现风险隐患的员工给予奖励,提高员工的积极性。合理安排员工的工作时间和休息时间,避免员工劳动强度过大,出现疲劳工作、操作失误的现象。

3. 加强员工技能、心理培训

特种作业技术人员须取得国家规定的资格证书,内部可以建立持证上岗制度,不同的工作岗位设置不同的岗位证书,员工经培训、考核后持证上岗,保证在岗员工都具备相应的岗位技能。定期对员工进行操作技能、安全意识提升方面的培训,提高员工设备操作、应急处置技能。重视员工的心理培训,使员工在出现问题时能镇定、有条不紊地应对。

（四）加强对游客的风险管理

1. 对游客进行明确的风险警示

景区应做好对游客的警示工作,在容易出现风险的地方设置警示标志。事先对可能出现的风险对游客进行明确的说明,对游客进行安全教育,告知游客禁止出现的不安全行为、不适宜参加相关活动的群体、体验时的安全操作规程、危险急救措施等。通过播放广播视频、公益宣传及人员解说等方式提高游客的风险意识,增强游客的自我防范能力。在设备运行前工作人员应逐一检查游客的安全装置,维持秩序,向游客解说游客须知。

2. 倡导游客文明旅游

倡导游客文明体验景区游乐项目,按照工作人员的提示配合设施操作,如系好安全带,不能随意解开,把不能随身携带的包、手机等物品放在游乐场所规定的存放位置。禁止吸烟的场所不要吸烟,不乱扔烟头,不要将手伸出游乐设施窗外等。

> **▌▌ 相关链接 ▌▌**
>
> ### 游客自身风险的预防管理
>
> 对于游客自身风险的预防管理主要是加强游客的安全宣传教育。通过工作人员对游客的常规应急安全教育,告知游客在体验该游乐项目时可能发生的风险事项、应避免出现的不安全行为、不适宜参与体验的群体、面对危险时应采取的急救措施等来提高游客的风险意识和自我防范能力。
>
> 1. 提高游客风险意识
>
> 方特类主题乐园中的游乐项目最受青少年欢迎,但是这类人群的风险意识不强,掌握的安全知识和安全技能缺乏,更别提游乐设施的运行原理和控制知识的掌握,这就决定了他们在体验游乐项目时对自身保护能力较弱。因此,应加强游客尤其是青少年游客的安全教育,增强其风险意识。提高旅游者的安全意识,可以采取两种途径:平时安全知识的积累和旅游前的充分准备。网络是传播知识的最好媒介,平时可通过电视、网络等不断向大众传播一些必备的出游知识和技能,通过这种潜移默化的形式使人们不断积累、学习旅游安全知识,社会各界也应注重对青少年的安全教育,增强其安全意识。充分的旅游前准备工作能够避免游客在旅游过程中出现一些不必要的安全问题,保障游客安全。具体的准备工作中应包括以下内容:一是游客应根据气象、交通等有关部门发布的出行提示合理安排出行,尽量不要在恶劣天气出游;二是为增加旅游安全保障,游客也可在出游前购买旅游人身意外险和特设险等,将一部分风险转移给保险公司,增强游客的安全保障。
>
> 2. 增强游客自我防范能力
>
> 剖析方特类主题乐园游乐项目中发生的事故,部分是由游客安全意识淡薄与自我防范能力不足所导致,鉴于此,有必要提高游客的自我防范能力。提升自我防范能力可从自身条件评估和自救方式学习两个方面展开。有些游乐项目对游客的身体素质有较高要求,这时旅游者必须对目前自身身体状况进行合理评估,选择与自身条件相适宜的

游乐项目,不可抱有侥幸心理。事故发生时若游客懂得一些自救知识,则可最大限度地减少游客损失,所以对游客来说学习自救知识确有必要。对于自救知识的学习,不能一蹴而就,要注重平时的学习和积累,旅游者在平时可学习一些比如简单的止血、包扎处理和突发旅游事故的自救方法等,增加日后出游过程中的安全保障。

3. 倡导游客文明旅游

除了要提高游客安全意识和增强自我防范能力外,也应倡导游客文明出游。具体来说游客在体验游乐项目过程中要严格听从工作人员指挥,对于体验项目时不能随身携带的物品应按要求放置在合适地方。另外游客在体验游乐项目时应严格约束自己的不文明旅游行为,避免在园区内乱扔烟头等不文明行为的发生。

(资料来源:王晓航.方特类主题乐园游乐项目的游客风险管控研究[D].郑州:郑州大学,2018:70-72.)

三、处置游乐设施事故

一旦发生游乐设施事故,景区可以采取以下措施应对。

1. 启动游乐设施事故应急预案,向主管部门报告

发生游乐设施事故后,景区应立即启动应急预案,按照应急预案的流程进行处理,景区负责人立即赶赴现场处理,组织救援力量对受害人员进行救援,疏散游客,同时向相关主管部门报告。

2. 积极配合有关部门的救援

景区应服从、配合政府有关主管部门的决定、命令,合理协调医疗、公安、武警、消防、通信、交通等多个部门的应急救援工作,调查事故发生的原因。

3. 做好受伤游客的救治

及时对受伤游客进行救治,做好游客及其亲属的情绪安抚工作,如果是景区的责任,可使用高风险旅游项目责任险进行赔偿,对伤亡游客承担责任。

4. 处理不合格游乐设施

对于出现事故的游乐设施进行处理,检查设施的运行情况,出现问题的设施及时维修,维修合格后才能投入运营,淘汰不合格的设施设备,排除设施安全隐患。

5. 进行事故反思、整改

游乐设施事故发生后,景区根据调查情况及处理措施写出事故分析处理报告,并提交有关部门。反思事故出现的原因,进行整改,完善相关安全管理制度,防止再次出现游乐设施事故。

课中实训

实训项目	以小组为单位,选择附近的1处景区,调查该景区游乐设施的情况,分析应如何预防与处置游乐设施事故
实训目标	(1)了解景区游乐设施的情况; (2)结合课堂学习内容,掌握景区预防与处置游乐设施事故的措施; (3)培养学生正确处理危机的意识

实训地点		
物料准备	相机或者可以摄像的手机、笔记本、笔等	
实训过程	(1) 被调查景区有哪些游乐设施？	
	(2) 以小组为单位调查该景区的游乐设施是否存在安全隐患,并将调查情况反馈给景区负责人？	
	(3) 请结合课中学习内容,思考景区应如何避免发生游乐设施事故？	
	(4) 请从该景区的实际情况出发,以小区为单位整理该景区,景区应如何处置游乐设施事故的措施和流程？	
实训总结	知识获取	
	能力获取	
	素质获取	
实施人员	组长:	成员:
实训成绩	实训考勤(20分)	
	小组组织(20分)	
	项目质量(60分)	
效果点评		

课后拓展

数智时代下的智慧景区应急系统建设

随着时代进步与科学技术的蓬勃发展,社会生活中的各行各业都发生着翻天覆地的变化。在加快数字中国建设的总体部署下,数智化赋能正推动旅游产业高质量发展。2023 年上半年全国旅游业迎来全面复苏,进入爆发性增长阶段。面对旅游经济快速增长的良好势头,做好旅游安全保障工作,提升应对公共安全事件和应急事件的处置能力,构建景区安全防护应急系统已经成为智慧景区建设的重要工作。景区的应急业务系统不仅要提供"过去"和"现时"的状态数据,而且能提供"未来"灾害发展趋势、预期后果、干预措施、应急决策、预期救援结果评估,以及全方位监测监控,具有发现潜在威胁的预警功能,能动态生成优化的事故处置方案和资源调配方案,为指挥管理提供辅助支持手段。景区应急业务系统子系统组成如下。

1. 监控系统

景区全域进行实时监控预警,实时监测和更新景区热点区域、人流变化等数据,做到重点把控热点区域。在重大危险源设置视频监控点,在交通路口设置视频监控点,并在整个园区设置高空岸望视频监控点,对整个景区的车辆动态、人员流动等进行视频监控,通过图像识别和行为模式分析技术提前获得不安全因素视频特征。

2. 报警系统

各景区与指挥中心联网,发现风险和危险可通过系统进行报警或直通电话报警。

3. 事故模型系统

定期收集景区营运数据和信息,构建基础数据模型,以建立景区危险源信息管理系统,危险源类别包括自然灾害、突发事件、游客与车辆危险行为等。

4. 应急预警系统

通过监测中心和报警中心获得的信息,在经过事故模型系统的分析和推演后,如果事故上升到警值时,系统自动在指挥中心的电子沙盘上以声光方式示警,并通过景区设置的高音喇叭进行示警及通过景区内部网启动园区内的警报,同时系统对推演出来影响范围内的企业、社区等重大目标可进行直通电话、短信等方式进行预警,并联动交管部门对事故影响范围内的道路封闭点等做出预警和管制。

5. 应急联动系统

系统通过对事故的分析,结合景区的预案判定是否启动预案。如启动系统会通过短信或直通电话方式联系公安、交警、消防、环保、安监等有关部门参与事故处理。

6. 应急救援通信系统

一旦启动应急预案,系统会以短信或直通电话方式通知公安、交警、武警、医疗等相关部门参与救援。事故发生时指挥中心作为枢纽,其通信线路的畅通是至关重要的,因此景区在铺设网络时应充分考虑事故发生时的各种因素,做到通信万无一失。

（资料来源：徐凤华,宋韬.数智时代下的智慧景区应急系统建设[J].中国安防,2023,9(14):62.）

思考：智慧景区预警系统在景区管理中的实际应用案例。

任务三　预防与处置景区交通事故

课前导入

景区观光车事故

2023年8月6日，南天湖景区三抚森林公园内一观光车载19名游客（核载22人）经公园内部道路驶出，在距离公园外部停车场约300米左转弯下坡道处，因驾驶员降速操作不当导致刹车失灵，车辆失控后驶出道路外侧与排水沟沿、景观植被及景观石发生撞击，造成2名游客受轻伤。

事故发生后，县旅管委及重庆丰都县南天湖旅游（集团）有限公司相关领导及工作人员，立即赶往事故现场进行及时处置，将2名受伤的游客立即送往医院救治；转运事故车辆上的游客；疏散围观游客处置现场舆情；清理事故现场，将事故车辆拖到汽修厂进行封存待修理。

事故原因：非公路用旅游观光车驾驶员魏某持有B1E驾驶资格证（未取得特种设备从业资格证），在驾驶过程中因减速操作不当，长时间频繁采取制动减速措施，使制动系统制动力热衰减，致使刹车失灵。重庆丰都南天湖旅游（集团）有限公司市政工程分公司安全意识淡漠，未严格执行特种设备安全管理相关制度，未有效约定"特种设备出租期间的安全管理和维护保养义务"，日常安全生产教育、督促、检查不力，聘用不具备特种设备从业资格证的人员驾驶观光车。

（资料来源：丰都县人民政府.丰都南天湖景区"8·6"交通事故调查报告［EB/OL］.（2023-11-10）［2024-01-15］.https://www.cqfd.gov.cn/zwgk_200/fdzdgknr/yjgl/ydxx/202311/t20231110_12544609.html.有改动）

课前导入任务单

任务名称	初识预防与处置景区交通事故	时间		班级	
成员名单					
任务要求	（1）初步认识景区交通事故的危害； （2）初步了解景区交通事故的预防与处置措施； （3）培养学生"安全第一"的意识				
（1）查阅相关资料，分析案例中交通事故发生的原因有哪些？					

续表

（2）结合案例，思考应如何处理此次交通事故？

（3）从交通事故案例中可以吸取哪些教训？

（4）请思考应如何避免景区交通事故？

完成效果自评	优	良	合格	不合格
成员姓名				

课中学习

　　随着旅游业的蓬勃发展，自驾游热潮的出现，景区内交通事故发生的概率增大，交通事故频发，给游客的生命安全造成一定威胁，不利于景区的健康发展。因此，分析导致景区交通事故的因素，采取适当的预防措施和处置措施，是景区安全工作的重要内容。

一、景区交通事故的分类

　　景区内部的交通种类繁多，有汽车、电瓶车、缆车、游船、漂流的竹筏等，交通事故时有发生。依据不同的分类标准，景区交通事故可以进行以下划分。

（一）根据交通事故发生的空间性质进行划分

　　根据景区交通事故发生的空间性质，可以将景区交通事故划分为景区道路交通事故、景区水面交通事故、景区索道交通事故、景区小交通事故等。

　　景区道路交通事故是指发生在景区公路、停车场、桥梁等地方发生的交通事故，主要表现为旅游车辆发生碰撞、追尾、坠落、物体袭击及撞到行人等。景区水面交通事故是指发生在景区溪流、江河、湖海、码头等地方发生的交通事故,主要表现为竹筏、气垫船、游艇、游船、邮轮等水上交通工具发生的翻船、碰撞、沉没、人员失踪等水上交通事故。景区索道交通事故是指在景区高山、峡谷、沙漠等地方的缆车、山体电梯、溜索等运输工具发生的事故,如缆车失控、坠落等。景区小交通事故是指发生在景区内连接各景点的支路上、观光路上发生的交通事故,主要表现为景区内的电瓶车、马车、出租自行车等代步小交通发生的碰撞、翻车等。

（二）根据交通事故的表现形式进行分类

根据景区交通事故的表现形式,交通安全事故可分为碰撞、碾轧、翻车（船）、坠落、失火、爆炸、沉没、失踪等。其中车辆碰撞是比较常见的一种景区交通事故。

二、景区交通事故发生的原因

（一）景区相关的交通设施不完善

景区基础道路设施不达标,道路狭窄,路况不好。在危险路段没有设减速带、减速道。事故多发区域无警示标志或警示标志不够明显。停车没有划分停车位和停车道。景区安全监控设施不完善。景区交通工具不达标,没有及时检查、维修,设备老化不更新,在没有排除安全隐患的情况下运营等情况都有可能导致景区交通事故的发生。

（二）工作人员的疏忽、懈怠

相关的交通工作人员安全意识淡薄,不遵守交通安全管理的相关规定,不按流程操作,工作人员出现超速、超载、抢道、逆行、随意掉头、酒驾等情况。

（三）自然原因

恶劣天气和自然灾害容易导致景区交通事故。雨雪、大雾、霜冻等天气容易造成视线模糊、路况不好,导致事故发生。泥石流、山体滑坡、地震、海啸等自然灾害,也容易发生交通工具碰撞、被砸等事故。

（四）游客方面的原因

部分事故与游客的安全防范意识淡薄相关,游客在景区驾驶交通工具时不遵守交通规则、不注意景区的交通安全标志,游玩时不顾景区的安全提醒、不听工作人员的劝阻。如一些游客没有按要求系好安全带,随意扔烟头等导致交通事故的发生。

三、预防交通事故

（一）建立健全景区交通安全体制

1. 建立健全景区交通管理基本制度
结合景区交通管理的实际,建立健全相关交通安全管理制度,如交通设施设备采购制度,确保采购环节不会出现问题;制订景区交通设施、设备操作规程,使得景区交通设施、设备操作有规可循;确定景区交通设施的承载力,禁止交通工具超载运行。落实景区交通安全责任,分工明确,责任到人等。

2. 建立交通调度指挥中心

景区应建立专门的交通调度指挥中心,对车辆、船只等进行综合调度和指挥,安排专人进行巡逻,配备先进的通信、导航设备,监督交通安全工作,负责组织实施道路、水上、索道等交通事故的紧急救援。

3. 制订、演练景区交通事故应急预案

根据景区不同类型交通事故的特点,分类别制订景区交通事故应急预案。应急预案制订完成后,定期组织人员按照应急预案进行演练,从中发现应急预案不完善的地方,及时进行修订,增强交通事故发生后各相关部门的团结协作,确保在交通事故发生的第一时间能够积极有效应对,提高景区应对交通事故的能力。

(二)完善景区相关交通设施

1. 改善景区基础道路设施

改善景区道路,对于危险路段要及时改造、修复,增宽转弯半径、降低路面坡度等;需要加装防护栏、防护墙、防护墩等防护设施的地方要及时设置;增强景区道路的抗灾能力,做好沿路的水土保持,对于山石容易坠落的地方要人工加固或有效隔离;在相关路口设置统一的交通信号灯,在必要区域设减速带。如果路面塌陷、隆起,有异常路况,应设置道路故障,临时封闭,及时维修。

2. 对停车场、码头等停靠场所进行安全管理

在停车场、码头等停靠场所设置专门的安全工作人员,负责交通工具停靠秩序管理,对进出交通工具进行合理引导,制止各种违章、违规的停靠。还应设置安全监控设备,利用电子监控设施进行安全监控。

3. 及时对交通设施进行检测、保养、维修

旅游企业应定期对旅游汽车、游船、漂流工具、缆车、观光火车、电瓶车等交通工具进行检测,发现问题及时维修;定期对交通设备进行保养,确保交通设施设备处于良好的运行状态。

(三)做好交通安全提醒工作

1. 设置交通安全警示标志

景区应设置明确的指示标志和警示标志。在接近危险路段的地方,如陡坡、易塌方处、窄道、车流量大的交叉道口,应设置警示标志;用警示语提醒相关人员的注意,如禁止超载、当心塌方、小心落石、浪大危险等。

2. 服务人员做好交通安全警示工作

服务人员在提供服务时,对可能危及游客人身安全、财产安全的交通风险给予明确的说明和警示,提醒游客遵守安全警示。遇到恶劣天气时,服务人员应把注意事项明确告知游客,如果景区交通停运,应及时通知游客,做好解释、安抚工作。在紧急、特殊情况下,及时用广播、喇叭将提示、警示相关人员减速和避险。

（四）加强对从业人员的管理

1. 重视从业人员交通安全方面的教育、培训

从事汽车、游船、索道等交通工作人员必须具备相应的职业资格,重视对从业人员景区交通安全管理制度、安全操作流程、应急救援技能等方面的岗前培训,培训合格后方能上岗。定期和不定期对从业人员进行培训,提高从业人员的风险意识和职业技能。注意对从业人员良好心理素质的培养,使其在紧急情况下能沉稳应对,果断采取措施,使损失降到最低。

相关链接

四面山景区开展道路交通安全培训

随着气温的上升,重庆江津四面山景区自驾游客、团队游客激增。为保证景区交通秩序平稳有序推进,更好地预防、减少、杜绝旅游旺季道路交通事故的发生。四面山派出所民警到四面山景区,对景区管理人员以及观光车驾驶员开展道路交通安全培训。

培训课上,四面山派出所民警通报了近期道路交通事故情况,并针对四面山旅游景区后山道路弯急、坡陡等特点,利用多媒体教学手段,以图文并茂的形式解析了典型事故案例。反复提醒驾驶员们要提高安全意识,时刻绷紧交通安全这根弦。同时,还充当安全员,做好道路、水路交通安全宣传工作。保证牢固树立安全意识,严格遵守交通规则,坚决杜绝酒后驾车、疲劳驾驶、超速行驶等交通违法行为,文明驾驶、远离伤害。

通过培训,大大增强了旅游观光车驾驶员的安全意识、责任意识、法律意识以及操作技能和应急处置水平,为旅游旺季的到来奠定坚实的安全基础。

（资料来源：搜狐网.四面山景区开展道路交通安全培训［EB/OL］.（2019-06-04）［2024-01-16］. https://www.sohu.com/a/318533296_120044623.有改动）

2. 加强监督,奖罚分明

景区应重视对交通从业人员的监督管理,对于严格遵守景区交通安全管理制度、按照操作流程进行操作、没有出现交通事故、善于发现隐患的从业人员应进行一定的奖励,调动其积极性;相反,对在具体工作中违规操作的工作人员给予惩罚,防止因操作不当出现交通事故。

（五）妥善应对恶劣天气、自然灾害

在大雾、暴雨、大雪、大风等天气状况及发生自然灾害的情况下,景区应及时采取措施,临时关闭危险路段,关闭相关溪区、湖区、海区,关闭索道,暂停接待游客。对受到自然灾害破坏的设施设备及时进行维修、更换。

四、处置交通事故

一旦发生交通事故,景区可以采取以下应对措施。

（一）启动交通事故应急预案，向主管部门报告

交通事故发生后，景区应立即启动应急预案，按照职责分工有序开展事故处置工作。同时向主管部门报告。

（二）积极配合有关部门的救援

景区应根据有关行政主管部门的决定、命令，服从、配合政府部门采取的应急处置措施，合理协调医疗、交通、消防等多个部门的应急救援，协助医疗部门做好受伤游客的治疗工作，做好本单位的应急救援工作。及时通知保险公司，提供相关材料。

（三）注重舆情控制

景区交通事故的发生容易吸引公众的关注，景区应注意与新闻媒体的沟通，预防谣言的传播，及时向相关媒体通报有关情况。

（四）做好交通事故的反思和应对措施的改进

配合有关部门对交通事故进行调查，调查事故原因，结合事故处理过程，提交事故调查、总结报告。查找景区交通管理漏洞，进行改正，完善相关制度。对存在隐患的交通设施进行维修、更换避免出现类似事故。

课中实训

实训项目	以小组为单位，采用网络调查的方式，收集近五年发生在景区内比较典型的交通事故分析事故发生的原因
实训目标	（1）了解景区发生交通事故的主要原因； （2）结合课堂学习内容，掌握景区预防与处置交通事故的措施
实训地点	
物料准备	相机或者可以摄像的手机、笔记本、笔等
实训过程	（1）请简单描述近五年至少两起发生在景区内的典型交通事故。 （2）请分析发生该类交通事故的主要原因是什么？请从景区管理、游客、外部环境等方面进行分析。 （3）请分析景区应如何避免发生交通事故？

续表

实训总结	知识获取	
	能力获取	
	素质获取	
实施人员	组长：	成员：
实训成绩	实训考勤(20分)	
	小组组织(20分)	
	项目质量(60分)	
效果点评		

课后拓展

姑婆山景区发生交通事故,消防、120、救援飞机齐出动

为进一步建立完善消防应急救援体系,提高突发灾害事故消防应急救援能力,2019 年 12 月 13 日,贺州市在姑婆山景区举行空地一体应急救援综合演练暨应急救援战略合作 协议签约仪式。

市应急局、市消防救援支队等部门代表分别与上海金汇通用航空股份有限公司、贺州 市翔云航空科技有限公司签订了"应急救援战略合作协议",并共同为"贺州市空地一体应 急救援体系"进行启动。

进行了空地一体应急救援综合演练:贺州姑婆山景区发生一起两车相撞事故,车上 两人受伤严重。接到警情后,消防指战员、120 急救队第一时间赶往事故发生地进行救 援。消防指战员成功救出被困人员,由于副驾乘员伤势危重,为严重胸部创伤,且事发地 离具备救治条件的医院路程较远,山区路况复杂,若依靠地面 120 急救车运送伤员前往, 恐因伤势过重会有生命危险。立即启动航空应急救援合作机制,拨打金汇通航救援电话 请求救援。

随着轰鸣声响起,随着强大的气流,救援飞机降落在事发现场,救护人员迅速、有序地 将载有"危重伤员"的担架车由救护车转运到救援直升机接驳地点,前往最近的贺州广济 医院进行治疗。

演练过程中,市消防救援支队、120 急救指挥中心、贺州市广济医院与金汇通航通过 还原真实事故现场,从指挥到执行,完美展现了贺州市空地一体应急救援体系的灵活、快 速、高效等特点,空地一体的应急救援系统将从多方面提升救援效率,为群众生命安全提 供有更有力的保障。

(资料来源:澎湃.姑婆山景区"发生交通事故",消防、120、救援飞机齐出动[EB/OL].(2019-12-16) [2024-01-15].https://m.thepaper.cn/baijiahao_5256345.有改动)

模拟:请以小组为单位模拟如何有效处置景区交通事故的处理流程。

任务四　预防与处置景区火灾事故

课前导入

翁丁村老寨火灾事故

1. 火灾发生

2021年2月14日17时40分,翁丁村老寨发生严重火灾事故。翁丁村老寨是中国保存最为完整的佤族村落,被国家地理杂志誉为"中国最后一个原始部落"。2005年以来,在县级有关部门帮扶下,翁丁村着手发展旅游业。

2. 火灾救援

2021年2月14日晚云南省沧源佤族自治县人民政府新闻办公室通报称,当日17时40分,该县勐角民族乡翁丁村老寨发生严重火灾,暂无人员伤亡。目前正全力扑救中。2021年2月15日8点消息,明火已于2021年2月14日23:15全部扑灭。

3. 事故调查

因起火后恰遇当地大风,出现跳火情形,火势迅速向四周蔓延、扩散。2月14日23时15分明火被扑灭。火灾烧毁房屋104间,其中包括寨门2座,厕所4间,无人员伤亡。起火原因正在进一步调查中。

火灾发生后,云南省文化、旅游、文物、应急管理等部门负责同志和有关专家赶赴现场,指导事故处置工作。目前,当地政府及消防救援部门正在调查火灾原因,评估火灾损失;云南省正在全省范围开展古村落和文物保护单位消防安全隐患排查和整改工作。

4. 跟踪督办

翁丁村火灾事故教训深刻,国家文物局实施重点跟踪督办,要求按照"四个不放过"原则,尽快查明火灾原因,依法依规严肃追责问责;认真查找引发火灾的原因和问题,落实文博单位安全责任人,切实采取安全措施;深刻汲取教训,警示全省,全面加强和改进文物安全工作。

5. 老寨重建

3月6日下午,一场名为"翁丁古寨何去何从——翁丁重建专题研讨会"的"云端"会议召开,冯骥才等学界专家反思研讨,以期全国传统村落属地的管理者有所启发。此次研讨会由天津大学冯骥才文学艺术研究院中国传统村落保护与发展研究中心主办,采取线上会议的方式,中心主任冯骥才邀请阮仪三、苑利、方明、向云驹等学界重要专家,以及在翁丁村长期做调查工作的当地学者,相聚"云端",共同反思和讨论火灾原因、古寨是否重建、如何重建、谁来重建等问题。

(资料来源:百度百科.2·14翁丁村老寨火灾事故[EB/OL].(2023-05-19)[2024-01-15].https://baike.baidu.com/item/56050777.有改动)

课前导入任务单

任务名称	预防与处置景区火灾事故	时间		班级	
成员名单					
任务要求	初步了解预防与处置景区火灾事故的措施				

(1) 结合导入案例,查阅相关资料,分析此次翁丁村老寨火灾的原因有哪些?

(2) 结合案例,思考发生火灾事故后应采取什么措施?

(3) 从火灾事故案例中可以吸取哪些教训?

(4) 结合案例思考:应如何预防古村落、古城火灾事故的发生?

完成效果自评		优	良	合格	不合格
成员姓名					

课中学习

很多景区植被覆盖率较高,古建筑、仿古建筑较多,人流较大,违规用火、超负荷用电等现象较为频繁,容易发生火灾。火灾不仅会导致人民生命财产受到威胁,而且会严重破坏景区的自然资源和人文遗迹,造成难以弥补的损失。因而景区有效地预防和处置火灾事故非常重要。

一、影响景区消防安全的因素

(一)旅游资源因素

1. 植被覆盖率高

我国很多景区景观以森林动植物为主,茂盛的树木和罕见的植被遍布景区,植被面积大、范围广。如四川九寨沟植被覆盖率为 85.5%,森林覆盖率为 63.5%;安徽黄山景区植物覆盖率为 93%,森林覆盖率为 84.7%。景区内植被好,森林覆盖率高,提升了景区自然景观的观赏价值,但是枯枝落叶也容易引起火灾,且突发性强,火势难以控制。

2. 古建筑多

我国名胜古迹众多,景区内的建筑很多是古建筑,且多为木质建筑,在一定条件下极易发生火灾。古建筑在设计建造过程中,对消防不是非常重视,景区内古建筑较为集中,消防间距小,一旦一座建筑起火,很容易引发周边建筑起火。有的古建筑建在悬崖上,有的缺少消防水源,灭火困难。

(二)景区设施因素

1. 消防基础设施不齐全

尽管景区配备了一定数量的灭火器,设置了消防安全标志,但对于大面积的森林和木结构建筑,可能无法起到有效的保护作用。虽然部分场所安装了简易报警、简易喷淋系统,但是受建筑结构等因素的影响,可能作用不明显。有的景区还存在消防设施老化、陈旧、破损缺失的现象。

2. 住宿、娱乐设施存在火灾隐患

景区内饭店、民宿、游乐场所等各类营业性场所数量过多,电炉、电水壶等大功率电器设备大量使用,用电负荷大,有的电线线路直接铺设在建筑的梁、柱上,无穿管等保护措施,极易引发火灾事故。饭店装修材料和家具、陈设很多都采用木材、壁纸及其他可燃材料,增加了建筑内的火灾荷载。一旦发生火灾,大量的可燃材料将燃烧猛烈,以至于火灾蔓延迅速。可燃材料在燃烧时还会产生有毒烟气,给疏散和扑救带来困难,危及人身安全。部分景区住宿、娱乐场所消防设备不健全,一旦发生火灾,无法有效扑灭。

(三)景区消防管理因素

1. 景区消防安全规章制度不完善

部分景区虽然有消防安全制度条文,但是内容比较简单,不够健全,缺乏有效的消防安全管理机制。没有建立严格的消防安全操作流程。

2. 消防组织不健全

很多景区没有建立专门的消防组织,没有专职消防人员,消防负责人往往是兼任,没有开展常规的消防安全检查、巡查,消防安全工作缺乏主动性,没有发挥应有的作用。操作人员无证上岗,人员作业时无防火设备。

3. 消防警示不到位

在容易出现火灾的场所,景区缺少明确的防火警示标志,不能给工作人员、游客相应的安全警示。对于来景区游览的游客,景区工作人员没有进行明确的消防知识讲解和消防安全提醒。

4.违规操作

景区工作人员未严格落实消防安全操作流程。景区内的餐厅、茶座、宾馆、饭店等,大量使用液化气罐、煤炉等作为燃料,使用不合格取暖器取暖,使用过程中不遵守操作规程,存在着大量安全隐患。

5.消防安全教育、培训缺乏

景区内相关单位没有开展经常性的消防安全教育、培训,普及消防安全知识,不重视消防安全演练。景区工作人员消防意识淡薄,消防技能欠缺,一旦发生火灾,不能有效应急处置。

（四）游客方面的因素

1.游客不文明行为

游客安全意识淡薄,无视景区禁止吸烟标志,在易引发森林火险的地方吸烟,吸烟后烟头没有好好处理,埋下火灾隐患。有的游客在景区玩火、野炊、燃放烟花爆竹等,也容易引发火灾。

2.宗教、祭祀活动

景区内存在寺庙、道观等宗教活动场所,香客较多,焚纸烧香的情况比较常见,容易产生火灾隐患。有的人在景区烧纸祭祀,尤其大风、干燥天气,容易引发火灾。

（五）天气因素

自然界中各种可燃物的着火点,与大气中气象条件的变化有关,如湿度、气温、降水量、风力等。一般来说,晴天少云、高温、大风天气,空气湿度低,容易产生火灾。风不仅能把物品吹干,有助于燃烧,而且在火灾发生后,还能使火源得到充分的氧气供应,加速燃烧。一般冬、春季火灾最多、最严重,秋季次之,夏季最少。森林和建筑物遭到雷击,也容易产生火灾。

二、预防火灾事故

（一）完善并贯彻执行消防安全制度

1.贯彻执行消防安全管理规定

景区应重视消防安全工作,认真贯彻执行国家及地方消防安全管理的规定,房屋、建筑、消防设备、出入口、通道,必须符合《中华人民共和国消防法》等有关规定,相关设施经过消防部门验收合格,才能运营。

2.加强景区消防安全管理制度建设

景区应根据自身情况制订完善的消防管理制度,完善消防管理体系。制订防火值班、防火巡查管理制度,定期定时进行防火检查。制订野外火源管理制度、防火责任追究制度,落实防火责任。制订消防安全制度,明确规定景区用火用电要求、易燃易爆物品管理、消防器材管理、消防检查等方面的内容,禁止违规用火、用气、用电,禁止乱拉电线,禁止超负荷用电,禁止在景区易发生火灾的地带燃放烟花爆竹。严格落实景区消防管理制度,对景区各部门是否遵守消防安全管理制度进行监督检查。

3. 制订完善景区火灾应急预案

景区应该结合自身的特点和火灾发生的处置实践,制订并完善景区火灾应急预案。应急预案应明确火灾组织指挥机构与职责、预案的分级响应和启动条件、应急预案的实施和联动响应等方面的内容。火灾应急预案应定期演练,及时修订,火灾发生时立即启动应急预案,迅速扑灭火灾,使损失降到最低。

(二)组织消防队伍建设

1. 成立专门的消防组织

景区应设消防指挥机构,责任到人,一旦发生火灾,有效发挥其作用。成立专业的消防队伍,有专职工作人员负责火灾的预防与扑灭。

2. 重视培养员工的火灾预防意识与加强现场处置能力的培训

景区消防安全工作的效果与其从业人员消防安全素质水平的高低有很大关系。景区应结合自身实际,对员工进行消防安全知识培训,并定期进行消防演练,使各个岗位的员工明确其工作的消防要求,掌握相应的消防技能,会防火、会报警,能熟练使用灭火器,能组织人员疏散和逃生。

(三)完善相应消防设施

1. 完善消防基础设施

按照消防管理的规定在景区的相应位置配备各种灭火器、风力灭火机、室内外消火栓等基本消防设施设备,配备水枪、水带,并进行定期检查和维修保养,保证灭火设施处于良好的备用状态。古建筑场所、森林应配备环保消防设备和灭火剂。对于缺乏水源的景区应建设一定数量的蓄水池,为扑灭火灾提供充足的水源。对于位于高山、陡峭地带的古建筑,应开辟消防通道,以便于及时灭火。禁止占用消防通道,保持消防通道畅通。

2. 提高景区建筑的防火性能

古建筑周围避免存放易燃易爆物品,在不改变古建筑原貌的前提下,增设消防墙或其他消防隔离设施。对于易燃的木建筑构件,如梁、柱子等喷刷防火涂料,降低其燃点。

3. 建设智慧消防平台

建设智慧消防大数据分析中心,24小时不间断进行景区消防安全监控。安装智慧消防系统,充分发挥信息技术的作用,异常情况出现时能立即通知相关部门及人员,异常现场情况能及时反馈。

(四)进行消防安全宣传和教育

1. 完善消防警示标识

在易发生火灾、人流较多等场所设置消防提醒标志,禁止游客燃放烟花爆竹、吸烟,进行烧香等宗教活动时注意不要引燃周围物品。在景区入口、主要景点设置消防知识牌,向游客传播消防知识,提醒游客遵守消防管理规定。

2. 在对客服务中进行消防安全宣传

在服务游客的时候,景区讲解员不仅要讲解景观特点,还要讲解相关的消防安全知识,提醒游客消防安全注意事项,如不要吸烟、不要玩火等。在旅游旺季,还可以通过广播宣传提高游客的消防安全意识。

‖ 相关链接 ‖

景区里的一抹"火焰蓝" 游客眼中的一道"暖心景"

2023年8月,黄果树消防救援大队收到了安顺良业光启文旅有限公司送来的一面"情系百姓保卫一方平安,专业敬业营造安全环境"的锦旗,感谢黄果树消防救援大队认真履职、游客引导、秩序维护、文明执勤,为黄果树景区安全旅游保驾护航。

随着暑假旅游旺季到来,黄果树瀑布迎来了一年中最美的季节,七八月是雨水充沛的季节,达到全年最大水量,浑黄的河水有一股向前冲的狠劲,吸引了络绎不绝的观光游客,每天客流量均达3万人次以上,在雄美壮观的如画美景中,一支橘红色的队伍为黄果树增添了别样色彩。这支队伍便是黄果树旅游区消防救援大队。

执勤队伍开展每日动态巡逻工作,根据人流量高峰时段,派出执勤力量。期间,巡逻队仔细检查景区内消防设施设备是否处于正常使用状态,应急救援器材是否完好,景区内重点部位、风险地段安全警示标识标牌及防护措施是否齐全,全力保障景区游客安心出行。

在熙熙攘攘的人群之中,消防员橙色的身影以及背后的LED屏幕格外显眼,他们有序地行走在景区之间,不停地对游客说道:"前方道路湿滑,请注意脚下台阶,保证您和家人朋友的身体安全。"

在遇到游客摔伤、扭伤,出现身体不适、手机掉落崖边、小孩头受伤等突发问题时,也是这抹橙色的身影最早出现,用最快的速度将游客运送至安全地带。"有难处到服务站,有困难找消防!"这句简单的话让景区游客感受到温暖和阳光。

在景区的一角,一个挂有"执勤便民服务站"牌子的服务点格外显眼。这是黄果树消防结合景区应急救援建立的服务站,专门为游客服务,设有紧急救援装备,为游客提供应急药品、矿泉水、充电器等。服务站内鲜红的留言板记录着不同时期游客们对消防员工作的肯定"和平时代,最可爱的人""人民信任的卫士,国家忠诚的队伍",黄果树消防必将勇于担当、不辱使命,初心不改,赤诚为民。

有一种责任,叫坚守岗位;有一种付出,叫无怨无悔。从节日第一天起,黄果树消防指战员们平均每天工作14小时、徒步巡逻20公里、往返上万个台阶,一道道橙色的身影来回穿梭在景区的每一个角落。

一面锦旗看似简单但却包含着莫大的荣耀和责任,黄果树消防救援大队全体消防救援人员将一如既往地发扬消防救援队伍优良传统,忠诚践行"对党忠诚、纪律严明、赴汤蹈火、竭诚为民"的铮铮誓言,切实担负起党和人民赋予的神圣职责和光荣使命,永远做党和人民的忠诚卫士。

(资料来源:百度.景区里的一抹"火焰蓝" 游客眼中的一道"暖心景"[EB/OL].(2023-08-30)[2024-01-15].https://baijiahao.baidu.com/s?id=1775617738020687799&wfr=spider&for=pc.有改动)

三、处置火灾事故

（一）组织灭火、疏散

1. 报告有关部门灭火

火灾发生后，发现火灾的工作人员应立即向景区消防指挥机构报告，说明火灾发生的地点、火势大小，视火灾发生的严重程度来决定是否拨打 119 灭火。现场具备灭火技能的工作人员可以根据火灾的特点用灭火器进行灭火。景区消防指挥机构接到报告后，立即组织灭火队伍进行灭火。如果火灾情况比较复杂，景区消防队伍应配合火警的灭火工作。

2. 切断火源

如果是电器类火灾，发生地工作人员应通知电工切断电源。火灾发生周围的易燃易爆物应及时清理，避免引燃引爆这些物品。

3. 引导紧急疏散

火灾发生后，景区疏散工作人员应立即通知火灾所在地及周边的游客和其他人员向安全出口迅速撤离。景区疏散工作人员应注意合理引导，避免出现拥挤踩踏事件。

（二）保护现场、调查火灾起因

1. 保护现场

在组织灭火时，应注意不要擅自清理火灾发生的现场，注意保护。

2. 调查火灾起因

配合公安部门调查火灾发生的原因，是人为还是自然原因，是故障还是操作失误。

（三）抢救伤员

火灾发生过程中如果有人员烧伤情况应立即在第一时间抢救，及时拨打 120 送往医院进行救治。还要注意安抚游客的情绪。

（四）善后处置工作

1. 做好受害人员的补偿工作

对于因火灾而导致伤亡的人员，景区应做好赔偿工作。联系保险公司，提供保险公司需要的理赔材料。

2. 进行火灾事故总结、整改

对火灾发生的原因及处置情况进行总结，吸取火灾教训，完善消防安全管理制度。对于不合格的地方进行整顿改造，避免再次出现火灾事故。

3. 进行灾后重建

对于因火灾而遭到破坏的建筑物、设施进行灾后修复和重建，建好并通过检查后，对游客重新开放。

课中实训

实训项目	以小组为单位,选择附近的景区,调查该景区火灾预防与处置的情况,分析应如何预防与处置火灾事故
实训目标	(1)了解景区消防设施的情况; (2)了解景区火灾事故的频率和种类; (3)结合课堂学习内容,掌握景区预防与处置火灾事故的措施
实训地点	
物料准备	相机或者可以摄像的手机、笔记本、笔等
实训过程	(1)被调查景区消防设施是否完善?是否存在安全隐患? (2)该景区应如何避免发生火灾事故? (3)该景区应如何处置火灾事故?
实训总结	知识获取	
	能力获取	
	素质获取	
实施人员	组长: 　　　　　　　　　　　　成员:
实训成绩	实训考勤(20分)	
	小组组织(20分)	
	项目质量(60分)	
效果点评	

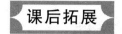

太原台骀山景区火灾事故

2020年10月1日,太原台骀山滑世界农林生态游乐园有限公司冰雕馆发生重大火灾事故,过火面积约2258平方米。

经现场勘验、调查询问、视频分析、技术鉴定及专家论证,调查认定引发火灾的直接原因是:当日景区10千伏供电系统故障维修结束恢复供电后,景区电力作业人员在将自备发电机供电切换至市电供电时,违章进行了操作,带负荷快速拉、合隔离开关,在景区小火车通道照明线路上形成的冲击过电压,击穿了装饰灯具的电子元件造成短路;通道内照明电气线路设计、安装不规范,采用无漏电保护功能的大容量空气开关无法在短路发生后及时跳闸切除故障,持续的短路电流造成电子元件装置起火,引燃线路绝缘层及聚氨酯保温材料,进而引燃聚苯乙烯泡沫夹芯板隔墙及冰雕馆内的聚氨酯保温材料。火势在风力作用下迅速扩大蔓延,产生大量高温有毒烟气。加之冰雕游览区游览线路设计复杂,疏散通道不通畅,部分安全出口被人为封堵,导致发生火灾时游览人员不能及时逃生,因一氧化碳中毒、呼吸道热灼伤、创伤性休克等原因造成人员伤亡。

(资料来源:中央纪委国家监委网站.太原台骀山游乐园冰雕馆"10·1"重大火灾事故调查报告公布[EB/OL].(2021-09-16)[2024-01-15]. https://www.ccdi.gov.cn/yaowen/202109/t20210916_250745.html.有改动)

甘肃山丹大佛寺凌晨起火

2023年7月24日凌晨,位于甘肃省张掖市山丹县的国家4A级旅游景区——山丹大佛寺发生火灾。火灾发生后,当地立即组织力量进行扑救。据现场人员介绍,截至10时左右,明火已基本扑灭。

山丹大佛寺,又名土佛寺,始建于北魏时期,历经数代,几番修葺,距今已有1500多年的历史。起火建筑为山丹大佛寺的大雄宝殿,建成于1998年,共7层木质结构,长30米、宽27米、高39米。消防救援人员对建筑断电后,进行出水控火,并对大殿周围人员进行疏散,经核查大殿内无人员被困。

2021年,甘肃山丹县大佛寺启动大规模修缮,历时一年,此次大规模修缮包含安防、消防系统工程。在未来,数字化监测和运用保护也将是大势所趋,全方位守护着千年大佛寺安危、呵护"新颜"。

山丹县大佛寺大佛殿与县级文物保护单位山丹大佛寺遗址相邻。根据甘肃省张掖市山丹县委宣传部25日通报,火情造成大佛殿损毁,但县级文物保护单位大佛寺遗址未受火灾影响,保存完好。

(资料来源:百度.甘肃山丹大佛寺凌晨起火!始建于北魏,历史上曾多次被损毁[EB/OL].(2023-07-24)[2024-01-15]. https://baijiahao.baidu.com/s? id = 1772312213161137486&wfr=spider&for=pc.有改动)

思考:如何预防、处置景区木质结构建筑火灾?

任务五　预防与处置野生动物伤人事件

景区屡有游客被猴咬

2019年10月6日下午,张女士与家人在江苏句容的宝盛园景区游玩时,被突然窜出的野猴咬伤。张女士说,她当时只是路过,并没有向猴子喂食或挑逗。而她去医务室打针时才知道,自己并不是唯一一个被咬的游客,一天中已有多起猴子咬伤人的事件发生。

景区负责人告诉记者,前两年这些猴子还怕人,这两年可能因为游客多了,也经常投喂猴子,导致猴子胆子越来越大。

2018年南京农业大学句容生物多样性调查团队,曾在茅山山脉发现100多只高度野化的猕猴种群,属于江苏第三个猕猴野外种群。据说2000年前后,茅山有10只左右的猕猴被放归野外,近两三年,猕猴种群迅速扩张,形成了单次目击超过100只的大集群。

虽然景区内已经张贴防范野猴的告示,但从2018年下半年开始,在景区已经发生多起野猴伤人事件,而且多次破坏路灯等设施。

目前,景区已经和被咬伤的游客协商处理,但眼看着冬天来临,找不到食物的野猴还会继续进入景区觅食,猕猴属于国家二级保护动物,如何有效预防猕猴伤人,该怎么管理,是一个需要解决的问题。

(资料来源:百度.景区屡有游客被猴咬,负责人:猕猴是保护动物,只能被动防御[EB/OL].(2019-10-08)[2024-01-15].https://baijiahao.baidu.com/s?id=1646808085061171450&wfr=spider&for=pc.有改动)

课前导入任务单

任务名称	预防与处置野生动物伤人	时间		班级	
成员名单					
任务要求	初步了解预防与处置景区野生动物伤人的措施				

(1) 结合导入案例,查阅相关资料,分析野生动物伤人事故发生的原因有哪些?

（2）结合案例,思考应如何处理野生动物伤人事故?

（3）请思考应如何处理野生动物保护与避免野生动物伤人的关系?

完成效果自评		优	良	合格	不合格
成员 姓名					

课中学习

目前,景区内野生动物伤人事件时有发生,景区需规范管理,做好防范措施,有效预防野生动物伤人,发生事故及时处理,保护游客和景区工作人员生命安全。

一、影响景区野生动物伤人的因素

（一）自然环境因素

以自然资源为主体的景区,如森林、名山大川等,生态环境良好,景区内野生动物较多,如蚊虫、毒蛇、狗熊、老虎、野猪等野生动物,容易发生野生动物伤人事故。

（二）景区管理因素

1. 防护管理措施不到位

对于可能发生野生动物伤人的区域,部分景区没有安装防护栏、防护网,没有设置警示标志,游客有误入危险区域的可能。景区缺少监控,对于野生动物的出没情况不能很好地监测。

2. 工作人员违规操作

景区对员工缺少安全培训,工作人员安全意识薄弱,不严格遵守景区的管理规定,容易导致自身或游客受到野生动物的伤害。如2010年西安秦岭野生动物园老虎伤人事故与工作人员没按规定关闭虎区第二道门有关。有的野生动物饲养员在饲养过程中不按程序操作,忽视了野生动物猎食的本性,把凶猛的野生动物当成是没有攻击性的朋友,被野生动物咬死或咬伤。

3. 以营利为目的,产生安全隐患

一些野生动物园为了提高野生动物资源的吸引力,增强游客喂食、接触野生动物的乐趣,增加喂食的销售量,不让动物吃饱,使动物处于饥饿状态,动物在饥饿的状态下很容易激发它们捕食猎物的兽性。为了营利,不让熊冬眠,动物园刻意不喂饱熊,导致其攻击性增强,把游客或饲养员咬伤或咬死。

(三)游客方面的因素

1. 安全意识淡薄

游客安全意识淡薄,无视景区的安全提示,受到野生动物的伤害。有的游客在参观野生动物时有侥幸心理,违反规定擅自下车、进入猛兽活动区域,将手或食物伸入猛兽活动区域。在景区遇到猴子等认为无害的野生动物时喂食、拍照,容易受到猴群等的攻击。

2. 喜欢探险

很多游客喜欢探险,去深山老林探秘,在与大自然亲密接触的同时,增加了与蛇虫猛兽接触的机会。由于部分游客缺乏相关的防护应急知识,很容易被野生动物伤害,有的甚至因抢救不及时而失去生命。

3. 放生野生动物

有的游客在景区放生狐狸、蛇、猴子等动物,放生的动物不一定能适应外在环境,有可能会破坏原有生态系统,还会造成他人财产损失或人身伤害。

二、预防野生动物伤人的措施

(一)加强防护管理

根据《中华人民共和国野生动物保护法》等法律法规保护管理景区的野生动物,针对野生动物的保护制订严格的管理制度和操作规程。对于危险性大、容易出事故的区域,景区应设置防护网、防护栏等隔离设施。野生动物园内游客自驾区域要做好防护,对车辆状况、行驶路线、行驶规范等方面进行严格的管理,禁止游客下车,保持游客与猛兽的安全互动距离。

(二)进行环境治理、排除隐患

及时清除景区道路旁的杂草、枯枝,防止蛇虫藏身;在重点危险区域安装监控设备,随时监控野生动物情况;在野生动物容易接近的地方加强人员巡逻,认真排查游客活动

区域是否存在野生动物靠近的安全隐患,开展灭虫、驱蛇工作,及时消除隐患。

(三)制订应急预案

景区应制订野生动物伤人应急预案,成立应急救援小组,确定应急救援小组成员的职责,明确各类野生动物伤人的预防措施、急救措施和处置流程。经常性开展应急预案的演练,确保发生事故时按照应急预案及时、有效地处理。

(四)加强对员工的教育培训

景区应加强对员工安全意识、操作规程、应急处理等方面的培训,提高员工的安全意识,严格规范员工的操作流程,使员工熟练掌握预防野生动物伤害的相关知识,并具备野生动物伤人事故的应急处理技能。

(五)及时提醒游客

对游客进行有针对性的安全教育,景区设置醒目的警示牌,提醒游客禁止事项、如何预防野生动物伤害、遇到凶猛野生动物的应急措施等,在门票上标注重要的注意事项,景区工作人员应按规程对游客进行安全提示,必要时可通过广播进行提醒,提醒游客与动物保持距离,不要触摸蜂窝,不要在草丛或人迹罕至的树林里行走,不要向猛兽扔东西等。

(六)管理游客行为

禁止游客在景区放生野生动物。在野生动物经常出没的地方,劝阻游客不要靠近玩耍。

▌▌ **相关链接** ▌▌

野生动物伤人事件频发,国庆出游要避免被动物伤害

随着"十一"国庆节假期临近,外出旅游将迎来一波高潮。而随着参加野外旅游的人数增加,动物致伤的风险相应升高。

2022年9月4日,有网友发布视频,在安徽九华山风景区游玩时,遇到了野猴抢包还咬伤了游客。九华山风景区工作人员在接受极目新闻采访时表示,这个季节野猴比较暴躁,看到颜色鲜艳的东西就会去抢。如游客被咬伤,景区可支付疫苗费用。

川藏线是318国道中的一段公路,不仅景色优美,更有许多珍奇野生动物出没。在抖音、快手等短视频平台,很多人发布自驾川藏线与土拨鼠"亲密互动"的短视频,包括直接用手喂食、喂水,投喂各种各样的食物,包括白菜、馒头、黄瓜、蛋糕等。四川省疾病预防控制中心曾发文指出,"喜马拉雅旱獭(俗称土拨鼠)是传播鼠疫的主要宿主之一。旱獭所携带的菌株是我们国家已发现的菌株中致病力最强、最容易导致死亡的菌株。"

在海滨城市游玩则要警惕海蜇蜇伤。据北海市人民医院官方公众号发布,该院内科医生陈文在文中表示,"7月10日值班几个小时,从18:00到24:00就接诊了十多例

海蜇蜇伤的患者,他们大多数是游客,也有个别本地人,也有一些到海边训练的人"。据医院急诊科医务人员介绍,根据往年的接诊统计数据来看,每年的5月起就会接诊海蜇伤的患者,从6月起就是接诊的高峰期,一般会持续到国庆假期。

秋季也是蛇出没的高峰期,户外活动需要注意防范。据福建网络广播电视台9月26日报道,最近一段时间,三明市中西医结合医院已收治蛇伤患者11例,医院医生邓盛灌提示,被蛇咬伤要及时就诊,还要记住蛇的外观、颜色、形状。

北京清华长庚医院全科医学科副主任医师王非在接受健康时报采访时表示,"外出游玩时遇到野生动物不能接触及投喂,主要原因有三方面:一是野生动物可能携带病原体,接触可能会造成感染;二是可能引起动物的攻击行为,造成动物致伤;三是人会打扰野生动物的自然生存环境,伤害野生动物尤其是国家保护动物则需要负法律责任。"

2022年8月6日,国家卫生健康委员会发布《常见动物致伤诊疗规范(2021版)》,对犬咬伤、猫抓咬伤、啮齿动物致伤、蛇咬伤、猴咬伤、马咬伤、猪咬伤、禽类啄伤、胡蜂蜇伤、海蜇蜇伤、蚂蚁蜇伤、蜱咬伤、蜘蛛咬伤、石头鱼刺伤14种动物致伤和狂犬病诊疗进行了规范。目前多地医院都开设有"动物致伤"门诊,如果被动物致伤需及时就诊。

(资料来源:百度.野生动物伤人事件频发,国庆出游要避免被动物伤害[EB/OL].(2022-09-28)[2024-01-15].https://baijiahao.baidu.com/s?id=1745212849878404097&wfr=spider&for=pc.有改动)

三、处置野生动物伤人事故

(一)毒蛇伤人的处理措施

一旦被毒蛇咬伤,受伤人必须镇定,不能乱跑,防止活动引发毒素快速扩散。景区应立即启动应急预案,进行现场初步处理,并送往医院。

1. 立即缚扎

用止血带或随身带的绳、毛巾、手帕、布条,在伤口的近心端上5~10厘米处捆绑紧,注意不能太紧。

2. 冲洗伤口,挤出毒血

先用生理盐水、肥皂水(也可用矿泉水、冷开水)清洗伤口,然后用消毒刀切开伤口冲洗,并把毒血挤出来。

3. 立即送医

尽快将受伤游客送往有条件救治的医院急救。

(二)毒蜂伤人的处理措施

游客被毒蜂蜇伤,景区应立即启动应急预案,采取措施进行救助。

(1)拔除蜂刺:被毒蜂蜇伤后,蜂刺会留在皮肤里,应用消毒的镊子或针将蜂刺剔出,然后排出毒素。

(2)清洗伤口:被毒液是酸性的毒蜂蜇伤可以用碱性溶液(必要时用肥皂水)清洗伤口。

(3)送往医院:如果病人病情较重,应立即送往医院救治。如果病人休克,应注意在送医过程中采取措施保持病人呼气通畅。

（三）遭遇猛兽袭击的应对方法

1. 逃生方法

遇到老虎、黑熊之类的猛兽,尽量做到不慌张,不要立即转身逃跑,防止野兽从后方追击,尽量正视野兽的眼睛,让它看不出人们下一步的行动,注意以下几个方面的逃生技巧。

（1）遇到老虎、豹子、野猪、黑熊等大型野兽时,应正对着它们慢慢后退,尽量沉着冷静,退到安全范围后再转身逃跑。

（2）见到猛兽时注意不要激怒它,不要向其抛掷物品,不要拍照。

（3）在与猛兽对峙时,尽量想办法发出求救信息。

（4）夜晚时,可以用火吓跑野兽。

（5）如果猛兽已经扑上来,立即采取防卫措施,同行的人要互相救助。如果是黑熊攻击,可以用手中可用的物品,打它的眼睛、鼻子或脖子、喉部等;如果是狮子,可以用棍棒打它的头部,尤其是眼睛和嘴巴周围的部位。

2. 猛兽袭击事故的处理措施

（1）景区出现猛兽袭击事故时,现场作业人员应立即向应急救援负责人报告。

（2）在应急救援负责人带领下,应急救援小组立即组织救援,使用麻醉枪等工具帮助遭受袭击人员脱离困境。

（3）为受伤人员止血,伤口消毒、包扎,并立即送往医院救治。

（4）调查事故发生的原因,做好责任界定、赔偿等后续事项。

（5）吸取教训,改进管理,避免再次发生类似事故。

课中实训

实训项目	以小组为单位,采用网络调查的方式,收集近五年发生在景区内比较典型的野生动物伤人事故,分析发生的原因
实训目标	（1）了解目前景区野生动物伤人的情况; （2）结合课堂学习内容,掌握景区预防与处置野生动物伤人事故的措施
实训地点	
物料准备	相机或者可以摄像的手机、笔记本、笔等
实训过程	（1）请简单描述两起比较典型的野生动物伤人事故。 （2）景区发生野生动物伤人事故后,景区采取了哪些措施?

实训过程	（3）请简述景区应如何避免发生野生动物伤人事故？	
实训总结	知识获取	
	能力获取	
	素质获取	
实施人员	组长：	成员：
实训成绩	实训考勤（20分）	
	小组组织（20分）	
	项目质量（60分）	
效果点评		

课后拓展

深圳一景区野猪被投喂成网红猪，景区呼吁保持距离

继青海可可西里野狼被喂胖走红之后，广东深圳的梧桐山也出现了一群特殊的"网红"——野猪。有游客发布视频称，这些野猪不仅不凶猛，反而和游客亲近，甚至有游客表示上山就是为了看野猪。

2023年12月3日，记者联系上多位去过梧桐山的游客。其中一位女游客表示，自己走梧桐山凌云道看到了野猪，周围人很多，大家都围在旁边拍照，野猪显得非常友好。"梧桐山的野猪，可以和可可西里的'网红狼'交流饮食文化了！"另一游客发布了投喂野猪的视频并说道。她还向记者表示，野猪并不凶猛，非常可爱。

随后，记者联系上广东深圳梧桐山国家森林公园。工作人员回复称，公园的确有野猪出没，但未统计具体数量。因为野猪是野生动物，公园也没有对其进行伤害，主要以防护为主。景区人气比较旺，估计野猪见游客比较多，习惯了，也不躲避人群了。大多数游客看到野猪后会躲避，不过一些游客在游览过程中看到野猪后好奇，会拍照，或者用水果、面包等进行投喂。为此，公园方也接到过相关反映，也安排人员看到后进行提醒和劝阻，暂未接到游客被野猪伤害的案例。监控显示，野猪有时候也会在公园各个垃圾桶进行觅食。不过工作人员提醒游客，安全起见，最好与野猪保持距离。

（资料来源：百度.深圳一景区野猪被投喂成网红猪，景区呼吁保持距离[EB/OL].（2023-12-03）[2024-01-15].https://baijiahao.baidu.com/s？id=1784254239599127933&wfr=spider&for=pc.有改动）

思考：你如何看待网红野猪现象？你认为景区应采取哪些措施保护游客的安全？

模块三 旅游景区管理

旅游景区营销管理

任务一　旅游资源调查与评价

课前导入

重庆网红打卡地

一、洪崖洞

洪崖洞是古重庆城门之一,有现实版的"天空之城"的美称。这里以传统吊脚楼、仿古商业街以及背后高楼大厦组成的景观,夜游览洪崖洞,在古铺的灯光陪衬着古代的建筑以及后面现代化的高楼大厦,组成一幅既壮观又很有冲击感的画面,给人一种说不出的畅快感,是重庆最火爆的网红景点之一。

二、轻轨穿楼(李子坝站)

李子坝站是重庆城市轨道交通 2 号线的一座高架侧式车站,位置在一栋大楼的八楼上,轻轨从八楼中间穿越,给人一种穿越了时间和空间的感觉,因此而火遍了全国。

三、红土地地铁站

红土地地铁站是 2017 年 12 月 28 日开通,作为换乘站的红土地站刷新了中国地铁站深度之最,红土地站成为全国最深地铁站。乘客需连续乘坐 4 部扶手电梯上行换乘 6 号线,而 6 号线需连续乘坐 4 部扶手电梯才可到达地面,经计算,从 10 号线出到地面需连续乘坐 8 部扶手电梯,大约耗时 7 分钟。

(资料来源:百度.重庆网红打卡地[EB/OL].(2023-10-17)[2024-02-24].https://baijiahao.baidu.com/s?id=1779985281282791969&wfr=spider&for=pc.)

课前导入任务单

任务名称	旅游资源调查与评价	时间		班级	
成员名单					
任务要求	(1)能够初步对旅游资源有所理解; (2)能够对旅游资源的本质特点有所了解				

(1)查阅旅游资源的相关材料,请给旅游资源下一个定义。

(2)你还能举出哪些有网红打卡地的案例?

(3)你认为这些网红打卡地是不是旅游资源?

完成效果自评	优	良	合格	不合格
成员 姓名				

课中学习

一、旅游资源的分类

《旅游资源分类、调查与评价》(GB/T 18972—2003)由国家质量监督检验检疫总局 2003 年 2 月 24 日发布,并于 2003 年 5 月 1 日实施。标准的起草单位为中国科学院地理科学与资源研究所、(原)国家旅游局规划发展与财务司,由全国旅游标准化技术委员会归口并解释。在分类结构上,采用主类、亚类和基本类型三个层次,共划分出八大主类、31 个亚类和 155 个基本类型,如表 6-1 所示。

表 6-1　中国旅游资源普查分类表

主　类	亚　类	基 本 类 型
A 地文 景观	AA 综合自 然旅游地	AAA 山丘型旅游地　AAB 谷地型旅游地　AAC 沙砾石地型旅游地　AAD 滩地型旅游地　AAE 奇异自然现象　AAF 自然标志物　AAG 垂直自然地带
	AB 沉积与 构造	ABA 断层景观　ABB 褶曲景观　ABC 节理景观　ABD 地层剖面　ABE 钙华与泉华　ABF 矿点矿脉与矿石积聚地　ABG 生物化石点

主　类	亚　类	基 本 类 型
A地文景观	AC地质、地貌过程形迹	ACA 凸峰　ACB 独峰　ACC 峰丛　ACD 石(土)林　ACE 奇特与象形山石　ACF 岩壁与岩缝　ACG 峡谷段落　ACH 沟壑地　ACI 丹霞　ACJ 雅丹　ACK 堆石洞　ACL 岩石洞与岩穴　ACM 沙丘地　ACN 岸滩
	AD自然变动遗迹	ADA 重力堆积体　ADB 泥石流堆积　ADC 地震遗迹　ADD 陷落地　ADE 火山与熔岩　ADF 冰川堆积体　ADG 冰川侵蚀遗迹
	AE岛礁	AEA 岛区　AEB 岩礁
B水域风光	BA河段	BAA 观光游憩河段　BAB 暗河河段　BAC 古河道段落
	BB天然湖泊与池沼	BBA 观光游憩湖区　BBB 沼泽与湿地　BBC 潭池
	BC瀑布	BCA 悬瀑　BCB 跌水
	BD泉	BDA 冷泉　BDB 地热与温泉
	BE河口与海面	BEA 观光游憩海域　BEB 涌潮现象　BEC 击浪现象
	BF冰雪地	BFA 冰川观光地　BFB 常年积雪地
C生物景观	CA树木	CAA 林地　CAB 丛树　CAC 独树
	CB草原与草地	CBA 草地　CBB 疏林草地
	CC花卉地	CCA 草场花卉地　CCB 林间花卉地
	CD野生动物栖息地	CDA 水生动物栖息地　CDB 陆地动物栖息地　CDC 鸟类栖息地　CDE 蝶类栖息地
D天象与气候景观	DA光现象	DAA 日月星辰观察地　DAB 光环现象观察地　DAC 海市蜃楼现象多发地
	DB天气与气候现象	DBA 云雾多发区　DBB 避暑气候地　DBC 避寒气候地　DBD 极端与特殊气候显示地　DBE 物候景观
E遗址遗迹	EA史前人类活动场所	EAA 人类活动遗址　EAB 文化层　EAC 文物散落地　EAD 原始聚落
	EB社会经济文化活动遗址遗迹	EBA 历史事件发生地　EBB 军事遗址与古战场　EBC 废弃寺庙　EBD 废弃生产地　EBE 交通遗迹　EBF 废城与聚落遗迹　EBG 长城遗迹　EBH 烽燧
F建筑与设施	FA综合人文旅游地	FAA 教学科研实验场所　FAB 康体游乐休闲度假地　FAC 宗教与祭祀活动场所　FAD 园林游憩区域　FAE 文化活动场所　FAF 建设工程与生产地　FAG 社会与商贸活动场所　FAH 动物与植物展示地　FAI 军事观光地　FAJ 边境口岸　FAK 景物观赏点
	FB单体活动场馆	FBA 聚会接待厅堂(室)　FBB 祭拜场馆　FBC 展示演示场馆　FBD 体育健身场馆　FBE 歌舞游乐场馆
	FC景观建筑与附属型建筑	FCA 佛塔　FCB 塔形建筑物　FCC 楼阁　FCD 石窟　FCE 长城段落　FCF 城(堡)　FCG 摩崖字画　FCH 碑碣(林)　FCI 广场　FCJ 人工洞穴　FCK 建筑小品
	FE归葬地	FEA 陵区陵园　FEB 墓(群)　FEC 悬棺
	FF交通建筑	FFA 桥　FFB 车站　FFC 港口渡口与码头　FFD 航空港　FFE 栈道
	FG水工建筑	FGA 水库观光游憩区段　FGB 水井　FGC 运河与渠道段落　FGD 堤坝段落　FGE 灌区　FGF 提水设施

续表

主 类	亚 类	基 本 类 型
G 旅游商品	GA 地方旅游商品	GAA 菜品饮食　GAB 农林畜产品与制品　GAC 水产品与制品　GAD 中草药材及制品　GAE 传统手工产品与工艺品　GAF 日用工业品　GAG 其他物品
H 人文活动	HA 人事记录	HAA 人物　HAB 事件
	HB 艺术	HBA 文艺团体　HBB 文学艺术作品
	HC 民间习俗	HCA 地方风俗与民间礼仪　HCB 民间节庆　HCC 民间演艺　HCD 民间健身活动与赛事　HCE 宗教活动　HCF 庙会与民间集会　HCG 饮食习俗　HGH 特色服饰
	HD 现代节庆	HDA 旅游节　HDB 文化节　HDC 商贸农事节　HDD 体育节
8 主类	31 亚类	155 基本类型

二、旅游资源的特点

旅游资源的
特点.mp4

旅游资源同世界上其他各种资源一样,既有其共性的一面,又有其自身所独有的特点。

(一)观赏性和体验性

旅游资源与一般资源最主要的差别,就是它有美学特征,具有观赏价值,其作为资源所共有的经济性,在很大程度上也是通过观赏性来实现的。体验性也是旅游资源区别于其他资源的又一特性,许多民俗旅游资源,如民族歌舞、民族婚庆等表现出的可参与性对异质文化区域的旅游者具有相当大的吸引力。

(二)时限性和区域性

时限性是由所在地的纬度、地势和气候等因素所决定的,这些因素造成的自然景观的季节变化使旅游业的发展在一年之中会出现明显的淡旺季之分。地理环境的区域分异必然导致其各地域赋存资源的差异化,故而旅游资源的区域差异是客观存在的。这种区域差异反映到旅游资源上便形成独具一格的地方特色。

(三)多样性和综合性

由旅游资源的定义可知,它是一个集合概念任何能够对旅游者产生吸引力的因素都可以转化为旅游资源。这些因素的共同作用,使旅游资源存在于自然和社会的各方面,其多样性和广泛性为其他资源所不及。区域旅游资源的构成要素种类越丰富、联系越紧密,其生命力就越强,就越能吸引旅游者。

(四)垄断性和不可迁移性

旅游资源的可模仿性差,难以移植或复制,历史文化遗产和自然旅游资源都因为地理上的不可移动性而具有垄断性的特点。如我国的长江三峡、桂林山水、九寨沟黄龙的彩池群等,均无法用人工力量来搬迁或异地再现。那些历史感强烈的资源,更无法离开特定的地理环境和历史背景,因为其历史价值与观赏价值难以体现。

(五) 永续性和不可再生性

与矿产、森林等自然资源随着人类的不断开采会发生损耗不同,旅游者的参观游览所带走的只是印象和观感,而非旅游资源本身。因此,从理论上讲,旅游资源可以长期甚至永远地重复使用下去,但是旅游资源如果利用和保护不当也会遭到破坏。一种使用过度的有形旅游资源可能被毁坏,甚至不可再生。

(六) 吸引性和定向性

旅游活动以旅游者在空间上的移动为前提,而旅游资源所具有的吸引力,是引发这一空间行为的重要动因。就某项具体的旅游资源而言,它可能对某些旅游者吸引力颇大,却对另一些旅游者无多大吸引力,甚至根本没有吸引力。

三、旅游资源调查

(一) 调查准备

1. 调查组

调查组成员应具备与该调查区旅游环境、旅游资源、旅游开发有关的专业知识,一般应吸收旅游、环境保护、地学、生物学、建筑园林、历史文化、旅游管理等方面的专业人员参与;根据基本标准的要求,进行技术培训;准备实地调查所需的设备,如定位仪器、简易测量仪器、影像设备等;准备多份"旅游资源单体调查表"。

2. 资料收集范围

与旅游资源单体及其赋存环境有关的各类文字描述资料,包括地方志书、乡土教材、旅游区与旅游点介绍、规划与专题报告等;与旅游资源调查区有关的各类图形资料,重点是反映旅游环境与旅游资源的专题地图;与旅游资源调查区和旅游资源单体有关的各种照片、影像资料。

(二) 实地调查

1. 程序与方法

确定调查区内的调查小区和调查线路,为便于运作和此后旅游资源评价、旅游资源统计、区域旅游资源开发的需要,将整个调查区分为"调查小区"。调查小区一般按行政区划分(如省级一级的调查区,可将地区一级的行政区划分为调查小区;地区一级的调查区,可将县级一级的行政区划分为调查小区;县级一级的调查区,可将乡镇一级的行政区划分为调查小区),也可按现有或规划中的旅游区域划分。调查线路按实际要求设置,一般要求贯穿调查区内所有调查小区和主要旅游资源单体所在的地点。

相关链接

旅游资源单体调查评价路线

路线目的：掌握旅游资源调查的基本方法，能够识别旅游资源单体的旅游、历史文化及科学考察价值。本文推荐角山长城路线。

实习要求：组成调查小组；根据GB/T 18972—2003，提前阅读相关资料，包括与旅游资源单体及其赋存环境有关的文字描述，有地方志、旅游区与旅游点介绍等，与旅游资源调查区有关的图形资料，以及与旅游资源单体有关的照片、影像等；提前准备好相关仪器设备，包括相机、GPS、绘图工具、地质罗盘等；可以任意选择以上旅游资源所对应的旅游目的地进行单体调查。

路线步骤：登山过程中，小组内部分工完成定位、绘图、摄影及旅游资源单体调查表草表的填写，填写草表要求全面准确，并依据GB/T 18972—2003中的表2"旅游资源评价赋分标准"确定的项目、赋分标准及方法进行打分定级。实地调查结束后，集体讨论草表及各项赋分的客观性及准确性，完善旅游资源单体调查表。由于角山长城旅游资源是山海关区系列长城旅游资源之一，查阅相关资料，通过对比讨论长城旅游资源发展现状。

（资料来源：韩晓薇，李红，李晓燕，等.地理科学专业旅游资源调查实践教学路线设计[J].教育教学论坛，2018(44)：43.）

2. 选定调查对象

选定单体进行重点调查：具有旅游开发前景，有明显经济、社会、文化价值的旅游资源单体；集合型旅游资源单体中具有代表性的部分；代表调查区形象的旅游资源单体。

对下列旅游资源单体暂时不进行调查：明显品位较低，不具有开发利用价值的；与国家现行法律、法规相违背的；开发后有损于社会形象的或可能造成环境问题的；影响国计民生的；某些位于特定区域内的。

四、旅游资源评价

对每一调查单体分别填写一份"旅游资源单体调查表"（见课中实训任务单）。

依据旅游资源单体评价总分，将其分为五级，从高级到低级为：五级旅游资源，得分值域≥90分；四级旅游资源，得分值域≥75～89分；三级旅游资源，得分值域≥60～74分；二级旅游资源，得分值域≥45～59分；一级旅游资源，得分值域≥30～44分；未获等级旅游资源，得分≤29分。

其中：五级旅游资源称为"特品级旅游资源"；五级、四级、三级旅游资源被通称为"优良级旅游资源"；二级、一级旅游资源被通称为"普通级旅游资源"。

课中实训

实训项目	以小组为单位，选择附近的1～2家景区，根据下面的评价表对其旅游资源进行评价打分
实训目标	（1）掌握旅游资源的调查流程； （2）掌握旅游资源的分类方法； （3）掌握旅游资源的评价方法

实训地点			
物料准备		相机或者可以摄像的手机、笔记本、笔等	
评价项目	评价因子	评价依据	赋值
资源要素价值（85分）	观赏游憩使用价值（30分）	全部或其中一项具有极高的观赏价值、游憩价值、使用价值	22～30
		全部或其中一项具有很高的观赏价值、游憩价值、使用价值	13～21
		全部或其中一项具有较高的观赏价值、游憩价值、使用价值	6～12
		全部或其中一项具有一般观赏价值、游憩价值、使用价值	1～5
	历史文化科学艺术价值（25分）	同时或其中一项具有世界意义的历史价值、文化价值、科学价值、艺术价值	20～25
		同时或其中一项具有全国意义的历史价值、文化价值、科学价值、艺术价值	13～19
		同时或其中一项具有省级意义的历史价值、文化价值、科学价值、艺术价值	6～12
		历史价值，或文化价值，或科学价值，或艺术价值具有地区意义	1～5
	珍稀奇特程度（15分）	有大量珍稀物种，或景观异常奇特，或此类现象在其他地区罕见	13～15
		有较多珍稀物种，或景观奇特，或此类现象在其他地区很少见	9～12
		有少量珍稀物种，或景观突出，或此类现象在其他地区少见	4～8
		有个别珍稀物种，或景观比较突出，或此类现象在其他地区较多见	1～3
	规模、丰度与概率（10分）	独立型旅游资源单体规模、体量巨大；集合型旅游资源单体结构完美、疏密度优良级；自然景象和人文活动周期性发生或频率极高	8～10
		独立型旅游资源单体规模、体量较大；集合型旅游资源单体结构很和谐、疏密度良好；自然景象和人文活动周期性发生或频率很高	5～7
		独立型旅游资源单体规模、体量中等；集合型旅游资源单体结构和谐、疏密度较好；自然景象和人文活动周期性发生或频率较高	3～4
		独立型旅游资源单体规模、体量较小；集合型旅游资源单体结构较和谐、疏密度一般；自然景象和人文活动周期性发生或频率较小	1～2
	完整性（5分）	形态与结构保持完整	4～5
		形态与结构有少量变化，但不明显	3
		形态与结构有明显变化	2
		形态与结构有重大变化	1
资源影响力（15分）	知名度和影响力（10分）	在世界范围内知名，或构成世界承认的品牌	8～10
		在全国范围内知名，或构成全国性的品牌	5～7
		在本省范围内知名，或构成省内的名牌	3～4
		在本地区范围内知名，或构成本地区名牌	1～2
	适游期或使用范围（5分）	适宜游览的日期每年超过300天，或适宜于所有游客使用和参与	4～5
		适宜游览的日期每年超过250天，或适宜于80%左右游客使用和参与	3
		适宜游览的日期超过150天，或适宜于60%左右游客使用和参与	2
		适宜游览的日期每年超过100天，或适宜于40%左右游客使用和参与	1
附加值	环境保护与环境安全	已受到严重污染，或存在严重安全隐患	－5
		已受到中度污染，或存在明显安全隐患	－4
		已受到轻度污染，或存在一定安全隐患	－3
		已有工程保护措施，环境安全得到保证	3
实训总结	知识获取		
	能力获取		
	素质获取		

续表

实施人员	组长:	成员:
实训成绩	实训考勤（20分）	
	小组组织（20分）	
	项目质量（60分）	
效果点评		

课后拓展

撰写旅游资源调查报告

《旅游资源调查报告》文本要求以实际调查材料为基础，论点要言之有据。文字应力求简洁、明确；要尽量采用图文并茂的表示方法。主要内容包括以下部分。

（1）前言包括调查任务来源、目的、要求，调查区位置、行政区划与归属、范围、面积，调查人员组成，工作期限，工作量和主要资料及其成果等。

（2）调查区旅游环境包括调查区自然地理特征、交通状况和社会经济概况等。

（3）旅游资源开发历史和现状包括旅游资源的成因、类型、分区、特色、功能结构、开发现状等。

（4）旅游资源单体报告包括调查区域内所有旅游资源单体的类型、名称、分布位置、规模、形态和特征（可附带素描、照片、录像资料等）。

（5）旅游资源评价通过对调查区的旅游资源进行定性和定量的评价，评定旅游资源的级别和吸引力。

（6）旅游资源保护与开发建议阐明调查区内的旅游资源开发指导思想、开发途径、步骤和保障措施。

（7）主要参考文献的选取与编排要注意按学术规范要求。

（资料来源：根据网络资料整理。）

作业：以周围景区为例，尝试撰写一份旅游资源调查报告。

任务二 旅游景区目标市场细分和定位

课前导入

从景区定位策划、产品策划看篁岭模式

景区一旦具备了富有市场影响力的主题定位，其景观、产品设计以及产业布局，就有

了方向和依托；经过日积月累的沉淀，就会产生底蕴，凝铸为景区的灵魂，并彰显出个性和气质；景区也就有了品牌、效益和可持续发展的原动力。这就是景区特色，这样的景区才有垄断性或唯一性。

2019年国庆黄金周，篁岭景区共计接待游客11万人，又一次刷新篁岭"黄金周"游客量纪录。全年购票人数达142万＋，在全省收费景区中名列前五，再创历史新高。中央电视台《生财有道》《乡村大舞台》《我们的节日》先后到篁岭拍摄专题片，全年登上人民日报5次，央视新闻13次，学习强国平台17次，新华社、新华网、人民网、中新网等各大官媒总网百余条。

旅游景区定位有五个要点，分别如下。

一、深度剖析自己

篁岭地处江西省东北部婺源县，紧靠安徽省黄山市，属于古徽州一府六县之一，建设之初其打造核心就是古徽州村落文化，时至今日，渐渐发展成为汉族古文化代表之一，甚至成为中国对外文化输出的典型案例，但是在进行文化定位的时候，众多景区需要避开某些误区。

文化厚重度与自身体量要相结合，文化IP越大，中远程游的游客比例就越高，所以产品打造必须因地制宜。反之，如果景区体量特别大，那它的文化IP就不能过于小众。例如长沙市的铜官窑景区，投资百亿元的体量不可谓不大，但是依托的是长沙铜官窑遗址，如此大的帽子，实在是难以戴上，导致景区现在周边游区位不方便、产品无优势，中远程游IP没有吸引力，发展举步维艰。至于小景区树个巨大文化旗帜的比比皆是，这里就不举例了。

二、客观研究对手

古镇虽然是观光型产品的一种，但其有较高的深入体验度，对于游客的收入水平、欣赏水平、知识水平有一定要求，而上述景区要么位于经济发达地区，要么紧靠旅游目的地。而篁岭本地市场人口基数少、经济水平低，仅靠周边市场难以提供充足的客流量，必须填充中远程客源，所以在产品设计、打造时，必须根据目标客源地需求因地制宜。

再观这些景区，提起他们首先让人想起的是各自身上典型的文化标签，例如，凤凰古镇的少数民族文化、周庄的江南水乡文化。而徽州文化作为一个极具地方特色的区域文化，被誉为中国三大地域文化之一、后期中国封建社会的典型标本，是篁岭景区立足、并在未来与其他产品同台竞技的不二之选。

三、寻找差别优势

虽然融入古徽州地区，抱紧黄山、千岛湖、三清山等周边旅游景区的大腿，截流这些地区的客源是一条非常不错的选择。但是，主打徽州文化的古镇古村已经遍地开花，在婺源，与篁岭毗邻的就有5A级景区江岭、黄山脚下有西递和宏村，大家都盯着外地客源，那篁岭要如何从这些景区当中脱颖而出呢，关键在于打造自身独有的特色。

结合自身的地形优势，篁岭在春秋旅游旺季，分别推出了春季赏梯田油菜花海、秋季看山区农俗晒秋文化，形成了独特的景区标签。特别是晒秋现在已经成了农家喜庆丰收的"盛典"，篁岭晒秋被文化和旅游部评为"最美中国符号"之后，其更演变成乡村旅游提升的"图腾"和名片。篁岭每年重阳举办晒秋文化节，吸引数十万人去婺源赏秋拍摄。

四、锁定、放大核心优势

篁岭另辟蹊径,通过对村庄进行全面产权收购、搬迁安置的办法,使古村落建筑和古村文化得以保持,再加以修缮,最佳地呈现篁岭古村风貌,创了"人下山""屋上山""貌还原"的"篁岭模式"。这种方式不仅最大限度保留了原汁原味的古建筑群,还避免落入现在大多数古镇"不古"的境地。也不同于其他景区所采用的"就地开发和利用"模式,景区同时持有所有权与经营权、统一管理,从而避开了因产权不明晰引发利益争端、村落过度商业化、景区运营混乱、服务落后等问题。

五、无限放大优势

篁岭利用新景区的优势通过微博、微信借助网络传播影响力做创意营销。例如,2014 年国庆节时期,篁岭村民通过 500 斤朝天椒"晒"出的一面国旗,在网络上获得了很快的传播,在全国第一次喊出了"晒秋"口号,被文化和旅游部评为"最美中国符号"。

挖掘篁岭模式经验的同时,我们不能落入幸存者偏差陷阱,同样也要正视篁岭的不足,它也在不停尝试、不断试错,例如它为了吸引年轻群体、提高游客体验感、增加景区收益,建造了冰雪世界、多人漂流、滑索等游乐项目,但是至今无法实现大的收益,更无法成为保持古镇长盛不衰的新鲜血液,定位策划与产品策划是不断升级、不断自我改良的过程,故步自封必将被市场所摒弃。

(资料来源:百度."悬崖上的古村",创造乡村旅游的篁岭模式[EB/OL].(2023-09-25)[2024-02-24].https://news.sohu.com/a/723306869_120268734.)

课前导入任务单

任务名称	景区目标市场细分和定位	时间		班级	
成员名单					
任务要求	能够对景区市场定位的重要性有所认知				
(1) 景区市场定位对景区的发展有什么重要作用? 					
(2) 篁岭景区在市场定位中遵循的原则有哪些? 					
(3) 根据篁岭景区案例,请简述旅游景区应如何找准市场定位? 					

续表

完成效果自评	优	良	合格	不合格
成员 姓名				

课中学习

景区目标
市场选择的
策略.mp4

一、景区市场调研

　　旅游景区的营销工作是景区管理中的重要环节。景区营销工作的成败直接关系到景区的经济和社会效益。因此,景区管理者往往积极拓展营销渠道,加强宣传力度,致力于对旅行社和OTA渠道的搭建和景区产品和服务水平的提升等。然而,在实际的营销工作过程中,管理者是否真正了解了旅游者的需求?是否做好了客源市场的调查分析?是否能够让游客身心愉悦,满意而归?只有景区管理者认真做好市场调研,才能更好地回答上述问题。

　　景区市场调研必须从实际出发,有计划、有步骤、有针对性地进行,要运用科学的方法和手段,对旅游市场进行调查和预测,并据此对旅游市场进行科学的分析。景区市场调研能够有效预测和应对旅游者复杂多样的需求,预测其发展趋势,进而开发新项目,提高景区的竞争力。

(一)调研内容

1. 市场需求分析

　　市场分析的核心是景区供给与旅游者需求分析(供需分析),而供需分析的核心是旅游者需求分析。需求分析是个庞大的体系,以需求地域性角度分析为例,每个市场半径如国际市场需求、国内市场需求、区域性市场需要,本地市场需求,都有与其相对应且符合时代的主流需求。

　　此外,还需要调查游客的年龄、性别、学历、职业、收入、家庭、出游方式、出游率、出游目的(旅游动机)、旅游消费、偏好、出游经历、满意度、对旅游目的地的印象、对宣传广告的反应等方面的内容。

　　旅游消费需求分析主要包括消费水平、消费结构、消费习惯。

　　1)消费水平

　　国际经验表明,当人均GDP达到300美元时,人们开始产生旅游需求;当人均GDP达到3000美元时,将迎来一个国内游、入境游与出境游全面繁荣的"全民旅游"时代,旅游需求也会向休闲、度假形态转化。目前我国大部分地区已超过标准,进入旅游展兴盛期。

2012年中国人均GDP 6101.9美元,共有27个省、自治区的人均GDP突破4000美元大关。但根据旅游实际发展,目前中国旅游进入高速增长时期,但与国际发达国家的"全民旅游"时代仍有很大差距。因此判断中国境内旅游消费水平,应从中国国情,采用旅游有效需求来进行评定。

在旅游市场中,旅游有效需求是指在可支配收入中,既有购买欲望,又有支付能力的需求。它主要受两个因素影响,人均可支配收入和边际旅游消费倾向。边际旅游消费倾向是指公民在每增加一个单位的可支配收入中用于旅游支出部分的比例。以上两个影响因素的变化表现为公民的理性消费行为,即取决于公民对收入和支出的预期。公民收入预期越高旅游消费倾向越大,反之亦然。可支配收入是旅游有效需求的物质前提和基础,公民把多少可支配收入用于旅游支出取决于它的预期,因此,旅游的有效需求与收入增长预期成正比,而与各种未来支出增长预期成反比。

2)消费结构

旅游消费结构,是指旅游者在旅游过程中所消费的各种类型的旅游产品及相关消费资料的比例关系。从两个维度衡量:一是向旅游者提供的住宿、餐饮、交通、游览、娱乐和购物等各类旅游产品在旅游消费中的占比结构;二是由不同年龄、收入水平组成的消费群体的结构。对消费结构的分析将有效指导旅游产品的业态规划和品牌定位。

3)消费习惯

消费习惯是人们长期维持的对于某类旅游产品的一种消费需要,它形成于人们长期生活的积累。这种稳定性的消费习惯对购买行为有重要的影响。

对于消费环境的调研,除了必要的数据收集外,问卷调查是最为普遍的方法,并根据不同的城市、区域,设定差异化的调查问卷。

相关链接

消费环境调查问卷

1. 受访者背景调查

(1)调查对象性别。

(2)居住区域。

(3)年龄。

(4)文化程度。

(5)家庭成员状况属于哪种情况。[两口、三口、三代同堂]

(6)个人平均月收入。

(7)家庭平均月收入。

(8)过去一年中,个人(包括与家人一起)出去旅游的次数。

(9)个人(或家庭)平均每年在旅游消费上总支出预期。

2. 旅游消费倾向与需求

(1)你最喜欢的旅游产品类型。

(2)你在旅行途中关注的服务要素是什么。

（3）你出游的目的是什么。

（4）你去旅行时主要考虑哪些要素。

3. 旅游消费水平

（1）你一般每次旅游花费多少钱。

（2）你大概多长时间旅游一次。

4. 区域旅游消费认知

（1）如果区域打造新的旅游景区,最有可能吸引你来消费的是什么?

（2）你希望这个旅游景区的消费档次是什么样的?

（3）不太可能来这个旅游景区主要是什么?

2. 景区内部资源及外部条件分析

（1）景区自身的优势与劣势,如旅游资源的赋存情况、区位条件(主要包括地理位置、交通便利性等)、设施设备、自然环境、人力资本、容量、旅游人次、知名度、公共关系等。

（2）景区面临的机遇与挑战,即政治环境、经济环境、社会文化环境等。

3. 竞争者分析

俗话说:"知己知彼,百战不殆。"要了解市场上现实的和潜在的竞争对手的数量;竞争对手市场占有率及市场覆盖率;竞争者销售渠道、宣传手段与广告策略;竞争者的产品质量和数量;竞争者的档次、种类和质量等。

（二）调研方法

1. 二手资料的收集

1）二手资料的主要来源

（1）内部来源:包括各种会计、统计报表,企业内部的有关记录、凭证、各种经营指标及以前的研究报告。如 2017 年中国景区游客人数统计分析。

（2）政府来源:由政府发布的有关信息、文件、统计公报、行业公报等。如山东省2020 年旅游统计便览。

（3）报刊书籍:包括各种有关的报纸、杂志、网站、年鉴、书籍、企业名录及有关机构公布的资料。

（4）商业资料:包括由企业发布的信息资料、企业咨询机构出售的信息资料和研究报告。

2）评估二手资料的标准

二手资料又称次级资料,是调查者为了完成调查目标收集、整理已有资料,如年鉴、报告、文件、期刊、文集、数据库、报表等。二手资料具有一定的局限性,不能原封不动地加以利用。因此,对二手资料进行整理评估时,应掌握以下三条原则。

（1）公正性:资料应客观公正,不带偏见和恶意。一般来说,发布资料的机构越权威,其资料就越客观公正。

（2）时效性:资料应与时俱进,不能过时,具备可比的统计口径。

（3）可靠性：采用抽样调查的方法得到的资料，抽取的样本必须具有典型性、代表性，数量必须充足。

2. 原始资料的收集

原始资料也称第一手资料，是指营销调研所需的信息没有被别人收集，尚未经整理简化或别人已经收集但调研单位无法获取的信息，原始资料通常需要研究人员通过现场实地调查直接收集。原始资料收集所需的时间较长，费用较大，但比较准确、实用。相对于二手资料来说，原始资料的优点是更具体、更切合所调研的问题。它的主要缺点是成本太高而且收集起来比二手资料更消耗时间。

原始资料的收集方法主要有以下三种。

1）观察法

观察法是调查者在现场对被调查对象和事物进行直接观察或借助仪器设备进行记录，以获得旅游市场信息资料的调查方法。此方法的最大特点是被调查者并不感到正在被调查，心理干扰较少，能客观地反映被调查对象的实际行为，资料的真实性高。对车站、港口、景点的游客数量调查以及旅游商场消费行为调查有良好的效果。观察的对象可以是产品、顾客、竞争对手、环境因素，等等。观察得到的第一手资料比较生动、直观、可靠，但此方法也有一定的局限性。它一般只能看到表层现象，很难对深层因素进行分析，比如，游客的职业、文化水平、心理动机等就很难通过观察法了解。

2）实验法

实验法起源于自然科学研究的实证法。它是指把调查对象置于特定的控制环境下，通过控制外来变量和检验结果差异来发现变量间的因果关系，以获取信息资料的调查方式。这种方法对于研究变量之间的因果关系非常有效。由于实验法是在小规模的环境中进行实验，所以在管理上比较好控制，并且完全由客观方法得到资料，数据的可信度高，可靠性强，排除了主观的推论和臆测。实验法将选定的刺激因素引入被控制的环境中，进而系统地改变刺激程度，以收集和测量调查对象的反应。有时可根据需要，将调查对象分成若干小组，然后分别给予不同程度的外部刺激变数，以便进行分析对比。特别是当对同一现象存在不同解释的时候，运用实验法可以找出真实的原因。

3）调查法

调查法就是调查人员采用访谈询问的方式向被调查者了解旅游市场情况的一种方法，又称访谈法。访谈询问成功与否，取决于被调查者的配合以及调查者的准备工作和访谈技巧的掌握。调查法又可分为：面谈调查法（调查人员通过与被调查者面对面交谈和提问，抑或讨论，获得有关信息的调查方式）；电话调查法（调查人员通过电话与被调查者交谈，获取调查资料的调查方式）；邮寄调查法（将调查问卷邮寄给被调查者，由被调查者根据调查表的要求填好后寄回，从而获取信息的调查方式）；留置问卷调查法（调查者将调查表当面交给被调查者，说明调查意图和要求，由被调查者自行填写回答，再由调查者按约定日期收回，获取资料的一种调查方式），这是运用最多、适应面最广的市场调查方法，可以用来收集各种市场信息资料。比如，游客的行为、动机、态度、意见，竞争对手的动态，市场的热点问题，企业的广告效果，各销售渠道的状况等。

相关链接

1. 调查问卷设计的步骤

（1）明确调查目的，把握调查主题。了解调查目的和调查结果的用途，并在对其全面分析的基础上，确定调查的主题，由此确定所要收集的特定范围的第一手资料信息，以及调查问卷应侧重的方面、调查对象和对各种信息资料的取舍。

（2）确定调查内容。在充分分析调查主题前提下，拟定所要调查的项目，全面考虑，把各种与调查主题有关的内容罗列出来，并针对被调查对象的特征，进一步分解成更详细的题目。

（3）决定句类型。根据实地调查使用的方法不同和每一个详细问题所获取的信息差别，决定采用的问句类型。

（4）拟定问句的措辞。问句用词尽量使用简单、熟悉的词汇，避免含义模糊、生僻的词汇。不超越太大时间跨度，限于被访问者个人经验范围之内。问句不带倾向性和诱导性；确定问句类型之后，还要了解对谁提问，何处提问，何时提问；针对不同的调查形式和调查对象使用不同的问句措辞。力争具体、简明和重点突出。

（5）确定问句顺序。每一个具体的问题及问句措辞，还必须认真编排、梳理其前后序位，把被调查者感兴趣、容易回答并能调动其热情的问句作为先导，难度大的问句宜于放在问卷当中或末尾，同时要考虑整个问卷的逻辑层次性，以符合被访问者思维方式，最后组装成一份完整的问卷。

（6）预试审定问卷。在小范围内进行试验性调查，以弄清问卷还存在的问题，包括需要的资料是否都能得到；问卷的指示合适与否；问卷措辞能否引出其他问题；问句的排列顺序恰当与否；对答案整理分析方便与否等。

（7）修正问卷并定稿付印。通过预试问卷，针对问题做进一步的修改、定稿，按调查工作的需要，打印复制，最后制成正式问卷。

2. 调查问卷的问题设计

一般而言，调研人员将所拟调查内容，通过面谈、书面或电话等方式询问被调查者，以获取所需资料。这种调研关键在于问题设计要明确、简洁，不可含糊其辞。其常见询问方式如下。

（1）开放性提问。诸如您喜欢景区哪些方面？不喜欢哪些方面？有何意见和要求？

（2）封闭式提问。

① 是非法：您对景区的服务满意吗？是（　）否（　）

② 顺位法：请按1～3等评定下列餐厅食品质量。中餐（　）西餐厅（　）咖啡厅（　）

③ 对照法：您光顾××饭店的原因是：服务周到（　）设施豪华、气派（　）格调高雅（　）价格便宜（　）

④ 选择法：您来饭店住宿的目的是：度假（　）公差（　）会议（　）探亲访友（　）品尝菜肴（　）

二、目标市场确定

所谓客源市场的细分，就是按一定的标准和方法将客源市场划分为有差别的旅游消费者群体,这些群体就可能成为各种不同的目标市场。

1．市场细分的标准

1) 按照地理特征细分

地理特征细分是区域旅游规划中最常用的一种市场细分方法。一般根据旅游景区距客源地的距离的远近,或者客源地客源出行半径的大小,将市场细分为一级、二级、三级市场。

相关链接

孔雀东南飞景区按地理位置的旅游市场细分

1．国内客源市场

第一类客源市场为安庆市各县区及周边县市区,也是孔雀东南飞景区国内旅游市场的基础。近年来,安庆市的经济提升速度飞快,居民比较注重生活品质,出游能力和出游意愿大大增强,双休日和节假日出游已经形成一种风尚,是孔雀东南飞景区的主要市场。安徽省内合肥、六安、芜湖及江西省九江、景德镇、上饶等周边地区经济发展态势良好,由于地域接近,是孔雀东南飞景区的重要市场。同时,怀宁县周边重点景区的分流客源也是孔雀东南飞景区应该重点关注的客源市场,从距离上分析,孔雀东南飞景区相邻的天柱山等客流量大,可以为景区提供丰富的客源市场。得益于近年来安徽省旅游市场的快速发展,孔雀东南飞景区的另一类重要市场来源是外地来安徽游客,通过对安徽省客源市场结构分析可以推断出孔雀东南飞景区的外省游客客源市场构成。《2018安徽旅游市场大数据报告》显示,根据安徽地区在2018年的旅游数据统计分析看得出,安徽省内的游客来源一般是:上海、浙江、河南、山东、北京、湖北、广东、河北、福建,可以看出,华东地区是安徽省主要的省外出行客源市场,华南市场增长潜力大。

2．国际客源市场

安庆市旅游业国际客源市场并不旺盛,国际游客数量占总游客比例较小。此外,美国和加拿大组成的北美市场,还有欧洲市场也有一定的客源基础,但是整体上仍需要进一步挖掘。

2) 按照社会经济和人口学特征细分

社会经济和人口学特征的细分是所有市场细分方法中最能量化的变量,它能清晰地说明细分市场的基本状况及其趋势。用社会经济和人口学特征来细分市场,只能得出目标市场人群偏好近似的结论,而这一结论就可以寻找出目标市场需求的共性特征。

相关链接

太白山景区按照人口统计变量进行市场细分

对于旅游市场按照人口统计细分变量来看,主要包括人口的一些最基本的特征。对于太白山景区来讲,主要对人口统计变量进行市场细分主要包括以下几个方面。

一是游客的性别构成。对于不同类型的旅游景区来讲,不同性别的游客的兴趣点也是不同的,比如说男性游客更加喜欢爬山之类的挑战性区域,或者是体验比较强的项目。但是对于旅游目的地和旅游方式基本都是女性来决定的。

二是游客的年龄构成。由于不同的年龄阶段的需求和消费的能力都是不同的,比如老年人市场和年轻人市场等。

三是游客的职业构成。游客不同的职业对于太白山景区来讲,他们的消费能力也是不同的,他们对于旅游产品的需求和接受程度也存在很大的区别。尤其是随着人们生活水平的提升,他们的需求也是与时俱进的,这就要求太白山景区也要进行相应的创新。

四是游客的家庭结构构成。在我国居民的家庭观念比较浓厚,家庭旅游也是重要的组成方式,并且消费能力还是比较强的,这就要明确区分游客的家庭结构。

资料来源:根据网络资料整理。

3) 按照心理学特征细分

心理学特征细分方法在目标市场细分中往往能收到意料不到的效果。根据消费者购买旅游产品的数量与频率等特征,可将其分为较少旅游者、多次旅游者和经常旅游者。根据游客对旅游购买行为兴趣的强弱,分成探索型、好奇型、从众型、固守型等。应先激发"探索型"旅游者的兴趣,而后带动"好奇型"旅游者的参与,进而影响"随众型"旅游者的参与。

▌▌ 相关链接 ▌▌

要学会细分市场

旅游渐渐成为国人的休闲方式,各地旅游管理部门也想出了很多高招,发展旅游产业,带动一方经济发展。但是,需要提醒的是,发展旅游经济也要遵循经济规律,要把旅游业做大,要学会细分市场。

做好市场细分,必须从以下几个方面入手。

首先,要在景点开发上,注入新的文化内涵和新的科技含量,只有这样才能形成自己的特色,创出自己的品牌,从而吸引游客,做人无我有,人有我优。

其次,要善抓新闻热点,紧扣时代脉搏,推出新的旅游项目和旅游线路。有的把红土地与田园梦结合起来,有的把红色根据地与爱国主义教育结合起来,各有各的特色。

再次,还要学会借势。不能只局限于单一景点,可以搞合纵连横。这种景点之间相互合作、共同造势的做法,实际上类似于企业界的联合创牌,是一种更加高明的细分市场之法。

最后,在服务接待方面,要满足不同游客的需要。只有在服务上把市场细分、做好,才能真正把旅游市场这块蛋糕做大。

(资料来源:百度.文旅项目需细分市场、精准定位[EB/OL].(2023-05-04)[2024-02-24].https://business.sohu.com/a/672687735_130465.)

2. 市场细分的原则

1) 实效性原则

旅游景区市场细分的范围大小必须合理,即细分市场的规模大小应该适当,既要保证有利可图,又要具有相当大的发展潜力。

2）可衡量性原则

用来划分旅游景区市场的标准必须是可以确切衡量的,因此必须对游客各方面的旅游消费需求作全面、准确的了解,以使划分标准的确定能够准确合理。

3）稳定性原则

旅游景区市场细分必须在一定的时期内保持相对稳定,不能经常变化,以便能在较长的时期内制定有效的营销策略。

4）可接受性原则

在进行旅游景区市场细分时,应根据旅游景区的具体情况选取调研活动的范围,选择有效的目标市场。

5）差异性原则

按照不同标准进行的分类结果中,不同细分类之间要存在一定性质的差别。

6）相似性原则

分类结果中的同类市场之间要体现性质的相关性、类似性。

三、景区目标市场选择的策略

市场细分是景区选择目标市场的依据,而景区的目的地营销活动都是围绕选定的目标市场而展开的。结合景区的资源条件选择和确定目标市场,明确景区旅游目的地营销的具体对象,实施相应的目标市场营销策略,是实现景区增加影响力、提高经济效益的重要途径和手段。

（一）无差别市场策略

无差别市场策略不考虑旅游者的需求差别,而只强调他们的共性。即景区只推出一种类型的旅游产品,或只用一套市场营销办法招徕游客。当景区营销人员经过市场分析后发现各个细分市场之间的差异比较小的时候,就能采用这种市场营销策略。

优点:不必对市场进行细分,不但可降低景区营销和管理成本而且容易形成垄断性旅游产品的声势和地位,所以容易形成一定的品牌。该策略发展初期用,可先发制人。不足:景区只针对最大的细分市场提供单一的旅游产品和服务,当几个旅游企业同时参与竞争时必然会加大竞争的激烈程度,最终导致利润降低。所以,此策略不能满足目前日益增长的旅游多样化要求。这种方法适合于资源种类较多、规模较大、资源特色突出、资源品位较高、区位条件较好、竞争对手较弱、服务能力较强的旅游景区选用,这种旅游景区往往以生产大众旅游产品为主。

（二）密集性市场策略

密集性市场策略是指景区将一切市场营销努力集中于一个或几个有利的细分市场,采用不同的市场营销策略组合的过程。这种策略对于经济实力不够强、处于市场开拓的初级阶段的景区更为实用。

优点:占用景区的资金比较少,资金周转相对比较快,有利于提高景区的投资收益率和利润率；市场针对性强，景区可以更加深入地了解这部分旅游者的需求，从而在景区产品设计上能更好地、更有针对性地满足旅游市场的需求；景区将所有的营销精力集中于少数几个市场，使得景区得以充分发挥自身的优势，在这些市场上形成比较强劲的竞争力和比较高的市场占有率。不足：这种策略由于过分依赖少数几个市场，景区将来的经营会比较脆弱，一旦这些市场出现危机，都会对景区造成致命的打击。

（三）差异性营销策略

差异性营销策略是指景区根据各个细分市场的特点，增加旅游产品的种类，或制订不同的营销计划和办法，以充分适应不同消费者的不同需求，吸引各种不同的购买者，从而扩大景区产品的销售量。

优点：在景区产品设计或宣传推销上能有的放矢，分别满足不同地区消费者的需求，增加产品的总销售量，同时可使景区在细分市场上占有优势，从而提高市场占有率，在消费者中树立良好的景区形象，有利于降低景区的经营风险。由于景区同时经营多个细分市场，即使部分市场的旅游者消费偏好发生变化，也不会造成太大的损失。不足：这种策略将增加景区的各种费用，如产品规划设计和开发的成本、管理费用等；另外，要同时满足不同细分市场的需求，总会在景区的经营管理过程中出现这样或那样的问题和矛盾，对景区的管理能力将会是一个非常大的考验，因此采用差异性市场营销策略的景区一般都是具有比较强的经济实力和比较丰富的管理经验的景区。

四、景区目标市场定位

（一）景区定位的内涵与意义

合理的市场定位是提高营销水平的基础，旅游景区营销同样如此。景区产品的市场定位的原理是根据景区产品在旅游市场上的所处的位置，针对游客对该景区的某种属性的重视程度，塑造出独特的景区形象，并将这种形象有效地传递给游客。成功的景区市场定位可以为旅游景区带来很多好处，它能够在游客心目中树立产品独特的形象，为旅游景区创造出竞争优势。

景区目标市场的定位以选择性差别市场的细分方法最为有效。这样可保证营销是可持续的。旅游营销一定要讲求可持续性，因为旅游资源是可持续性的。旅游产品要成为品牌产品也必须是可持续的，针对的细分目标市场是有个性的市场，要培养市场的忠诚度，也应是可持续性的。现代营销观点认为：要取得竞争优势，就要识别自己能够有效服务的最具吸引力的细分市场，而不是到处参与竞争。事实上，我们也无法为市场内所有的顾客提供最佳服务。因为顾客人数众多、分布广泛，他们的消费需求差异很大，而我们的资源有限，不可能也没有必要去满足一切旅游需求。所以我们必须重点服务于特定的顾客细分市场，以便将来处于优势地位。

（二）景区市场定位的核心内容

（1）景区产品差异化。景区市场定位的出发点和根本要素在于确定区域旅游景区或景区产品的特色,即旅游景区或旅游区必须在进行市场调研、了解竞争对手旅游市场定位的基础上,充分挖掘和创造自身的特色,避免与竞争对手定位的雷同。景区产品差异化主要体现在景区产品设计中的价格、服务属性与利益等方面的差异。

(2)景区形象差异化。景区市场形象分为功能性形象和象征性形象。旅游景区的功能性形象是指由价格、服务内容与服务效果等方面所反映的景区产品的实际功效形象;而景区市场的象征性形象是指景区塑造的旅游产品的人格化形象,如友好的形象、贵族化的形象等。景区产品从产品设计上应重视象征性形象的塑形,在单项产品上则应重视功能性形象的显示。

(三)景区市场定位的方法

(1)迎头定位策略:这是一种与在市场上占据支配地位的竞争对手"对着干"的定位策略,即旅游景区选择与竞争对手重合的市场位置,争取同样的目标游客,彼此在产品、价格、分销、供销等方面少有区别。采用迎头定位,景区必须做到知己知彼,自己是否拥有比竞争者更多的资源和能力,是不是可以比竞争对手做得更好。否则,迎头定位可能会成为一种非常危险的战术,会将旅游景区的发展引入歧途。

(2)避强定位策略:这是一种避开强有力竞争对手的市场定位模式。景区不与对手直接对抗,将自己定位于某个市场"空隙",发展目前市场上没有的特色产品,开拓新的市场领域。这种定位的优点是:能够迅速地在市场上站稳,并在消费者心目中尽快树立起一定的形象。这种定位方式市场风险小,成功率较高。

(3)领先定位策略:景区在市场定位时,首先想到的应该是领先定位,但领先定位一般只适用于具有独一无二或无法代替的旅游资源的景区,这种垄断性还要分一定的区域概念,即景区可能在世界范围内或者是全国范围内或者是更小的区域内采用领先定位,这都要取决于景区旅游产品的某项特征在多大的市场范围内具有领先地位。

(4)比附定位策略:比附定位是一种"借光"的定位方法。它借用著名景区的市场影响来抬高自己,比如"东方夏威夷""北方的千岛湖""东方瑞士风光"等。采用这种定位方法并不是去占据比附对象的市场定位,与其发生正面冲突,而是以与比附对象有所不同的比较优势去争取比附对象的潜在旅游者群。采用这种方法的景区在区位上不可与比附对象距离太近,因为这种定位是吸引比附对象的远途的潜在旅游者。另外,对于已经出名的旅游景区和独具风格的旅游景区不能随便采用这种方法。

(5)心理逆向定位策略:心理逆向定位是采用消费者的一般思维模式,以相反的内容和形式塑造景区市场形象的过程,它强调和宣传的定位对象一般是消费者心中第一形象的对立面和相反面,同时搭建了一个新的易于为旅游者接受的心理形象平台。

(6)差异定位策略:比附定位和心理逆向定位都要与游客心中原有的旅游形象阶梯相关联,而差异定位则是新开辟的一个形象阶梯。旅游点的形象定位更适合于采用差异定位。差异定位的核心是树立一个与众不同并且从未有过的主题形象。

(7)狭缝市场定位策略:狭缝市场定位是旅游景区不具有明显的特色优势,而利用被其他旅游景区遗忘的旅游市场角落来塑造自己旅游产品的市场形象。

(8)变换市场定位策略:心理逆向定位是采用消费者的一般思维模式,以相反的内容和形式塑造景区市场形象的过程,它强调和宣传的定位对象一般是消费者心中第一形象的对立面和相反面,同时搭建了一个新的易于为旅游者接受的心理形象平台。

(四)市场定位的过程

市场定位过程示意图如图 6-1 所示。

图 6-1 市场定位过程示意图

具体来说,营销人员策划市场定位一般要经过确定定位的层次、确定定位位置、评估定位选择以及实施市场定位四个过程。

1. 确定定位层次

对于旅游企业以及旅游目的地而言,我们一般应考虑三个层次的定位:组织定位、产品线定位以及单一产品定位。组织定位是指一个企业整体或目的地整体的市场定位。例如,某旅游城市可将本城市定位为海滨度假和历史文化并重的目的地;而城市中的某一家饭店可定位为最富创造力的奖励旅游及会议饭店。产品线定位是对一组或一系列产品和服务的定位。例如,上述城市中旅游经营商,可以将自己的城市一日游系列定位为最适宜家庭旅游的项目。单一产品定位是对某一项产品或服务的市场定位。一般情况下,营销人员不会随时在这三个层次上同时进行市场定位,组织定位往往与企业的长远发展战略紧密相关,短时间内很难发生变化。更多的情况是企业会针对不同目标市场的组合开发不同的产品,并为其定位。

2. 确定定位位置

当选定了目的地之层次后,就应确定目前该产品在市场定位图上的相对位置。通常市场定位是由两个坐标轴分别代表两种产品特征,各竞争产品以这两种特征为标准而确定在定位图上的位置。

市场定位位置示意图如图 6-2 所示。

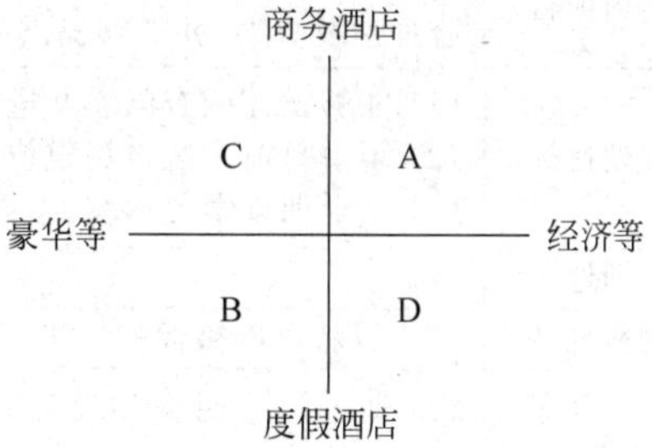

营销人员可以根据定位图判断并分析自己

图 6-2 市场定位位置示意图

的产品与竞争对手的产品的相对位置,从而更好地了解竞争产品之间的相似性和差异性。

3. 评估定位选择

最终的市场定位主要应从以下两个类型中选择。

(1)强化竞争对手的现有位置。此种定位方式主要可以避免面对面的定位冲突,规模较大的企业可以以最大的并且提供产品和服务类型最多的经营商为市场定位。例如,迪士尼就可以以"全世界最大的主题游乐场"来定位；而小企业可以强调自己虽不是最大的但是最重视顾客服务的经营商。

（2）针对市场需要重新定位。市场定位最根本的是不能脱离目标市场的需要，而市场对同一种产品或服务会有不同方面的需要。同样以商务旅游为目标市场的饭店，有的可以强调能够提供个性化的服务，有的可以强调能够满足现代商务旅游者对通信及信息方面的高要求。

在进行定位选择时，应充分考虑的因素如下。

（1）哪一种市场定位最能够把本企业同竞争对手区分开。

（2）企业的竞争对手已经确认了什么样的市场定位。

（3）什么样的市场定位能使目标市场感觉到产品和服务最有价值。

（4）什么样的定位经常为竞争对手使用。

（5）什么样的定位较少为竞争对手考虑。

以上市场定位主要是根据消费者对企业的认知进行的。除此之外，营销人员还应了解竞争对手、消费者以及本企业三者之间复杂的认知关系对市场定位选择的影响。

4．实施市场定位

市场定位的最终确定是通过企业与目标市场的互动过程完成的，这些互动过程包括企业各个部门、员工以及市场销售活动对目标市场的各种接触和作用。而企业的运营制度、内部的人力资源、财务方面的政策则直接影响着各部门、员工及市场营销活动对目标市场的接触和作用。因此，不但企业的市场营销活动和对顾客的服务过程，而且企业的内部制度以及政策的制定也反映并适应市场定位战略。毫无疑问，市场营销各环节或市场营销组合是实施定位战略的主要环节。

课中实训

实训项目	以小组为单位，选择日照市两个或两个以上的景区，调查其旅游市场定位现状，分析其合理性及弊端，并能够提出有价值的改进建议
实训目标	（1）能够设计调查问卷并进行市场调研，掌握市场调研的其他方法； （2）了解目前景区市场定位的现状； （3）结合课堂学习内容，掌握景区市场定位的具体内容
实训地点	
物料准备	相机或者可以摄像的手机、笔记本、笔等
实训过程	（1）通过问卷调查的设计，明确被调查景区的游客类型，掌握问卷调查的市场调研方法。

实训过程	(2) 被调查景区是否对旅游客源市场进行细分？如果做了细分,是怎么进行的？如果没做,景区的营销方法是怎么样的？
	(3) 被调查景区在市场细分和市场定位方面做得到位吗？
	(4) 被调查景区的市场定位如果不合理,如何提出合理的建议？

实训总结	知识获取	
	能力获取	
	素质获取	
实施人员	组长:	成员:
实训成绩	实训考勤(20分)	
	小组组织(20分)	
	项目质量(60分)	
效果点评		

课后拓展

杭州旅游客源市场研究调查问卷

尊敬的游客,您好!

我们是旅游管理专业的学生,因撰写实习报告的需要,特设计此问卷,希望得到您的帮助和支持,若有打扰,请谅解! 有关您的个人信息,我们一定会做好保密工作,请放心! 祝您一切顺利!

1. 您的性别:□男 □女

2. 您的居住地:□浙江省内 □内地其他省份(请说明)_____

□港、澳、台地区 □国外

3. 您的年龄：□18 岁以下　□19～30 岁　□31～40 岁　□41～50 岁　□51～60 岁　□60 岁以上

4. 您的职业：□企事业管理人员　□自由职业者　□一般职员　□工人　□学生　□退休人员　□农民　□其他

5. 您的月收入是多少？　□1000 元以下　□1000～2000 元　□2000～3000 元　□3000～4000 元　□4000 元以上

6. 您的文化程度是：□初中及其以下　□高中或中专　□大专　□本科　□本科以上

7. 您喜欢的旅游方式是：□参加旅游团　□单独旅游　□结伴同行　□单位组织　□家庭自助游

8. 您在选择旅游目的地时会考虑的因素是(按重要性依次排序)：□距离　□费用　□一起出游的人　□旅游目的地口碑　□旅游目的地知名度　□是否有感兴趣的旅游资源　□安全保障

9. 您喜欢的旅游产品类型：□休闲度假　□山水风光　□乡村旅游　□探险　□户外拓展　□水上运动

10. 您来杭州的目的是：□观光旅游　□公务会议　□商务交流　□探亲访友　□休闲度假　□宗教活动　□其他

11. 您在杭州平均停留天数：□1 天　□2～3 天　□4～7 天　□8 天以上

12. 在您心目中,杭州是：□休闲之都　□品质之城　□人间天堂　□没感觉　□其他

13. 您来杭州后,与您心目中的杭州相比：□非常不符合　□不太符合　□基本符合　□比较符合　□非常符合

14. 您了解杭州哪些旅游产品：(多选题)　□宋城　□灵隐寺　□西溪湿地　□西湖及其他自然景观　□张小泉等老字号　□太子湾(郁金香)　□龙井茶等特产　□河坊街　□杭帮菜　□杭州丝绸、伞

15. 您通过什么渠道了解杭州的旅游信息？(多选题)　□广播、电视节目　□网络媒体　□书本、杂志等纸质媒体　□亲朋好友推荐

16. 您在旅途中,最关注的服务是：□餐饮　□住宿　□交通工具　□购物　□娱乐　□导游　□其他

17. 在杭州您一般会选择的就餐场所是：□入住的酒店　□其他酒店　□当地特色风味店　□符合自己口味习惯的餐饮店　□快餐店　□其他

18. 您通常一餐的消费费用为：□50 元以下　□51～100 元　□101～150 元　□150 元以上

19. 您选择入住的酒店类型是：□经济型连锁酒店　□1～3 星级　□4～5 星级　□商务酒店　□招待所　□青年旅社　□其他

20. 您愿意支付的客房价格为：□150 元以下　□150～250 元　□250～400 元　□400 元以上

21. 您此次来杭州所乘坐的交通工具是：□飞机　□火车　□汽车　□其他

22. 在杭州旅游期间,您主要的出行方式为：□步行　□自行车　□自驾车　□公共

汽车　□旅游大巴车　□其他

23. 在杭州这段时间,您已去过的景点有:□西湖　□宋城　□灵隐寺　□净慈寺　□清河　□南宋御街　□西溪湿地　□胡雪岩故居　□其他

24. 您还打算去游览的景点是:□西湖　□宋城　□灵隐寺　□净慈寺　□清河坊　□南宋御街　□西溪湿地　□胡雪岩故居　□其他

25. 您认为杭州景区门票价格如何?□非常低　□偏低　□合理　□偏高　□非常高

26. 去旅游,您一般选择购买什么种类的旅游产品?(多选题)　□有地方特色的土特产　□创意现代纪念品　□有关景区的画册　□文物仿制品　□有一定象征意义的服饰、装饰品　□民间小工艺饰品　□其他

27. 在购买的特产或纪念品里,您花费了:□50元以下　□51~100元　□101~300元　□301~500元　□500元以上

28. 您对下列娱乐场所感兴趣的是:□游乐场　□电影院　□KTV　□棋牌俱乐部　□其他

29. 此次旅游活动中,请按您实际消费的多少排序:□往返交通费　□市内交通费　□饮食　□住宿　□购物　□娱乐服务　□景区门票　□邮电、通信　□其他

30. 您认为杭州旅游的未来发展应着重哪些方面?(多选题)　□景区形象的宣传　□景区特色的塑造　□景区环境的保护　□旅游者的行为规范　□旅游设施设备的完善　□交通条件的改善　□旅游服务质量的提高　□其他

31. 您会向您的朋友推荐来杭州旅游吗?□会　□不会　□说不准

（资料来源:百度. 旅游客源市场研究调查问卷［EB/OL］.(2017-04-07)［2024-02-24］.https://wenku.baidu.com/view/b5fa42cb7e192279168884868762caaedd33baa5.html.）

思考:请以本人所在城市为例,在对旅游景区景点进行调分析的基础上,设计一份《××市旅游客源市场研究调查问卷》。

任务三　旅游景区品牌策划

课前导入

"全福游、有全福"品牌形象是这样立起来的

无论是乘坐高铁动车,还是搭乘福州地铁,总能看到《福建如你》音乐短片:在云雾缭绕的茶山采茶、品茶,怡然自得,乘着竹筏尽览武夷山的奇山怪石,漫步三坊七巷品味古建民居韵味,逛永定土楼感受千年客家文化精髓……这是福建发力品牌营销,展示清新福建之美的一个缩影。

不单单是邀请明星代言,福建的"一把手"也当起了福建旅游形象大使。在2019年全国"两会"期间,福建省委书记于伟国向海内外游客发出来"全福游",享"有全福"的真诚邀

约。"来到福建,大家可以任意选择起点,搭乘环闽高铁,遍赏八闽风光,呼吸新鲜空气,欣赏青山的美丽,享受蓝天的幸福,享受一趟便捷愉悦的'福气之旅'。"

1. 坚守创新,品牌营销"融"起来

首先,守住和深耕原有的营销渠道。福建充分利用电视、平面、网络、新媒体等各种平台,构建"全福游、有全福"融媒体宣传矩阵。连续7年在央视播放生态福建、"清新福建""全福游、有全福"形象广告,在《中国旅游报》以及新华网等平台上开设"全福游、有全福"宣传专栏,在今日头条、微信、微博、抖音等新媒体开设"全福游、有全福"专栏或话题讨论专区,全方位、多角度、趣味性地讲好"全福游、有全福"故事。

其次,借助新媒体的技术和传播优势,与新媒体开展合作,推出《全福日记》创意视频、动漫短片、创意H5海报、旅游形象宣传片以及抖音挑战赛、"八闽点灯、祝福祖国"主题活动等,其中"盘个福地上热门"全国抖音挑战赛,播放超过32亿次,形成"线上+线下+体验"的营销格局。

2. 精准务实,品牌市场"火"起来

为了让省外游客畅游福建,福建省文化和旅游厅充分利用环闽动车串联福建省9家10处5A级旅游景区和近百家4A级旅游景区的独特优势,主推"249"精品线路。具体包括,2条大环线,即从福州出发回到福州、从厦门出发回到厦门;4条特色支线,即蓝色滨海亲福线、绿色生态享福线、古色民俗纳福线、红色经典集福线;9条特色主题线路,即世遗探秘之旅、海丝休闲之旅、世界茶乡之旅、温泉养生之旅、乐享好礼之旅、舌尖品福之旅、研学修身之旅、福地风情之旅、文化体验之旅。

福建将"全福游、有全福"打造成网红IP,设计吉祥物"福小吉""全福游"系列表情包,开发"全福游"文创产品,深受游客的喜爱。

此外,福建省文旅厅还积极推动"全福游、有全福"品牌故事"走出去",发挥7家福建旅游海外推广中心和5家福建文化海外驿站等平台作用,常态化推广"全福游、有全福"品牌,讲好新时代福建故事,让"全福游、有全福"品牌享誉海内外。

(资料来源:百度.福建"全福游、有全福"品牌[EB/OL].(2020-01-22)[2024-02-24]. https://rmh.pdnews.cn/Pc/ArtInfoApi/article? id=10992173.)

课前导入任务单

任务名称	景区品牌策划	时间		班级	
成员名单					
任务要求	对景区品牌策划工作有初步了解				
(1)"全福游、有全福"的景区品牌是怎么建成的?					

续表

（2）游客通过什么渠道可以了解"全福游、有全福"品牌？

（3）"全福游、有全福"品牌对福建旅游有什么促进作用？

（4）"全福游、有全福"品牌是否融入了中国传统文化理念？

完成效果自评	优	良	合格	不合格
成员姓名				

课中学习

随着我国的经济发展,人们消费水平的提高,景区产品已由最初的卖方市场转向买方市场,加之旅游消费的个性化和多样化,使各景区之间的市场竞争越来越激烈。品牌在景区营销中的作用越来越重要。

一、品牌概述

（一）品牌的含义及效应

品牌的含义及效应.mp4

美国市场营销学会对品牌的定义是:品牌是一种名称、术语、标记、符号或设计,或是它们的组合运用,其目的是借以认某个销售者,或某类销售者的产品和服务,并使之与竞争对手的产品和服务区别开。我们把这些创造品牌的名称、术语、标记、符号或设计以及它们的组合称为品牌元素。品牌的两个基本的组成部分是品牌名称和品牌标志。品牌名称是品牌中可以有语言称谓的部分。品牌标志是品牌中不能用语言称谓,只能通过人们的视觉或触觉加以辨识,使用图形加以表示的部分。品牌作为特定企业及其产品的形象标志,代表着企业对交付给购买者的产品特征、利益和服务的一贯承诺。品牌或品牌的一部分在政府有关部门注册后称为商标,商标受法律的保护,注册者享有专用权,其他任何企业都不得仿效使用。应当说,品牌是商标概念的扩展和延伸。从本质上说,从一个品牌上能辨别出销售者或制造者。根据商标法,销售者对品牌名获得长期的专用权。这与诸如专利权和著作权等权益不同,后者是有时间限制的。

品牌作为特定企业及其产品的形象标志,具有六个层次的含义。

(1)属性:一种产品的品牌首先代表着该产品特有的一系列属性,如性能卓越、高档贵重、转卖价值高。

(2)利益:一种产品的品牌还意味着购买者可以从中获得一系列独特利益。由于购买者真正要购买的不是产品的属性而是从中获得利益,因此只有当品牌的产品属性可以转化为购买者需要的功能性、经济性、情感性利益时才会被顾客接受。

(3)价值:一种产品的品牌也表示着一些生产经营者的价值,如高效率、守信用、可信赖、有声誉。

(4)文化:一种产品的品牌还可能代表一种特定的文化,如东方文明、乡村气息。

(5)个性:一种产品的品牌也反映着产品一定的个性,展示着产品的一些独特格调。

(6)用户:一种产品的品牌往往还暗示着购买或使用该品牌产品的消费者类型。

在以上六层含义中,品牌的价值、文化和个性是品牌的深层内涵和品牌中最持久的部分,是一个特定的品牌最不易于被他人模仿的东西。旅游者可以从以上六个方面识别的品牌为深度品牌,否则为肤浅品牌,只有深度品牌才能充分发挥品牌的作用。景区进行品牌决策时,既必须注意品牌的一整套含义,也必须注意对品牌深层次含义的策划。

品牌是商品经济发展到一定阶段的产物,最初使用品牌是为了使产品便于识别。在近代和现代商品经济的高度发达的条件下,品牌迅速发展起来,其原因在于品牌使用给商品的生产者带来了巨大的经济效益和社会效益。在信任、注意力和时间都相对缺乏的社会,品牌充当了消费者与生产者的沟通桥梁。品牌减少了消费者搜寻、鉴定、比较、监督与获得商品和服务的成本,品牌为生产商培育了忠实的顾客、开拓了市场。品牌产生的效应使生产商的注意力集中在产品品牌的建设上。一般产品品牌的具体效应体现在以下几个方面。

1. 聚合效应

品牌产品在市场上具有一定的占有率,知名度和美誉度都很高,能够促进企业不断地壮大,进入多个市场。凭借强大的品牌优势企业可以兼并收购其他品牌,形成品牌垄断。

2. 扩散效应

扩散效应就如"爱屋及乌"的结果,企业品牌在消费者心目中有着好的印象和声誉,消费者进而对企业产生好感和信任,当企业推出新产品之后,消费者出于对原有品牌及企业整体的好感,进而接受企业的新产品。

3. 磁场效应

品牌拥有很高的知名度与美度后,可在消费者心中树立起极高的威望,使消费者表现出对品牌的极度忠诚。消费者认为:本品牌的产品可靠、质量好,买此种产品是一种享受。这种产品的品牌就如同磁石一样烈地吸引着消费者。消费者重复地购买这种品牌的产品,促进产品的销量,进而提高这种品牌的市场占有率,品牌形象进一步提升,形成品牌的良性循环。

（二）品牌竞争与品牌竞争力

品牌竞争就是以品牌为手段的市场竞争,既包含了价格竞争,又包含了非价格竞争,具体表现在企业资源的竞争,包括企业人才的竞争、产品质量的竞争、技术的竞争、信息的竞争、服务的竞争和产品信誉的竞争等。著名的品牌,就是市场,就是效益,就是最大的竞争优势。

品牌竞争的实质就是竞争主体在法律和社会习惯允许的范围内,充分利用自身的技术、产品优势质量、服务质量和营销手段打响自己的品牌,并在这一过程超越其他的品牌,以达到提高市场占有率和获取垄断利润的目的。然而,品牌竞争并不是简单地在自己生产的商品上打上商标或通过各种媒体为自己的产品做广告,品牌竞争实际上是一种全方位的竞争。

品牌竞争的结果会影响品牌竞争力的大小,而品牌竞争力又是一个直观却又难以定义的概念,简而言之,品牌竞争力是企业综合实力的重要体现。

（三）旅游景区品牌策划的意义

1. 旅游景区层面

1）节省景区经营成本

品牌是旅游景区的一种展示工具,代表着景区的与众不同。强势景区品牌总能在市场竞争中吸引更多的眼球、更多的注意力。首先,优秀的景区品牌知名度较高,在其营销过程中备受公众关注,形成旅游者认知积累,利于潜在旅游者的形成及老顾客的保持,这能为旅游景区节省相当可观的营销推广成本。其次,旅游景区通过实施品牌战略,增加企业竞争实力,可吸引更多中间商和代理商的关注,易于形成卖方市场,增强景区的讨价还价能力。最后,强有力的景区品牌能成为政府、媒体、协会等单位的"宠儿",获得它们的资金、宣传和管理等方面的支持,从而为旅游景区节约经营成本。

2）增强景区市场竞争力

旅游景区的竞争力最终体现为品牌的竞争力,一个品牌不仅仅是景区的标志,也是景区产品的质量及其满足旅游者效用可靠程度的综合体现,反映景区的科学管理、市场信誉等诸多内涵。一个优良的品牌一旦在市场上树立起来、保持下去,就能在旅游者心目中占据重要地位,形成很高的知名度和忠诚度。一方面景区品牌经营的成功将赢得旅游者和公众对该品牌的信任和好感,且这种信任与好感将扩展到同一品牌产品当中去,这有利于景区推出新产品进入市场、开拓新领域并获得新市场;另一方面景区品牌一旦实施成功,将具有其他景区所没有的独占性,从而对旅游者选择购买起着有力的向导作用,在争取旅游者、市场份额方面取得竞争优势。

2. 旅游者层面

1）减少旅游者选购成本

旅游景区产品具有很强的不定性和不可预见性。对旅游者来说,景区产品是一种高风险、高投入的产品。人们在出游前或初次购买时，无法通过查看实体获得可靠的保证，无法衡量其喜爱的程度，无法对所提供的产品进行初步的认识。而品牌作为景区重要的无形资产，是企业特殊信息意义的集合体，体现人们对其产品综合性评价，本身象征着产品质量及信誉。良好的品牌是旅游者区分各景区的基础，它们通过品牌辨别来购买产品，并形成习惯，从而节省比较、挑选的时间。因此，景区品牌可以减少顾客购买时的顾虑，加快购买决策过程，减少旅游者购买的决策时间，为旅游者节约时间成本，同时其品牌所体现的高质量和高信誉，能给旅游者带来一种心理上的保证，从而为旅游者节约其心理成本。

2）提高旅游者价值体验

随着需求层次的提高，旅游者不再满足于简单的游览参观活动，而是追求更多的精神享受，以及自我存在价值的感受。这往往表现为旅游者的认知品牌、关注品牌、比较品牌、追求品牌、选择品牌等消费过程行为，讲究品牌成为一种日益发展的旅游者消费趋势。景区品牌所代表的象征意义表现了与之相适应的顾客群体的品位、偏好、身份和地位，是旅游者需求价值的间接反映。旅游者在选择和购买旅游产品时，往往被品牌代表的形象、信誉及其象征意义所激发甚至被这些因素所支配。因此，一个良好的品牌代表景区附加值，具备了提升旅游者的精神需求，如高地位、受尊重、有品位甚至权力等。由此可见，品牌建设无论对于旅游者、旅游景区甚至是整个景区所在地区的形象的建设、竞争力的提升和经济的发展都有很大的推动作用，应当为景区及景区所在地区的旅游从业者所重视。

二、景区品牌策略

品牌是企业树立自身形象，与其他企业展开市场竞争的一种凭据。品牌能给消费者以较强的信任感，在众多大同小异的旅游商品面前，消费者总会将品牌视为安全、可靠与优质的保证。海外旅游者见到国旅集团社徽，就会想到这样一句广告语："在家靠父母，出门靠国旅。"因而，多数来华旅游者都会自觉或不自觉地购买国旅集团的旅游产品，这是一种质量的承诺。所以，品牌不仅是旅游产品的名称、标志，而且也是旅游企业整个产品策略的重要组成部分，合理地、成功地创造和使用品牌都要有科学的品牌策略。

（一）品牌的标记策略

景区品牌要易读、易记、易听、易写，这就要求品牌的名字要简洁且富有意义，同时，要求避免通俗化，具有鲜明的个性，能迅速、直观地反映出景区产品的规格和质量。通过文化符号与旅游品牌的融合，旅游目的地和景区提炼出极具文化个性、能够深刻感染游客内心的旅游品牌核心价值，让游客更易识别和记忆文化符号。文化符号在充分发挥其自身魅力和价值的同时，走进游客内心占据重要位置，引导和驱动游客的行为，从而获得收益。三潭印月这个文化符号的能指，代表的是整个西湖风景区。有了这个文化符号，一下子就完成了西湖风景区的识别、记忆和价值传达，并可以激发旅游者的品牌偏好、刺激旅游者的行动力，为景区带来实际的游客转化。

（二）品牌的质量策略

质量是品牌的生命，景区品牌的质量是旅游景区品牌的灵魂，没有过硬的质量作为后盾的品牌,是无本之木。旅游景区品牌质量应从三个层次进行提升:表层为物质表现,重点解决品牌的标志、景区容貌、景区基础设施、景区治安、景区服务人员形象等;中层为评估性表现,重点解决景区品牌个性、景区旅游的内容、价格等;深层为理念表现,重点解决景区规划与开发理念,这是景区品牌质量的核心和精髓。

(三)品牌扩展策略

景区品牌扩展可从线上与线下两个维度展开。线上推广可使用短视频或公众号,推广内容以调动用户兴趣为目的,偏向娱乐化。同时,投入专项资金,依托专业的策划和设计人员打造景区的"立身之本"——景区官方网站。线下推广要重视广告、讲座对景区品牌推广的重要作用,旅游景区应充分利用火车站、公交、地铁等交通工具以及宾馆、餐饮等消费场所进行宣传推广。

三、景区品牌的策划

(一)旅游景区品牌的定位

品牌定位是根据旅游景区的竞争状况和产品优势确定旅游景区产品在目标市场上的竞争优势,其目的在于创造鲜明的个性和树立独特的形象,最终赢得客源市场。根据旅游者的需求和动机进行品牌定位,通过传播塑造品牌形象,使游客的需求得到满足,以此形成旅游营销主体的竞争优势,从而使游客选择自己的旅游景区产品。旅游景区的品牌定位包括产品定位、价值定位、文化定位和管理定位四个方面。

1. 产品定位

旅游景区品牌的核心是旅游景区产品的内涵。旅游景区要想赢得良好的声誉,就要重视产品和服务,以保证其差异化特征、现实和潜在的优势能给予游客独特和完善的利益承诺。例如,千龙湖以"海岛景观"为产品核心,重新梳理了千龙湖的产品结构与业务组合,并将品牌定位为"海岛田园综合度假区",提出"海岛景观,田园风格"的品牌定位口号。

2. 价值定位

明确游客购买旅游景区产品的核心价值,了解游客购买产品所期望获得的功能性利益和情感性利益要求,有助于旅游景区找到切合游客的品牌利益点,使游客建立品牌偏好,并坚信该品牌所提供的最终利益是该品牌独特的和最佳的,以达到激发游客购买行为发生的目的。建强势品牌的关键,是在顾客心中做到与众不同。例如,湖南深处内陆地区,省内游客对大海生活无限向往,通过对湖南本地竞争品牌调研发现,湖南内陆有水娱乐,无海岛景,能够满足游客对海岛景观的旅游需求,符合价值定位。

3. 文化定位

文化是载体,更是旅游景区的精髓。在铸造品牌的过程中,旅游景区要深入挖掘自身的文化价值,用一种或多种文化现象作为载体全方位展示和诠释旅游景区的独特内涵。文化定位要以品牌营销为出发点,为旅游者提供丰富和深刻的精神和文化享受,保证品牌独一无二的品质,增强旅游景区的文化辐射功能。例如,在文化价值梳理方面,基于社会问题,明确千龙湖"提供沉浸式海岛田园度假体验"的企业使命;基于长远目标,明确千龙湖"成为具有乌托邦气质的休闲度假地"的企业愿景；基于价值判断,明确千龙湖"客户为本,服务至上；诚实守信,激情担当；积极向上,快乐生活"的核心价值观。

4. 管理定位

首先,旅游景区品牌的管理定位要求旅游景区营销主体要从内部入手,按照品牌定位建立品牌管理制度和品牌经营系统的组织结构,对管理的每一个环节制定标准化管理制度,实施和控制细则,以保证为游客提供完整的价值确定体系,维护品牌与游客的关系,培养游客对品牌的忠诚度。其次,旅游景区在申请品牌的注册保护时,需要做好品牌的中长期规划和管理,以对品牌的保护采取有效措施,激活品牌作为无形资产的价值,提高品牌经营管理的经济效益。最后,旅游景区的管理要致力于保持和提高旅游景区的品牌价值,确保旅游景区品牌的认知度和忠诚度,以达到不断积累旅游景区品牌资源和强化旅游景区持续竞争优势的目的。

(二)旅游景区品牌的推广

1. 以统一的标志、图案、颜色及格调开展市场营销

这种做法可以给游客和社会公众留下深刻的印象。品牌包括品牌名称和品牌标志。品牌名称是品牌中可以用语言称呼的部分,如锦绣中华、黄山等。品牌名称的确立要有利于传达旅游景区品牌的发展方向和价值。品牌标志是品牌中可以被识别的但不能用语言表达,而是由符号、象征、(图案)设计、与众不同的颜色或印字构成。品牌标志设计是在一定的策略性原则的基础上,用特定的表现元素结合创意手法和设计风格而成。设计主要考虑表现元素和创意手法。文字名称的转化和图案的象征寓意是典型的设计方法,由此产生文字型、图案型和图文结合型三类设计形式。

2. 采取多种方式,全方位开展促销攻势

采用广告媒体(报刊、广播、电视、电影、互联网等)、室外广告(广告牌、空中广告、交通工具广告等)、印刷品广告、制作风光片、聘请旅游形象大使、策划节事活动、营销推广等开展形象宣传和产品促销。

3. 结合产品和服务手段找新闻点

吸引媒体进行正面的新闻报道,品牌宣传和促销推广的成功与否,关键在于是否能够善于利用各种契机不断创造新闻热点。在此可多用相关的公关手段。

4. 加强员工与公众的交流

利用各种旅游交易会、展览会、展销会、推介会、专业论坛等,开展旅游景区员工与游客、社会公众之间的交流,以增进社会对旅游景区的认同和了解,建立稳定的客户关系和良好的服务营销体系,积极参与社会公益活动,努力在公众心目中树立良好的口碑。

(三)旅游景区品牌的维护与管理

在旅游景区品牌树立之后,旅游景区品牌的维护与管理就尤为重要了。

1. 旅游景区品牌的防御保护措施

为防止侵权事件的发生,应当对旅游景区品牌进行专利权注册,让旅游景区品牌的使用规范化。还可以利用法律武器对旅游景区商标进行排他性保护,及时向工商行政管理机关举报或向法院投诉侵权、假冒行为，依法保护自己的商标，充分行使商标注册人的合法权益。此外，积极主动地向游客、旅行商和全社会宣传自己的品牌，提高游客对旅游景区产品的辨别能力，也是一个非常有效的办法。

2. 扩大旅游景区品牌的创建范围

旅游景区不仅应该拥有高质量的视觉景观主体，还应有与品牌相适应的基础设施、服务质量和特色文化，这需要旅游景区加强内质建设和外观传播。旅游景区品牌的内质核心包括旅游景区的产品内涵、经营理念、服务质量、管理制度、组织结构、企业文化、行为规范等内容。要以游客需求为导向，以市场和技术趋势为指导设计旅游景区产品，重视旅游景区文化经营理念的丰富和贯彻，强调"以人为本"的员工需求管理，改进管理方式和管理行为，建立科学的旅游景区管理机制，充实、扩大和调整旅游景区的品牌内质，增强品牌冲击力与影响力，为品牌的外观传播提供基础支持。而旅游景区的外观是将有形的视觉同无形的旅游景区理念有机结合而成的。同时，旅游景区还可以通过新颖且具有丰富内容和优美图片的宣传册、多品种旅游景区音像制品、鲜明突出的路标设计等方法展示旅游景区与众不同的个性特点，不断强化品牌形象。

3. 旅游景区品牌的经营策略

实施旅游景区的品牌经营策略，要以旅游景区的可持续发展为目标，不断提高旅游景区的品牌价值。具体可以采取品牌延伸和品牌扩张两种方法。品牌延伸是把一个现有的品牌名称使用到一个新类别的产品上。在品牌延伸后，不同的产品(如旅游交通、文化、纪念品、餐饮、旅行社等)彼此共享同样的品牌名称和品牌意义。这样做，可以缩短游客对旅游景区产品的认知过程，延长旅游景区新产品的生命周期。品牌扩张是利用自己的品牌在市场上的号召力和影响力，扩大实力、经营范围和内容，其意不在于主业的转移，而是要在跨行业的两个行业领域同时经营，利用相互的影响作用取得综合的经济效益。

4. 加强旅游景区品牌的管理和监督

旅游景区应制订相关的品牌管理制度，明确使用旅游景区品牌的标准，加强对现有使用该旅游景区品牌产品的清理，去其糟粕，取其精华，防止鱼目混珠。对不符合品牌标准的产品和服务，应立即停止使用，取消其使用资格，并同时给以相应的经济处罚，整顿旅游景区的秩序。此外，还要以旅游景区已经形成的强大品牌形象号召力，设计和策划出更多的旅游景区产品、节事活动以及相关产品，不断进行旅游景区的品牌创新，通过多样化的消费方式与手段，满足游客的需求，使旅游景区的品牌价值得以持续提升。

课中实训

实训项目	以小组为单位，选择日照市两个或两个以上景区，从景区营销人员的角度出发，调研旅游景区品牌策划的现状，提出创新性构思
实训目标	(1) 运用市场调研的方法，对旅游景区品牌策划的现状有所了解； (2) 能够提出与景区相适应的品牌策划思路； (3) 结合课堂学习内容，掌握景区品牌策划的具体方法
实训地点	
物料准备	相机或者可以摄像的手机、笔记本、笔等

续表

实训过程	（1）通过市场调研，对旅游景区品牌策划的现状有所了解。 （2）被调查景区是在品牌策划方面存在哪些不足？ （3）请各小组提出适合景区的品牌策划思路。 （4）在构思的基础上，运用课堂所学知识，对该景区进行初步的景区品牌策划。	
实训总结	知识获取	
	能力获取	
	素质获取	
实施人员	组长：	成员：
实训成绩	实训考勤（20分）	
	小组组织（20分）	
	项目质量（60分）	
效果点评		

课后拓展

从"五岳独秀"到"中华寿岳"品牌形象创新

　　旅游景区如何进行品牌创新是当前我国旅游发展中存在的一大难题，同时也是迫切需要研究的重要课题。本文以南岳衡山为例，从品牌形象方面深入分析旅游景区的品牌创新，供全国旅游景区参考，以期推动中国旅游品牌建设的快速发展。

南岳衡山，是我国五岳名山之一，绵延七十二峰，逶迤400余千米，宛如一条巨龙盘亘在湖南省境内。南岳衡山风光秀丽、人文荟萃、人杰地灵，素以"五岳独秀、宗教圣地、文明奥区、中华寿岳"而誉满天下。南岳衡山为国家首批重点风景名胜区、5A级旅游区和湖南首个全国文明风景旅游区示范点，现已成为衡阳乃至湖南对外开放的重要窗口。近年来，南岳衡山瞄准"把南岳建成国内外知名精品旅游区"的总目标，按照申报"世界自然与文化遗产"的总要求，围绕"打响名山牌、舞活旅游龙"的工作主题，大力实施旅游品牌战略，全面进行旅游品牌创新，促使名山市场吸引力、市场竞争力、社会影响力和获利能力大为增强，全区旅游品牌不断提升，旅游经济蓬勃发展，南岳正向着旅游品牌强区阔步迈进。

南岳衡山作为一个老牌景区，自古有"五岳独秀"的美誉，但随着新景区的不断增多，全国旅游市场竞争日趋激烈，如何使老品牌焕发出新活力便成为南岳发展旅游的最大问题。

针对世界旅游发展已进入休闲时代的新趋势和人们普遍追求健康长寿的新要求，结合南岳寿文化源远流长的资源特征，南岳区提出了"旅游品牌强区"的发展战略，在品牌上进行了大胆创新，将南岳衡山的品牌形象重新定位为"中华寿岳"，确定了打"中华寿岳，天下独寿"这张王牌，以品牌树立形象，以形象扩大影响，以影响促进发展。

南岳衡山称为"寿岳"由来已久，《周礼》《星经》《史记》等诸多古籍中记载：南岳衡山对应天上二十八星宿之轸星中主寿命的长沙星，故称"寿岳"。自宋徽宗在南岳黄帝岩上留下"寿岳"石刻和"天下南岳"题词后，"寿岳"之名更盛。康熙四十七年《御制重修南岳庙碑记》第一句话是："南岳为天南巨镇，上应北斗玉衡，亦名寿岳。"雍正十年上谕第一句也是："南岳为皇上主寿之山"新版《辞源》第348页明释南岳为"寿岳"，上承天象，下应地脉，聚精结气，护国佑民，延年益寿，吉祥无限。

鉴于此，南岳区深挖寿文化资源，大做寿文化文章，连续举办"中国南岳衡山寿文化节暨庙会"，在驾鹤峰上筑立了中华寿坛，铸造了世界上最大、最重的中华万寿大鼎，寓意民族团结、共兴中华，九九归一、中华一统，江山永固、万寿无疆。通过成功举办寿文化节暨庙会，突出了"运动、长寿、健康、祈福"的寿文化主题，精心策划了阿迪力高空走钢丝世界挑战赛、高空攀云梯世界挑战赛、传统庙会等一系列旅游活动项目，创造了15项世界纪录，创下了人类征服自然的奇迹，打响了"中华寿岳"的至尊品牌，奠定了南岳"天下独寿"的至尊地位，实现了从"五岳独秀"到"中华寿岳"这一品牌形象的再造和创新，真正使南岳成了中华主寿之山、天下祈寿之地，达到了创造品牌、提升产业、调整结构、发展经济的目的。

（资料来源：百度.从"五岳独秀"到"中华寿岳"品牌形象创新[EB/OL].（2023-09-04）[2024-02-24].https://www.whly888.cn/whly/3/609802.html.）

思考：衡山的品牌形象创新挖掘的元素是什么？中国传统文化对景区品牌策划有什么重要意义？

任务四　旅游景区营销策划

课前导入

峨眉山旅游专卖店

　　峨眉山旅游专卖店网络是峨眉山风景区市场营销的一大新举措。其经营理念是：以峨眉山为龙头,突出四川世界遗产精品旅游线;以专卖店为基点,打造风景区与旅行社紧密合作的旅游联盟。其战略目标为：紧密合作、长效发展。

　　在具体操作过程中,峨眉山更是倾力支持,重点帮扶旅游专卖店。

　　(1) 组建专门的专卖店工作机构,抽调专门人员,以电话联系、实地回访、工作通报、人员培训、联席会议、促销活动等形式强化专卖店的工作指导,建立关系,广交朋友。

　　(2) 提供专卖店启动专项资金 100 万元,主要用于专卖店门店初装和线路推介补助。

　　(3) 在《中国旅游报》以大板块、大文章、系列宣传的形式,着力专卖店的整体推介。

　　(4) 在中央电视台 1~5 台以套播广告的形式进行景区形象宣传和专卖店包装。

　　(5) 在常年签约电视台(北京电视台、四川卫视、重庆卫视、陕西卫视、湖北卫视、深圳电视台、山东电视台、南京电视台等)突出宣传专卖店。

　　(6) 由景区出资在济南、南京、上海、重庆等区域性或全国性旅交会上购买展台,与专卖店联合布展和促销。

　　(7) 根据峨眉山旅游季节和市场变化情况及时为专卖店寄送峨眉山各类宣传资料50 余万份。

　　(8) 请各专卖店与当地媒体组成四川旅游线路联合采风团,已有上海春秋、广州广之旅、沈阳北国旅行社、山东鲁能国旅、苏州文化国旅、无锡康辉旅、兰州丝路国旅等专卖店组织联合采风团入川考察线路。

　　(9) 专门为专卖店编写了《峨眉山旅游知识 300 问》,并走上门去举办专卖店培训班,提高旅游专卖人员的业务水平。

　　(10) 与《中国旅游报》每年举行一次景区与旅行社合作论坛,同期举办峨眉山旅游专卖店年度联谊活动。

　　(资料来源：根据网络资料整理。)

课前导入任务单

任务名称	认识旅游景区营销策划	时间		班级	
成员名单					
任务要求	初步了解旅游景区营销				

续表

（1）你了解峨眉山的旅游专卖店网络营销吗？你觉得这种营销方法有什么优势？

（2）除了旅游专卖店网络营销法，你认为峨眉山还可以采取何种方法进行营销？

（3）峨眉山是我国四大佛教名山之一，传统文化积淀深厚。在进行景区营销的过程中要如何利用这一优势？

完成效果自评	优	良	合格	不合格
成员 姓名				

课中学习

景区营销
计划.mp4

一、景区营销的关键问题

（一）关注客源地需求，提升和优化客源市场结构

旅游者对景区产品和服务的需求复杂多样，不断变化。旅游景区必须注意研究旅游者市场需求并预测其变化趋势，不断开发新项目，提高景区的应变能力与竞争能力。景区

应布局 150 千米的本地市场,250 千米的周边一日游市场,350 千米的两日游市场,500 千米的三日游市场,以及 500 千米外的更远端市场等。

(二)实施营销组合策略

如价格策略配合品牌策略,形成一种线上线下的立体整合营销。线上打造旅游景区产品品牌的文化附加值,烘托商业氛围,推动品牌知名度与美誉度,通过大数据分析定位消费群体,实施精准传播,对线下的营销构成有力的依托,形成线下购买、线上体验的反向O2O。再如价格策略配合产品差异化策略,构建线下产品与线上产品不同的组合,避开定价双轨制的矛盾。

(三)形成新媒体营销矩阵

如何基于微信、抖音等新媒体社交平台与旅游的高度关联性进行文旅营销,是景区营销必须要关注的重点。景区必须主动融入这些平台,搭上快车借力营销,才能在市场竞争中占有一席之地。要加速融合线上线下,构建旅游新媒体营销矩阵。强化抖音等短视频平台、直播平台创新性营销、事件营销,利用网络力量打造"网红景区"。

(四)提高游客满意度

景区的高质量可持续发展更多的是依靠景区产品、服务、管理等方面的综合实力。借助某种营销手段可以一时走红,但要实现长期走红,景区应要积极挖掘景区的旅游价值和潜在资源,从根本上研究和提供质量上乘、设计新颖、配套合理、管理有效的产品组合。景区产品应不断契合现代旅游市场的人群特征和消费偏好,才能在市场上获得口碑传播效应。只有不断在提高游客满意度上下功夫,景区才能真正实现高质量可持续发展。

二、景区营销计划

营销计划通常会运用营销组合来协助景区实施战略方案。营销组合是一系列可控的营销变量,组织将这些变量有机地组合在一起,以便在目标市场上产生预期的效果。从传统上讲,营销组合包含四个 P,即产品(product)、价格(price)、促销(promotion)和地点(place)。

(一)产品

景区产品的设计有三个关键问题。一是产品的独特性,从产品个性上来说,能让游客记住的不是景区的共性,而是独特性,景区应充分挖掘特色和与众不同之处。二是产品迭代。旅游景区应依据不同时期和景观,为产品增加新的内容,让游客常见常新,保持长久吸引力。比如自然景区,一年四季有不同的景色,四时也不同,景区在宣传中一定要把这些不同凸显出来,使得游客每次来都有新鲜感。三是产品体验,旅游是体验经济,旅游业的本质就是体验和经历。因此,景区在打造产品、举办旅游活动中,应该围绕游客体验展开。

稠岭村,位于福建省南平市政和县外屯乡、政和县东部,鹫峰山脉余脉,省道 302 公路穿境而过,距政和县城 30 千米、白水洋景区 59 千米。自 1978 年改革开放以来成功申报了佛子山国家级风景名胜区和生态自然保护区,先后获得了"福建省生态村""政和县旅游文化村"等殊荣,2018 年,被列入第五批中国传统村落名录。

稠岭村以休闲村落游、生态游、体育游三大方向为核心,以"隐世天村、仙境稠岭"为开发形象目标,纵向延伸开发各类旅游产品,打造四季齐发展、多要素吸引的国内一流乡村旅游胜地。

稠岭村通过"食""嗅""赏""宿"四个开发方向,打造两项特色文创、一个国内知名乡土特产节事、一个国内一流山野自助露营区,营造"天人合一"最佳境界。以"树立环保理念、成就生生不息"理念出发,打造国内首个专业生态研学体系"生息稠岭",打造多项研学旅游产品,使生态研学游专业化、体系化、课程化。

(二)价格

景区旅游产品价格,是旅游者对景区提供旅游产品所愿意承受的价格,它是由景区产品的内在价值和旅游者附着在景区产品上的心理价值组成的。

1.影响景区定价的因素

1)景区产品的特点

如果景区产品具有比较强的垄断性,就可以采取比较刚性的价格策略;如果在同一区域范围内,同类旅游产品并存,则旅游者对这类旅游产品需求的价格弹性也相应增大,为实现增加销售的目的,景区就有可能实行削价竞争。

2)成本

一般来说,在景区产品价格构成中,成本所占的比重大,是定价的基础。景区首先要确定收支平衡点在哪里,这是确定可接受范围的最低点,以及定价范围的下限。在景区获得利润之前至少得弥补成本,即所谓的收支平衡。景区可以根据销售预测和当前价格估算一下能否达到收支平衡点,或者能比平衡点高出多少。

收支平衡公式:

$$BEP = TFC/(SUP - VCUP)$$

式中:BEP 为收支平衡点;TFC 为总固定成本;SUP 为单位产品价格;VCUP 为单位变动成本。

收支平衡分析指出收入与总成本相等之处。为了计算景区的收支平衡点,从景区的最新收入报告中识别出每项成本,或是固定成本,或是可变成本。固定成本是与销售水平无关的,却可变成本随销售量而升降。

3)旅游者

市场和需求是制订价格的上限。旅游者购买景区产品时,不仅注重景区产品的价格,还会考虑景区提供的服务质量、旅游者获得的额外利益等因素。因此,景区为实现较高价格的销售,一般都要施之以较高水平的服务,使景区产品的价格和相应的服务一致,获得旅游者对景区产品价格的理解、认可;同时景区还应向旅游者尽可能提供一些额外免费的服务项目,减少旅游者的购买成本,使旅游者认为是购买了旅游产品后而带来的额外利益,从而增强对购买较高价格的景区产品的信心。

4)竞争对手

景区定价必须考虑竞争者的成本、价格,以及竞争对手对景区本身价格变动可能做出的反应。此外,景区所处的价格竞争环境不同,其对价格的控制程度也不同,如市场控制价格、景区控制价格、政府控制价格等在对景区价格的控制程度上有不同的表现。

2. 景区的定价策略

1) 计算景区成本费用,合理降低票价

旅游景区成本费用影响着门票价格的制订。为了更好地促进旅游业的可持续发展,我们应该对旅游业的前期投入、后期成本和利润等方面做出详细的计划,包括但不限于人力、物力和财力投入,从而制定出适当的政策和游客补贴标准。与此同时,我们还应该对旅游业的各种活动和服务措施进行公布,加强对旅游业的监督。核算出景区相关的成本费用,在可控条件下适当节省成本,并适当降低景区门票价格,从而吸引更多的游客来景区游玩消费。

2) 实施游客差别定价

游客的消费受到多种因素的影响,包括他们在购买之前的期望、消费过程和个人需求。这些因素在不同的市场中可能会有所差异,例如购买力、欣赏水平和需求程度等。这些差异会导致消费者的消费决策、行为和需求也会发生变化。例如,学生和有收入的工作人员实施相同的票价,这样对没有工作收入的学生来说相对不公平。景区更希望不同的消费群体能够来景区消费,可以实施游客差别定价,促进相对公平。

3) 旅游淡旺季制订不同的票价

随着时间的推移,游客对旅游的消费偏好发生了显著变化。大多数景点的旅游产品需求在淡旺季存在显著差异,而且每个季节的价格也会有所不同,从而影响着消费者的选择。因此,需要在旅游旺季和旅游淡季实施不同的景区定价。比如,在五一、国庆节假期等旅游黄金时段,可以合理提高景区票价。反之,像旅游淡季,旅游的人相对比较少,可以适当降价票价,甚至可以买门票送往返区间车服务,从而吸引更多游客游玩。

> ▌▌ **相关链接** ▌▌

> 1. 桂林"天价娃娃鱼"
>
> 2016 年 4 月,一篇《天哪!吃一条鱼竟要 5000 元!》的报道引发广泛关注。报道称王女士在桂林某啤酒鱼餐馆就餐时,店员向其推荐了一种"味道很好"的鱼后,在未告知鱼价、未称重量的情况下,直接将鱼摔死,然后要价 5000 元。事后经警方调解,王女士结账 1500 元后离店。
>
> 经调查取证,桂林市物价局将涉事餐馆销售天价鱼的行为定性为价格欺诈行为,由于引起广泛社会影响,对涉事餐馆从重处罚,作出罚款 50 万元的行政处罚决定。
>
> 2. 青岛"天价大虾"
>
> 2015 年国庆假期,位于山东青岛市的一家烧烤店被曝出,结账时原来 38 元一份的大虾竟变成了 38 元一只。
>
> 有关部门对该烧烤店罚款 9 万元,责令停业整顿并吊销营业执照。
>
> 3. 哈尔滨"天价鳇鱼"
>
> 2016 年 2 月,游客陈某发微博称,春节期间在哈尔滨市松北区某餐馆吃饭时"被宰",两桌吃了 1 万多元。

涉事饭店被吊销营业执照,罚款 50 万元。

目前,景区的餐饮业、商品及客房服务价格均属市场调节范畴,由经营者依据自身成本、供求关系等自主定价。但是,自主定价不等于可以坐地起价,随意涨价。

每一起"天价"事件,都涉及消费纠纷,不仅消费者权益被侵害,经营者还需要承担法律责任,其负面影响还将损害一个景区甚至一个地方的声誉和形象。别让"天价"消费煞了景区风景,抹黑了城市形象。

（资料来源：微信公众号（兴华市场监管）拒当"价格刺客"|旅游景区"天价"消费典型案例,2023 年 3 月。）

（三）促销

促销是指旅游景区产品的推广手段,其目的是将有关旅游景区的各种信息推广给目标受众,以招徕游客的购买行为。它是营销组合中最大的一个变量,采取何种方式进行促销,既要看旅游景区产品的性质,又要看目标市场受众的喜好,还要在实际中因地制宜地选用成本较低、效果较好的促销手段。

1. 人员促销

人员促销是建立旅游景区与旅游者关系的纽带。推销员对外代表旅游景区,在人员促销的过程中,推销员将收集到许多旅游景区急需的客户信息。人员促销的重点往往旅游景区（点）周边主要城市和其他主要的客源地,通过到目标市场举办旅游展览会等形式,与重点客源市场的代表性单位、团体（如工会）、企业、家庭建立长期的互惠互利关系,达到促销的目的。

2. 关系促销（公共关系）

旅游公共关系是一种重要的而且是有效的市场营销手段,主要是通过第三方的支持来树立自身积极的形象和培育游客的偏好。旅游景区可邀请公关专家策划"大手笔"的公关活动,使景区形象在相关地区产生轰动效应。公关方式可采取邀请参观（如旅行社的高层主管、新闻记者、专栏作家等）邀请度假（如有名望的专家学者、社会人士、英雄劳模等）等方式,让社会名流亲身体验,进行口碑宣传。

3. 政府促销

政府促销是借助政府部门的力量和关系或利用行政资源进行旅游营销,利用政府促销能够很容易让游客对宣传的真实性有一种不容置疑的信赖感,宣传效果明显。如三峡峡口风景区邀请宜昌政府部门和各县市旅游局领导,以及各界名流观看大型真山水实景演出《梦·三峡》,利用政府资源组织客源和进行《梦·三峡》的宣传促销,曾经收到了很好的效果。

4. 事件促销（节事活动）

举办有特色、有生命力、有市场前景的节事活动,是促使旅游景区上台阶、上水平的重要平台。节事活动的举办对旅游景区能够起到轰动性的效应,能够迅速地扩大旅游景区的知名度和影响力。同时,以节事活动为平台,还能够充分调动和发挥各种旅游资源的潜能,促进景区淡季旅游的发展。因此,旅游景区所在地应因地制宜地积极申请承办国际性、全国性或区域性会议、体育赛事、会展等活动以及举办具有地方特色的旅游节事,来扩大旅游目的地旅游的影响力。如山东潍坊举办一年一度的国际风筝节就有效地拉动了地方经济的发展,极大地提高了当地旅游景区的知名度。

5. 网络促销

互联网的兴起、数字时代的来临,给旅游业的发展带来了新的契机。网络技术在旅游业得到广泛运用,其关互性、实时性、丰富性和便捷性等优势促使传统旅游业迅速融入网络旅游的浪潮,并使网络促销成为当今旅游营销发展的一大趋势。旅游者通过网络可以轻松实现旅游景区信息资料的互补,尤其是通过集体订购可以让游客实现旅游费用支出的最小化,对旅游者的出行决策做出了技术和费用的双重支持。网络充分实现了信息资源的共享,游客在出行前通过网络了解目的地的风景、住宿、行程等方面的信息。因此,要充分开展电子商务、互联网促销、微信促销等,借助网络推销等手段来扩大旅游景区的宣传途径。

6. 微信促销

微信促销是网络经济时代企业促销模式的一种创新,是随着微信的火热而兴起的一种网络促销方式。微信不存在距离的限制,用户注册微信后,可与周围同样注册的"朋友"形成一种联系,用户订阅自己所需的信息,商家通过提供用户需要的信息,推广自己的产品,从而实现点对点的促销。旅游景区微信促销,包括旅游景区微信平台基础内容搭建、旅游景区微官网开发、旅游景区促销功能扩展;另外还可进行微景区(点)、微旅行社、微餐饮、微酒店、微旅游服务等个性化功能开发,微信促销在旅游促销上具有巨大的优势和潜力。

7. 概念促销

概念促销是 20 世纪 90 年代新兴的一种促销方式,它是指以某种有形或无形的产品为依托,借助现代传媒技术,将一种新的消费概念向消费者宣传推广,赋予企业或产品以丰富的想象内涵或特定的品位和社会定位,从而引起消费者的关注与认同,并最终唤起消费者对新产品需求的一种促销策略。概念促销强调顺应消费者需求变化趋势,推出新的消费概念,借助大众宣传媒介的大力宣传推广,使消费者最终接受这种消费概念,产生购买欲望。

旅游景区推出的如绿色饭店、生态旅游、低碳旅游、保健旅游、乐活(洛哈思)旅游等方式都属于概念促销的范畴。概念促销的成败,概念的运作至关重要;概念促销不是纯粹的概念炒作,应与产品打造紧密结合,否则将会毁掉概念促销,砸掉自己品牌。

8. 广告促销

广告是为了某种特定的需要,通过一定形式的媒体,公开而广泛地向公众传递信息的宣传手段。旅游景区可以广泛利用各种媒体(如电视台、广播电台、报纸杂志、户外广告等)进行旅游宣传促销。旅游景区(点)的旅游广告诉求应主要侧重于激发人们来此旅游的欲求,并打消人们来此旅游的顾虑。

9. 销售激励

销售激励(或优惠价格促销)是旅游景区采取的一种特殊的优惠措施,以期望增强景区吸引力,达到扩大销售的目的。如向游客赠送旅游地纪念品,发放优惠券;旅游淡季时降低价格,奖励销售;对旅游代理商,批发商进行销售激励。对团体、老客户或在节日期间实行价格优惠。

10. 旅游展览

旅游展览是有效展示旅游景区品质特色的一个舞台,可以充分利用各种展览会和博览会的机会,进行旅游景区吸引力的推介活动。在客源地布展时应注意文化的差异程度,采取差异策略,处理好"异中求同"和"同中求异"的关系,增强旅游景区的吸引力。

11. 其他间接促销方式或策略

旅游促销还有很多很多促销的方式,如邀请旅行作家创作旅游读物,设计发行或赠送旅游画册、挂历、台历;出版有关目的地的书籍,拍摄以旅游景区为背景的电影、电视剧,创作推广具有地方特色的乐曲等。此外,还有名人促销策略、艺术(娱乐)促销策略、价值链促销策略、微博促销策略、体验促销策略、口碑促销策略等。无论利用哪种方式或者策略,都需要因地制宜地结合景区实际来进行市场的宣传促销,从而达到事半功倍的效果。

相关链接

实例 fun 送:你竟然是这样一个"不正经"的故宫!

"故宫淘宝"是故宫博物院销售周边产品而打造的文创IP。腾讯巧妙运用互联网思维,借势故宫强大的流量IP,推出"贱萌的复古"风格,并整合"穿越"及"说唱"等新兴内容,发布《穿越故宫来看你》H5迅速霸屏,H5与短视频的结合做到天衣无缝,说唱与画面更是相得益彰,新的前端技术的运用恰到好处,这样的惊喜牢牢抓住了受众的眼球,强吸引、强互动,仅上线一天访问量就突破300万,实现现象级的品牌推广效果。

实例 fun 送:丽江雪山小镇,水墨求婚18式

"水墨求婚18式"走红网络,丽江雪山小镇瞄准事件热点,联系求婚情侣,拍摄"水墨风求婚18式"版权视频。视频将"水墨求婚18式"对应的画面一一呈现,利用男女主之间的亲密互动切换场景,使视频更具有沉浸感。通过情节的安排,将丽江雪山小镇的度假体验实景呈现,视频作为声光电的结合体,给人以十分全面的感官体验,令人印象深刻。通过这一波视频热点营销,丽江雪山小镇以精准的人群定位和快速的执行力,不仅追赶上了事件的热度,更将品牌与热点形成关联,实现了热度最大化,牢牢抓住了最佳时机。

(资料来源:微信公众号(湖南省旅游景区协会)景区运营 | 值得借鉴! 旅游景区营销案例分享,2023年1月。)

(四)地点

这里的地点是指景区渠道,又叫景区分销渠道,是使旅游者转移到旅游景区实现景区产品销售的全过程中所经历的各个环节和推动力量的总和。它的起点是景区企业,终点是旅游消费者。中间环节包括各种代理商、批发商、零售商以及其他中介组织和个人,即旅游中间商。景区渠道与传统商品渠道的运动方向不同,通常是旅游者向景区的移动。

旅游景区可以通过多种渠道进行产品营销,如线上平台、旅行社、酒店等,扩大景区知名度和影响力。具体来讲,景区渠道营销策略主要包括以下几个方面。

(1)直接渠道营销:通过景区自身的销售队伍或官方网站等直接面向游客进行销售。这种渠道营销的优点是能够直接了解游客的需求和反馈,便于及时调整产品和服务,但可

能需要投入较多的人力和物力资源。

（2）间接渠道营销：通过与旅行社、酒店、机票代理等中间商合作，将景区的产品和服务销售给游客。这种渠道营销的优点是能够扩大销售渠道，提高景区的知名度和美誉度，但可能需要与多个中间商进行合作，增加了管理和协调的难度。

（3）网络渠道营销：通过网络平台，如抖音、小红书、微信短视频等及在线旅游代理商、社交媒体等，打造媒体矩阵，将景区的产品和服务销售给游客。这种渠道营销的优点是能够覆盖更广泛的受众群体，提高销售的效率和便捷性，但可能需要对网络平台进行投入和维护。

（4）合作渠道营销：通过与其他景区、旅游目的地、旅游企业等进行合作，共同开展营销活动，提高景区的知名度和美誉度。这种渠道营销的优点是能够实现资源共享和互利共赢，但可能需要与多个合作伙伴进行协商和协调。

（5）会员渠道营销：通过建立会员制度，为会员提供优惠和特权，吸引更多的游客成为会员，提高景区的忠诚度和回头率。这种渠道营销的优点是能够建立稳定的客户群体，提高销售的稳定性和可预测性，但可能需要对会员制度进行投入和维护。

旅游景区渠道营销策略需要根据景区的实际情况和市场状况来制订，综合考虑各种渠道的优势和劣势，以实现景区的收益最大化和游客的满意度最大化。

‖ 相关链接 ‖

临安：村落景区市场化运营

浙江临安在2017年年初首次提出"村落景区"概念，随后进一步提出"村落景区运营"概念并开始创造性探索市场化运营模式，以整村性、系统化、多维度的"村落景区市场化运营"模式，通过乡村旅游产业植入盘活景区村庄，有效激活了乡村振兴的内生动力。

截至2021年9月底，临安有运营商在运营的村落景区共20家，实现旅游收入4.2亿元。村民收入增加257万元，村集体收入增加4708万元，为本地村民增加就业岗位1200余个，吸引700余名新乡贤返乡创业，其中各类手工匠人参与业态运营228人。

临安的主要做法可以概括为以下四点。

其一是建立招商项目库，招引运营商。

临安文旅局提炼了16项村落景区资源调查内容，委托第三方机构对临安各个村落景区资源情况进行调查，建立了村落景区运营招商项目库，项目库资料针对乡村旅游运营需求，切合乡村实际，为有意向的运营商快速了解村庄"家底"和特色提供了便利。2017年5月5日，临安文旅局召开首场村落景区招引运营商会议，此后三年间，通过举办招商会、网络宣传招徕、实地考察、以商引商等形式招引运营商；全区现有"以商招商"落地项目98个，总投资达3.4亿元。

其二是组建运营公司，建立运营工作推进机制。

村委会与运营商共同组建运营公司。村委会以村集体的游客中心、停车场、文化礼堂等设施的使用权入股，占10%～20%；运营商以货币资金入股，注册资金不少于50万元，日常运营费用由运营商承担。在整个运营过程中，政府和村委会不投资一分钱。

运营商组建专门的运营团队,委派工作人员驻村开展工作。每月召开一次运营工作例会,及时通报交流运营工作进展情况;不定期召开运营沙龙会,运营商和专家分享研讨运营中的好思路、好做法、好经验;实行专家问诊制度,聘请有实践经验的业内专家组成专家顾问组,每月1~2次深入村落景区了解运营情况,为临安村落景区运营提供专业咨询。

其三是组建村落景区营销中心,"抱团作战"宣传造势。

2020年7月,临安村落景区营销中心成立,以"抱团作战"式对外宣传营销,推广临安村落景区品牌,发挥各家村落景区运营商的优势,协调组织村落景区文旅产品的策划与整合营销。

2021年5月,临安还创立了"临安乡村旅游运营"专属微信公众号,分为"运营资讯""临安乡村"和"官方商城"三个板块,发布运营动态、调研文章、媒体报道等推文,介绍村落景区、文创伴手礼和乡村家宴,上线售卖村落景区美食与土特产品。

其四也是最关键的是实施专业化整村运营。

运营商进驻村落景区后,根据村落特色整村运营乡村旅游。

（资料来源:微信公众号(国风文旅)景区运营|市场化运营盘活景区4步走(含案例),2021年11月。）

三、景区营销创新

随着新媒体传播范围的扩大和传播速度增加,5A级景区的营销方式创新是景区在新媒体时代下的重要选择。在把握我国5A级景区市场格局演变趋势的基础上,剖析新媒体在景区营销中运用的关系网络,分析其传播规律,利用新媒体扩大景区知名度,拓宽景区营销渠道,实现5A级景区的可持续发展。

(一) 精准营销

新媒体形式多样,微博、微信、博客等方式让游客既是信息的发布者,又是信息的接收者。传统的营销方式是游客被动地接收信息,但是新媒体的发展加快了景区信息的传播速度,也改变了游客选择信息的方式,游客根据自己的旅游偏好主动选择旅游景区的信息。新媒体介入下的5A级景区营销市场的掌控者逐步由旅游企业转变为旅游者,传统媒体的营销效率大打折扣。景区要通过对社交平台数据的收集整理和分析,利用新媒体有效挖掘潜在旅游者和潜在的旅游需求,并且通过手机等移动设备为目标群体提供定制的信息推送,大大降低景区产品市场投放的风险,减少资源浪费,提高营销效率,实现精准营销。

旅游景区要利用新媒体的功能,创新旅游营销的方式手段,借助新媒体与游客实现"动态"沟通,针对某一旅游需求深入挖掘,开发某种品类的旅游产品或者针对某一小众需求设计定制旅游产品,关注用户体验,发挥新媒体强大的传播功能,注重场景营销和活动营销,打通线上线下营销,通过精准营销保持景区旅游产品的竞争力。

(二) 口碑营销

旅游是一种异地体验活动,更是游客与景区文化的情感交流的过程。新媒体时代,信息传递逐步"去中心化",逐步摆脱传统媒体对信息的占有和对信息的掌控。每个人都可以传递信息,也可以接收信息。一个被大众认同的信息往往会以极快的速度在社会传播,主导社会舆论导向,人们在转发过程中不断评论,碰撞出更多的想法,信息的传递更加充分,"信息壁垒"逐步消失。

在新媒体时代,5A级景区的口碑营销可以借助互联网平台实现一对多和多对多的传播,同时互联网的传播环境下很多用户是"匿名"参与,构成5A级景区信息传播的弱连接性,这样的特征更有助于信息传播,使其速度更快、效率更高。良好的口碑宣传会对5A级景区旅游形象的提升产生积极效应,旅游景区的产品具有无形性、生产与消费的同步性以及信息的不对称性等特点,为了避免购买失误,游客都会收集更多的旅游信息,非正式传播渠道成为他们的首选。

介于新媒体的双向互动功能,景区管理者要注重加强新媒体营销队伍的建设,可以建立专门的QQ群、微信公众平台、微信群、抖音等方式专门与游客互动交流,了解游客需求和旅游过程中遇到的问题,避免负面影响造成游客流失。

同时,新媒体带来交流的便利性,游客在景区的旅游体验会以最快的速度传播,口碑或者旅游体验评价往往成为游客做出购买决策的重要因素。旅游景区的经营者要重视口碑营销,不可忽视旅游者以新媒体方式传播的影响力,借助新媒体的微信、微博、抖音等方式实现口碑营销。

（三）整合营销

新媒体作为社会化媒体的新形式,随着时代发展,更新奇的媒体方式持续不断涌现,也有太多的媒体方式被取代,逐渐没落。但是,随着用户忠实度的培养,不少社会化媒体方式都有自己的粉丝群体,现在社会化媒体已经形成一个"百花齐放"的发展局面,因此景区在营销宣传的过程中不能只局限于某一种或者几种营销方式,要吸引不同营销平台的流量,众多社会化媒体方式相互作用,取长补短,融合发展。

课中实训

实训项目	以小组为单位,调查分析周边的一个景区,明确景区采取的营销手段及效果请为其制订一份年卡销售的策划方案,并设计调查问卷
实训目标	（1）设计调查问卷,并利用问卷进行市场调研; （2）明确景区产品在营销过程中存在的问题; （3）运用课堂学习内容,帮助景区设计营销方案（产品、价格、促销、渠道）
实训地点	
物料准备	相机或者可以摄像的手机、笔记本、笔等
实训过程	（1）通过市场调研,了解目前景区产品的营销现状及存在问题。

续表

实训过程	（2）结合课中学习内容，提出更加合理的景区营销方案。 （3）为景区制订一份年卡销售的策划方案。	
实训总结	知识获取	
	能力获取	
	素质获取	
实施人员	组长：	成员：
实训成绩	实训考勤（20分）	
	小组组织（20分）	
	项目质量（60分）	
效果点评		

课后拓展

旅游景区营销方案——以三清山为例

一、景区简介

三清山，位于江西省上饶市东北部，因玉京、玉虚、玉华三峰峻拔，宛如道教玉清、上清、太清三位最高尊神列坐山巅而得名。景区总面积 756.6 平方千米，主峰玉京峰海拔1819.9 米。14 亿年的地质演化形成了奇峰耸天、幽谷千仞的山岳绝景奇观，不同成因的花岗岩微地貌密集分布，展示了世界上已知花岗岩地貌中分布最密集、形态最多样的峰林；2373 种高等植物、1728 种野生动物，构成了东亚最具生物多样性的环境；1600 余年的道教历史孕育了丰厚的道教文化内涵，按八卦布局的三清宫古建筑群，被国务院文物考证专家组评价为"中国古代道教建筑的露天博物馆"。《中国国家地理》杂志推选其为"中国最美的五大峰林"之一；中美地质学家一致认为它是"西太平洋边缘最美丽的花岗岩"。

二、市场营销方式

1. 加大宣传力度

针对景区目前的市场现状，应采取区域广告宣传，选择区域广告性的媒体，集中优势、重点突破,形成强劲的优势。

(1)新闻媒体(报纸、电视):主要应用在景区的日常宣传和重要节庆优惠及影视拍摄状况的宣传上。

(2)中介机构宣传(旅行社):旅行社是景区和游客之间的联系纽带,作为景区来说,旅行社是主要客户来源,因此,景区在市场开拓上应把重点放在与旅行社合作渠道的建设上。

(3)网络:利用网络高速、及时、全球性、全天候的特点,进行覆盖面较广的宣传。借热门网站提升"三清山旅游网"的点击率。

(4)宣传牌:在通往景区的公路上制作宣传牌。

(5)行业的DM杂志:一方面,其有针对性,免费投递到旅行社,高档写字楼、事业单位、住宅小区、酒吧等这些具有一定消费水准的准客户手中。另一方面,DM杂志相对于公开发行的媒体来说,广告宣传费用要低一些。

(6)墙体广告:在周边地区书写墙体标语和广告。

自申遗成功以来,为进一步提升三清山在国内外知名度和影响力,风景区高起点定位、大手笔策划,与中央电视台、江西电视台、江南都市报、深圳特区报、南方都市报等上百家媒体展开深度合作,邀请全国网络媒体走进三清山采风。

(7)建立客源地办事处:利用办事处,实现景区与游客零距离接触,并实现游客天天发。

(8)印制宣传画册:主要是通过制作风光片、宣传页、折页图、海报、年票、纪念币等。

(9)提升销售额和投资回报率的其他营销方式:主要通过顾客参与、整合离线和在线(营销)活动、离线支出投入到网上和跟踪顾客等方式开展。

2.特色主题活动

(1)道教文化风情旅游节。通过极具特色的道教文化吸引各地游客,展示道教千年底蕴,出售特色纪念品,办成广大旅游者的节日和广大商家的节日,使社会效应和经济效应更好地体现。

(2)在不同的国际、国内节庆日开展相应的主题活动。

3.景区旅游线路

线路A:从东部索道上山,然后游南清园的女神峰和巨蟒出山后就往东海岸走,再转到西海岸,西海岸下山后又回到玉皇顶,再从东部索道下。

线路B:从东部索道上山,然后游杜鹃谷,看完玉女开怀后往一线天下,走到南天门后往西海岸上,再转到东海岸回到玉皇顶,从东部索道下山。

线路C:从南部索道上山,游南天门后前往西海岸,再游三清宫和东海岸,往玉皇顶下到女神峰和巨蟒出山,上到杜鹃谷后往一线天下回到南部索道。

线路D:从南部索道上山,游南天门后往一线天上到玉台,再从杜鹃小路来到女神峰,又往玉皇顶上到东海岸和西海岸,再回到南部索道下山。

4.营销计划

针对每个季度不同特色,旅游景区营销宣传相应时段都应有相应的宣传主题,在各主流媒体视频播放景区风光,充分利用好各种媒体的宣传作用。同时,还应做好游客的宣传工作,使游客成为景区的"义务宣传员"!

5. 营销目标

响亮三清山品牌旅游,创赢未来江南第一仙峰!

（资料来源：根据网络资料整理。）

思考：案例中三清山的营销方式是否全面,如果不全面,你觉得还可运用什么方式进行营销？

项目七

旅游景区人力资源管理

任务一 旅游景区员工招聘与培训

课前导入

华强方特集团校园招聘

"华强方特"属于华强方特文化科技集团股份有限公司品牌,华强方特以文化为核心,以科技为依托,打造"创、研、产、销"一体化的文化科技产业链,提出规模化、多元化、国际化的发展战略,业务分为文化内容产品服务和文化科技主题公园两大类,其中文化内容产品服务包括特种电影、动漫产品、主题演艺、影视出品、文化衍生品,文化科技主题公园包括创意设计和文化科技主题公园旅游,形成了优势互补的全产业链,拥有大量自主知识产权,已在国内国际市场上建立强势的中国文化科技品牌。

华强方特文化科技集团股份有限公司先后投资建设了"方特梦幻王国""方特欢乐世界""方特水上乐园""方特东方神画""方特东盟神画""方特东方欲晓""方特丝路神画""方特国色春秋"八大主题乐园品牌,其中芜湖方特乐园主题游乐项目、休闲及景观项目共计300多个。郑州方特欢乐世界由28个大型主题项目区组成,涵盖主题游乐项目、休闲及景观项目200多项,以科幻和互动体验为特色,是中原地区规模最大的第四代高科技主题公园。

华强方特坚持可持续发展的战略高度,优化人才资源配置,促进人才队伍健康成长,努力培养造就一支与现代企业管理相匹配的高素质人才队伍,以塑造"客户第一、诚信友善、协作创新"的价值观为依托,实现"让世界更欢乐"的企业使命,形成有效的宏观和微观人力资源开发和管理能力,与企业品牌、规模相适应,构建"新型学习型组织",有效促进员工与企业共同发展。华强方特预备了以下岗位。

1. 岗位名称:管理培训生

2. 职业类别:运营管理类

3. 岗位要求

(1)本科以上学历,旅游管理、文化产业管理、酒店管理等专业优先。

(2)成绩优异,具备优秀的组织沟通协调能力。

（3）具备乐观开朗的性格特质，热爱文化旅游行业，有服务精神。

（4）吃苦耐劳，善于发现问题并解决问题，能推动组织发展，促进度假区运营质量的提升。

4. 岗位职责

（1）从事方特旅游度假区的运营管理工作。

（2）工作地点：华强方特全国范围内。

5. 岗位福利待遇

（1）基本工资 4000 元＋年终奖＋各类补贴。

（2）入职即缴纳五险一金。

（3）提供完善的晋升机制和广阔的发展空间。

（资料来源：根据网络资料整理。）

课前导入任务单

任务名称	认识景区员工招聘与培训		时间		班级	
成员名单						
任务要求	根据案例能对旅游景区的招聘有初步的认识					

（1）通过案例分析，一项招聘启事中应包括哪些内容？

（2）通过案例，总结提炼招聘的原则。

（3）尝试列举主题乐园景区的岗位设置。

完成效果自评		优	良	合格	不合格
成员姓名					

课中学习

景区员工
培训.mp4

一、旅游景区员工招聘

旅游景区的发展离不开旅游专业人才的支撑,人才招聘是景区高质量发展的必要条件,也是旅游景区人力资源管理的首要环节,景区员工招聘的质量关系着景区能否得到匹配岗位需求的员工。在实际工作中,景区人力资源管理部门要根据景区岗位需求落实招聘细节和具体规划,列出景区发展的情况和目标,吸引有能力,同时也对岗位产生兴趣的人才担任与其能力相符合的岗位工作,员工招聘活动是旅游景区和应聘者之间的双向选择过程。

1. 旅游景区员工招聘的概念

旅游景区员工招聘是指旅游景区为了自身发展的需要,根据景区人员的规划和岗位设置,通过各种可行的手段及媒介,向目标公众发布招聘信息,并按照旅游景区的标准来招聘企业所需人力资源的过程。员工招聘是解决景区对人员数量不足、质量不匹配的必要手段,旅游业的季节性和敏感性决定了旅游行业员工流失率相对较高,高流失率的现状决定了旅游景区人员招聘的频率相对较高。

2. 招聘的原则

政策性原则。旅游景区组织在员工招聘中要遵守国家政策,符合国家的有关法律规定,保障应聘者的合法权益。同时,旅游景区组织在招聘时要以组织内部有关岗位职责、岗位规范等人事制度作为对应聘者的具体准则,保证招聘到与岗位需求匹配的员工,根据岗位需求合法合规地开展招聘活动。

岗位匹配原则。准确性是指在招聘的过程中能够根据应聘者提供的信息准确地判断出应征者的自身条件能否与工作岗位相匹配。旅游业属于服务行业,对员工的服务意识和服务态度有较高的要求,因此,旅游景区在招聘的过程中应对应聘者的知识、能力、思想、道德等进行全面的考核。

公平性原则。公平性是指旅游景区组织在选拔人才的过程中,要给应聘人员公平的竞争机会,树立组织公开、公平、公正的企业外部形象,在公平竞争中也有利于发现更适合景区组织的人才,为景区组织的发展打下坚实的基础。

经济性原则。经济性原则要求景区组织在人员招聘中能以最小的成本招聘到组织最需要的人才。在实施招聘活动的过程中对招聘成本进行计划和控制,同时,要注意控制隐性成本,培养员工的忠诚度,减少未来员工大面积流失而带来的各种损失。

外部招聘和内部选拔相结合的原则。旅游景区在进行招聘时根据岗位需求进行外部招聘和内部选拔,外部招聘人员选择范围广泛,能够为景区组织注入新鲜血液。内部选拔可以帮助员工尽快适应工作,更快地填补工作空缺,节约招聘和培训成本。

3. 景区员工招聘的特殊性

(1)招聘人员的特殊性。旅游景区作为服务性行业,诸多岗位都要求员工具备细心、爱心、耐心和责任心等特征,例如景区售票员、讲解员、乐园运营员、商务中心售货员等,需要为游客面对面服务,部分岗位的设置女性较多。

（2）招聘岗位的特殊性。岗位设置是景区招聘人员的主要依据之一，旅游景区岗位设置除部分岗位要求女性居多外，还体现在以游客为本上。景区产品的整体性特点决定了游客对景区产品的满意度来自多方面。从游客进入景区到整个行程的结束，游客除了对景点的安全性和新奇性等方面有要求外，整个旅游过程中各个接触点的服务质量都会对其满意度产生影响。

（3）招聘方式的特殊性。景区在招聘员工时通常采用笔试和面谈等招聘方法，考验应聘人员的知识素养、外部形象等与景区岗位要求密切相关的要素。部分岗位对专业技能有一定的要求，在景区组织招聘人员时，可以采用技能测试的方式，例如有些景区在招聘讲解员时，测试员工的讲解技能，这些特殊招聘手段的运用可以弥补常用方式的不足，使景区更好地选到合适的人才。

4. 招聘流程

旅游景区招聘员工的流程一般分为以下几个步骤。

（1）明确目标，确定空缺岗位。由于景区员工流失或景区业务扩张等原因，旅游景区在员工供应上会出现缺口，景区招聘时，应该明确岗位需求，确定空缺岗位。

（2）编写职位说明书，确定岗位需求。职位说明书是对旅游景区岗位的任职条件、岗位设置目的、职责范围、负责程度和考核评价内容给予的定义性说明。职位说明包括职位描述和职位任职要求，即对工作内容进行概括，并明确对任职人员的标准和规范进行概括。

（3）选择有效的招聘方式。人员招聘过程中通常采用的方式有内部招聘、社会招聘、校园招聘等。不同的招聘方式有着不同的效果，旅游景区需要根据实际的招聘需求来选择有效的招聘方式。

（4）审阅应聘简历材料，筛选出候选人名单。旅游景区可以通过应聘者简历中所反映的内容对应聘人员加以评估。审查工作简历内容是否符合要求，是否具备工作岗位所需要的基本教育背景和相关的工作经历，从而确定面试名单，并根据情况及时通知参加面试或考试的地点和时间。

（5）确定面试的策略。景区可以通过面试获得需要的信息，可以进一步考察应聘者在简历中没有介绍的专业技能，若应聘者在专业技能方面已经完全满足岗位的要求，可通过邮件或电话的形式通知应聘者入职时间，并进入岗前培训环节。

二、旅游景区员工培训

旅游景区员工培训是指景区为了使职工掌握或优化自身的工作知识、技能、动机、态度和行为，为提升自身绩效，对景区做出更高贡献而有计划地、系统地实施教育训练活动，以达到提高组织的效益和实现员工自身发展的双重目的。

1. 互联网时代景区员工培训的特点

互联网时代景区员工培训的内容也要与时俱进，员工培训的内容要具有针对性、多样性和时代性的特点。

1）针对性

互联网时代下，景区的培训可以根据员工的需求更具有针对性，景区可以利用大数据征求员工的意见，整理员工的培训需求，并结合工作过程中景区员工日常工作情况，发现员工欠缺的知识技能,进而根据不同的岗位确定不同的培训内容,同时也可以采用线上培训的形式,提升培训的效率和频率。

2)多样性

培训的多样性表现在员工层次、岗位类型、培训形式等方面,景区员工培训包括岗前培训、在职培训和脱岗培训等多种形式,其中岗前培训是指员工正式入职前进行的培训,培训内容包括企业基本情况,企业规章制度以及企业文化等,帮助新员工尽快适应工作岗位。在职培训是指员工入职一段时间后,依据游客需求的变化以及技术的革新而对员工进行的能力提升培训。脱岗培训是指离开工作或工作现场,由企业内外的行业专家或教师,对景区内工作人员进行集中教育培训,如服务礼仪培训、讲解员培训等。

3)时代性

互联网背景下员工培训具有时代性,随着科技的发展,技术不断更新,培训方式和培训内容需要不断变化,互联网是企业和员工获取信息的重要途径,培训中,景区要把握时代特色,契合景区发展和时代要求,如培训员工使用微博、微信、抖音、小红书等自媒体,对景区进行宣传营销。

相关链接

重庆洪崖洞——现实中的"千与千寻"

新媒体营销是以新媒体平台为传播和购买渠道,把相关产品的功能、价值等信息传送到目标群众的心理,以便形成记忆和喜欢,从而实现品牌宣传、产品销售目的的营销活动。其中,网红景点便是新媒体营销的典范。

2018年"五一"假期,重庆洪崖洞景区在网络上爆红,成为仅次于故宫的第二大旅游热门景点,年轻人争先恐后来到这个网红景点,在社交平台上晒出精心拍摄的图片或视频。洪崖洞是重庆传统吊脚楼建筑的典型代表,依山就势,沿江而建,以美丽的夜景而闻名。洪崖洞精准巧妙地借助了"千与千寻"这一文化IP,将自己的形象与动漫联系在一起,把洪崖洞构建成具有魔幻色彩的神秘世界。

洪崖洞完美地利用了新媒体实时分享互动这一优势。当游客在洪崖洞拍摄完好看的照片、视频,立即就能在App平台上分享,并且凭借像风一样的传播速度,迅速裂变、极速传播。此外,景区对员工进行新媒体技术应用进行培训,景区员工利用自媒体,在微信公众号、朋友圈、小红书或抖音、快手等进行分享,对景区进行宣传,达到人人皆营销的目的。

（资料来源:搜狐网.景区新媒体营销成功案例[EB/OL].(2019-09-02)[2024-01-30].https://www.sohu.com/a/338048147_120044278.）

2. 景区员工培训的内容

(1)知识培训。通过知识培训,使员工具备完成本职工作所必需的专业知识,包括景区基本知识、专业知识、景区企业文化和基本情况,如景区的发展战略、目标、经营状况,规章制度等,使员工能够较好地参与景区活动,培养员工的忠诚度。

(2)技能培训。通过技能培训,使员工掌握完成本职工作所必备的技能。包括一般技能和特殊技能，一般技能是指能够保证员工熟练完成岗位工作的技能，如景区讲解员的讲解技能，乐园岗位机器操作技能。特殊技能包括团队合作技能、人际沟通技能等。

（3）态度培训。员工的工作态度对景区评价影响甚大，尤其是旅游旺季，游客量大导致员工工作量较大，员工难免会出现情绪波动，越是客流量增加，越要加强对员工的培训，如礼貌礼仪、微笑服务及综合素质的培训。通过态度方面的培训，使景区与员工相互信任，培养员工的团队精神和应具备的价值观，增强其作为景区员工的归属感和荣誉感。

3. 员工培训计划的制订

景区制订员工培训主要分为 5 个步骤。

1）确定培训对象

景区根据前期调查，在培训需求分析后，旅游景区明确所需要培训的对象，并根据所需要培训的对象确定培训内容，确定具体的培训方法，安排培训时间和地点。

2）明确培训内容和目标

景区在确定培训对象后，要针对不同岗位的培训对象确定培训内容。如针对景点讲解岗位培训，确定导游基础知识、人际沟通能力、语言能力等培训内容。确定培训目标，保障员工在培训结束后，员工能够运用所培训的内容解决工作中遇到的问题。如对新员工培训，要求新员工培训后能够熟悉景区岗位工作流程，做好服务接待工作，而对于老员工要求进一步提高员工的知识水平和业务能力。

3）确定培训时间

培训时间受诸多因素的影响，培训时间的确定不能影响景区的正常运营，同时又不能过多地占用员工的休息时间。由于旅游业具有季节性，在旅游淡季时，景区可以对员工进行专题培训，在旅游旺季时，由于景区员工工作量较大，不能够抽出大部分进行培训，景区要灵活采用晨会、小组会、部门会的形式对员工进行培训。

4）选择培训场合

旅游景区要根据培训内容和培训方式来选择培训地点，培训场合主要包括内部培训室和外部培训基地。知识、态度、技能培训多选用内部培训室培训。此外，旅游景区有时会安排外部培训，如组织景区管理岗员工外出观摩等。

5）建立师资队伍

旅游景区要建立稳定培训的师资队伍，主要包括企业内部的管理人员、有经验的老员工以及外聘相关专家等。

4. 景区员工培训的方式

（1）课堂讲授。课堂讲授是员工培训工作中最普遍、最常见的一种方法。其优点是在相对较短的时间内向大量的员工提供大量的信息，培训成本相对较低、节省培训时间；课堂培训可以系统讲解和传授岗位知识，易于掌握和控制培训进度。但由于该方法采用的是简单的讲授法，受训者被动接收信息，缺少实践和反馈的环节，从而影响培训的效果。

（2）现代学徒制。现代学徒制是通过安排有经验的员工在实际工作中将职业技能言传身教给徒弟，以达到提升徒弟技能的目的。在景区组织中，一些技能性岗位，如讲解员、餐厅服务员等，多采用这种"师傅带徒弟"的方法，通过该培训，使受训人员较快地熟悉工作环境和工作流程，掌握必要的技巧，迅速适应实际工作的要求。

（3）情景模拟。情景模拟是以实际情况为模型的一种经过精心设计的弘佐练习方法，受训者可以参与其中，培训教师可以根据受训者的操作过程并得到反馈。常用的模拟方法有角色扮演法、案例分析法等。

（4）岗位轮换法。轮岗是一种在职培训的方法，是指安排受训者到景区内不同岗位上进行实际工作或学习的一种系统而且正式的培训方法，目的在于扩展员工的知识和技能，轮岗可以帮助员工了解整个景区的运作和各部门的职能，使其能胜任多方面的工作，增加工作的挑战性和乐趣，同时也使受训者找到适合自己的工作岗位，确定自己的职业目标。

课中实训

实训项目	以小组为单位，以附近一家景区为对象，设计该旅游景区不同岗位的招聘要求，并模拟招聘过程，针对不同的岗位设置相应的培训内容	
实训目标	（1）熟悉旅游景区中不同岗位设置； （2）了解旅游景区的招聘流程； （3）结合岗位设置，能够制定相应的培训内容	
实训地点		
物料准备	相机或者可以摄像的手机、笔记本、笔等	
实训过程	（1）你所选择的景区招聘的岗位类型？ （2）你要招聘的岗位具有什么岗位需求？ （3）模拟旅游景区员工招聘流程。 （4）根据招聘岗位，制定培训内容。	
实训总结	知识获取	
	能力获取	
	素质获取	
实施人员	组长：	成员：
实训成绩	实训考勤（20分）	
	小组组织（20分）	
	项目质量（60分）	
效果点评		

课后拓展

看东京迪士尼如何高效培养一线员工

东京迪士尼乐园被誉为亚洲第一游乐园，年均游园人次甚至超过美国本土的迪士尼，美国迪士尼公司总裁罗伯特·伊格尔是这样分析的："在培训员工方面，他们比我们做得更出色！"

迪士尼之所以重视一线培训其中的一个很重要的原因是他们很早地意识到一线员工的高流失率是未来的一个趋势，用科学的方法训练新人，缩短员工的成长时间是培训管理者未来必须克服的挑战。迪士尼对于员工的选拔和聘用，有一套严密的制度。每一位新的现场工作人员，都需要接受严格的筛选和培训。以最基础的清洁工为例，对他们的聘用要求就是要性格开朗，处事乐观。初步决定录用后，他们需要接受三至五天的个别培训，并由训练人员对其进行审核，达到标准的员工才可以正式上岗，没有达到要求的则需要继续接受培训。

选择正确的人进行培训是迪士尼培养出色的一线员工的重要做法之一，如果将与培训主题关联度不高的人纳入培训是一种极大的浪费，不仅降低了非目标学员的积极性，还影响了目标学员的学习效率。除了有严格的甄选条件与方法，迪士尼把每一件平凡的事情做得不平凡，这就是所谓的细节决定成败，对于清洁工的培训主要包括以下内容。

第一天上午培训的内容是扫地。他们有三种扫帚，一种是扒树叶的，另一种是扫纸屑的，还有一种是掸灰尘的，这三种扫帚的形状都不一样，用法也不一样，怎么扫不会让树叶飘起来？怎么刮才能把地上的纸屑刮干净？怎么掸灰尘才不会飞起来？这三项是基本功，要用半天的时间学会，然后让每个清洁工都记牢一个规定：开门的时候不能扫，关门的时候不能扫，中午吃饭的时候不能扫，客人距离你有15米以内的时候不能扫。

下午培训的内容是照相。全世界各种品牌的代表性数码相机，大大小小数十款全部摆在那里，都要学会为止，因为很多时候，客人会让他们帮忙拍照，东京迪士尼要确保包括清洁工在内的任何一个员工都能够帮上他们，而不是摇摇手说："我不会用相机。"

第二日上午培训的内容是抱小孩和包尿片。有些带小孩的妈妈可能会叫清洁工帮忙抱一下小孩，清洁工万万不能一接过来就把人家小孩的腰给弄断了，小孩子的骨头是非常嫩的，正确的抱法是"端"，右手托住孩子的臀部，左手托着孩子的背，左食指要翘起来，顶住孩子的颈椎或者后脑。

下午培训辨认方位。游客经常会向人问路。"小姐，洗手间在哪里？""右前方，左拐，向前50米的那个红色房子。""小姐，我儿子要喝可乐，在哪儿可以买？""左下方7点方向前进150米，有个灰色的房子。"每一位清洁工都要把整个迪士尼的平面图刻进脑子里，哪怕是第一天工作，也不能对问路的顾客说："我刚来，我也不知道！"

第三天是花一整天的时间培训沟通方式和多国语言。首先是与人沟通时的姿势，必须要礼貌和尊重，例如和小孩子对话，必须要蹲下，这样双方的眼睛就保持在一个相等的高度上，不能让小孩子仰着头说话。其次至于学外语，要让人在大半天的时间里熟练掌握多国外语是不现实的，所以东京迪士尼只要求他们会讲一句话的多国外语版就行了，内容是"对不起,我并不能与你顺利沟通,我这就联系办公室,让能够和你交流沟通的人来到你身边"。在碰到有外国人求助的时候,清洁工会先对他们说这句话,然后联系办公室,很快就会有懂外语的人来到这名外国人身边,帮助解决问题。

三天培训结束后,清洁工们才能被分配到相应的岗位开始工作。东京迪士尼认为,越是基层的员工越是代表着迪士尼形象,也越能直接为顾客提供服务,而形象和服务则是东京迪士尼的灵魂所在,把每一个底层员工都看成是自己这个团队的灵魂。

(资料来源:搜狐网. 这家企业竟是这样培训清洁工[EB/OL]. (2016-12-08)[2024-01-30]. https://www.sohu.com/a/121027317_556388.)

思考:东京迪士尼员工培训应用了所学的哪些原则,对其他旅游景区员工培训有什么启发?

任务二　旅游景区员工绩效考核

课前导入

景区月绩效考核细则

为充分调动景区员工工作积极性、创造性,维护景区正常的生产和工作秩序,鼓励先进、鞭策落后,提高工作效率,提升景区标准化服务水平和核心竞争力,结合景区实际,特制定此办法。

公司坚持奖惩分明,奖优罚劣,以思想教育为主,惩罚为辅的奖惩措施。对员工的奖励分为奖金、奖品、授予先进工作者等荣誉称号。对有下列表现之一的员工,要给予奖励。

一、奖励

(一)全年考勤奖

(1)景区依照国家法定节假日加班工资标准执行,加班人员名单(包括高层)及加班天数,由人资部统计发放。

(2)奖励依据以考评领导小组的公布考勤数据为准。

(二)文明服务奖

(1)景区职工每月100元文明服务奖,由人资部按照考核认定情况,并报经部门主管领导同意,逐月按人发放。

(2)为游客提供优质服务,受到游客称赞,游客反应给领导或办公室的,凭有效记录,作为年终评优的依据。

(3)为游客提供无偿服务、办好事受到省、市、县和景区(乡)赞誉和表扬的,其有效资料,作为年终评优依据。

(三)安全运营奖

(1)为保护景区财产和游客安全,积极采取措施防止事故发生的。

(2)妥善处理游客意外、突发性事件或投诉,为景区树立良好形象的。

（3）避免重大事故发生的，为公司减少或挽回经济损失的。

（4）非本职工作，主动为他人弥补工作失误，挽回不良影响和经济损失的，视具体事件进行奖励。

（5）重点单位全年工作无安全事故的。

二、惩罚

（1）实行安全责任事故一票否决制度。因部门或个人失职失责，造成安全事故（死亡、受伤失去正常行为能力或直接经济损失一万元以上以及被地市级以上政府部门或媒体）点名批评的，取消评先资格，并依纪依法予以追责。非人为的不可抗力造成的事故除外。

（2）因部门或个人失职失责，引发的游客投诉，每投诉一次，扣部门 10 分，个人 5 分。投诉两次以上，造成严重不良影响的，取消部门或个人评先资格，并予以追责。

（3）凡在 5A 级景区暗访、复审中被扣分的部门，所涉部门予以 3 倍扣分，并取消部门年终各项奖励。

（资料来源：百度文库. 景区月绩效考核细则［EB/OL］. (2020-11-15)［2024-01-30］. https://wenku. baidu. com/view/fab9b180178884868762caaedd3383c4ba4cb4cb. html. ）

课前导入任务单

任务名称	景区员工绩效考核		时间			班级	
成员名单							
任务要求	根据案例对景区员工绩效考核有初步了解						
（1）通过查阅案例，谈谈员工绩效考核中激励的方法？							
（2）通过阅读案例，思考景区员工绩效考核包括哪几个方面？							
（3）结合案例和所学知识，为附近景区制订绩效考核方案？							
完成效果自评		优		良		合格	不合格
成员姓名							

课中学习

一、景区员工绩效考核的认知

1. 景区绩效考核的概念

旅游景区的绩效考核是指景区人事管理部门根据岗位说明书和绩效考核标准,运用各种科学的方法,对景区每个员工所承担的工作、行为与实际结果等进行全面、系统、科学地考察、分析与评价,并将评定结果反馈给员工的过程。

2. 绩效考核的类型

绩效考核根据考核目的的不同可以分为两种类型。

(1)发展型绩效考核。发展型绩效考核是指以提高员工的工作绩效为目的的考核,注重员工未来的绩效。考核结果作为下一步员工培训和晋升的参考依据,并在该过程中提出改善工作绩效的方法。如在绩效考核过程中发现景区讲解人员在讲解技巧上有所欠缺,后期根据考核结果确定讲解技能培训。

(2)判断型绩效考核。判断型绩效考核以鉴定员工的工作绩效为目的,看重员工在过去的工作中取得的成绩,运用绩效考核结果来约束员工在工作中的行为,因为此绩效考核结果将与薪酬或其他经济利益挂钩。

绩效考核依据绩效内容则可分为品质主导型、行为主导型和效果主导型。

(1)品质主导型:以考核员工在工作中表现出来的品质(素质技能)为主,着眼于"这个人怎么样"。由于在考评中使用诸如忠诚、可靠、主动、有创造性、有自信、有协作精神等定性指标,所以很难掌握,操作性较差。

(2)行为主导型:以考核员工的工作行为为主,着眼于"干什么""如何去干",重在工作过程而非工作结果。考核标准容易确定,操作性较强,适合那些绩效难以量化考评或需要以某种规范行为来完成工作任务的员工,如服务员、文秘人员、管理人员等。其难点在于能否开发出与工作相关的行为化衡量标准。

(3)效果主导型:以考评员工的工作效果为主,着眼于"干了什么",重点在于产出和贡献,而不是行为。考核标准易制定、易操作适合生产操作性的岗位人员的考核,不适合事务性人员的考核。

二、景区员工绩效考核的内容

绩效考核总体上可以分为工作考核、潜力开发和适应性评价三个方面。

1. 工作考核内容

(1)工作完成度:绩效考核是对员工担当工作的完成结果或履行职务的工作结果进行评价。此项工作评价、考核工作成绩的项目或指标可从工作数量、工作质量、工作的速度、工作准确性等方面来衡量。

(2)工作能力:工作能力在本质上是指一个人顺利完成某项工作所必备的并影响工作效率的稳定的特征,是员工胜任岗位工作所必备的知识、经验与技能。能力考评是指对员工在其岗位工作过程中发挥出来的能力所做出的考评,包括员工的岗位工作经验、专业知识、专业技能等。

（3）工作态度：工作态度是指员工在完成工作时所表现出来的心理倾向性，包括工作的认真度、责任度、努力程度等。由于这些因素较为抽象，因此通常只能通过主观性评价来考评。

2. 潜力开发内容

潜力就是员工在工作中没有发挥出来的能力，在景区中，人力资源部门除了要了解员工在现任职务上具有的工作能力外，还要关注员工未来的发展空间，不断挖掘员工的工作潜力，即员工是否具有担任高一级职务或其他类型职务的潜质。

3. 适应性评价内容

适应性是指员工所从事的景区工作与个人的性格特征、职业兴趣、职业规划等方面的符合程度。员工适应性的评价包括两个方面，一是人与工作之间，即员工的能力、性格与其工作岗位要求是否相称；二是人与人之间，即能否与其他员工之间能力互补，实现岗位目标最大化。

三、绩效考核的作用

1. 绩效考核有利于促进员工的工作积极性

绩效考核可以引导员工前进的方向，对员工的优秀表现要及时给予奖励和表扬，当发现不足时，要指导和帮助员工促使其客观、清楚地认识自己工作中的不足，从而激发员工的工作积极性、主动性和创造性，促使他们在工作上不断提升和改变。

2. 绩效考核为景区的有效管理提供参考依据

绩效考核的结果可以帮助景区人事管理部门了解员工的实际工作表现，从而甄选优秀人才，委托以重任，做到知人善任，才尽其用。因此，绩效考核可以为景区的人力资源管理提供有效的参考依据，可以将员工调动到更适合的岗位，做到工作岗位与员工能力相匹配；对于无法胜任工作的员工，也可以此为依据降职甚至解聘。

3. 绩效考核为景区员工的培训提供科学的依据和反馈

通过绩效考核可以发现员工工作中存在的问题，了解其工作过程中的优势与不足，根据不同岗位员工存在问题，指导景区制订合理的培训计划，为员工的培训开发指明方向，提升员工培训的有效性。

4. 绩效考核是企业提升管理水平的有效手段

员工的绩按考核结果能够使薪资报酬、职位晋升、人员调配等其他员工管理工作合理化，调动员工的工作积极性，检验景区工作人员的工作成效，有利于找出工作中的薄弱环节，从而改善部门管理状况，加强管理，以达到部门的目标与要求，使各项业务顺利开展。

四、景区员工绩效考核的方法

旅游景区员工考核的方法是指在景区员工绩效考核过程中使用的技术手段。不同景区员工绩效考核具有不同的目的，如薪酬决策、培训需要和员工晋级。虽然各景区员工绩效考核的目的各不相同，但绩效考核结果具有反馈员工工作表现的功能。对不同的考核目的，现代企业使用的员工绩效考核方法很多，下面主要介绍四种。

1．评级量表法

评级量表法是被采用得最普遍的一种考核方法。这种方法是借助事先设计的等级量表来对员工进行考核。具体做法是：根据考核的目的和需要设计等级量表，表中列出有关的绩效考核项目，并说明每一个项目的具体含义，由考核者对被考核者每一考核项目的表现作出评价和计分，最后计算出总分，得出考核结果。

2．比较法

比较法主要包括以下几种方法。

（1）简单排序法，即依据某一考评维度，如工作完成质量、工作态度等将被考核者从最好到最差依次进行排序。

（2）交替排序法，即根据某些工作绩效评价要素将员工从绩效最好的到绩效最差的依次交替进行排序。

（3）配对比较法，也称为两两比较法，即将每位被考核者按照所有评价要素，如工作质量、工作数量、工作态度等，与所有其他员工比较，然后计算每一个被考核者所得正、负号的数量或具体得分，排出次序。

3．强制分布法

强制分布法也称为强制正态分布法，即根据正态分布原理，采用"中间大、两头小"的分布规律，预先确定评价等级以及各等级在总数中所占的百分比，然后按照被考核者绩效的优劣程度将其列入其中某一等级。

4．行为观察量表法

行为观察量表法是指由考核者根据员工具体行为特征的描述来确定绩效水平的考核方式。要给考核者提供一份描述员工规范的工作行为表格，将员工的实际工作行为与表中的描述进行对照，得出考核的结果。

五、景区员工绩效考核结果的应用

绩效考核本身不是目的，而是一种手段，景区要重视考核结果的运用。绩效改进是绩效管理过程中的一个重要环节。绩效改进的过程如下：首先，要分析员工的绩效考核结果，找出员工绩效中存在的问题。其次，要针对存在的问题制订合理的绩效改进方案，并确保其能够有效地实施。绩效改进计划应符合以下要求。

第一，实际性，即计划内容应与有待改进的绩效问题相关，契合实际。

第二，时间性，即计划应有明确的开始日期和截止日期。

第三，具体性，即所采用的改进方法和措施应具体并可操作。

第四，可接受性，即计划要获得主管人员与员工的一致认同并努力实行。

课中实训

实训项目	以小组为单位，以附近一家景区为实训对象，拟定一份景区员工绩效考核方案
实训目标	（1）熟悉旅游景区员工绩效考核的内容； （2）了解旅游景区员工绩效考核的作用； （3）结合岗位设置，判断各岗位适用的绩效考核方法

实训地点	
物料准备	相机或者可以摄像的手机、笔记本、笔等
实训过程	(1) 该景区的基本情况简介。 (2) 根据该景区各岗位考核内容,确定员工绩效考核内容和考核方法。 (3) 根据考核流程,模拟各岗位考核过程。

实训总结	知识获取	
	能力获取	
	素质获取	
实施人员	组长:	成员:
实训成绩	实训考勤(20分)	
	小组组织(20分)	
	项目质量(60分)	
效果点评		

课后拓展

泸州市讲解员考核细则

为提高景区讲解员服务质量,提升景区整体形象,让讲解员在工作中,不断提升自己,对讲解员实行每月绩效考核。

一、讲解员等级

讲解员分为三个等级:即一星讲解员、二星讲解员、三星讲解员,星级越高的表明其综合服务水平越高。

二、等级评定标准

1. 二星讲解员评定条件(前3条符合一条均可)

(1) 获得省级导游竞赛前20名。

(2) 获得泸州市导游相关竞赛前3名。

（3）在张坝桂圆林景区一年的测评中，连续第一名超过3次的讲解员。

（4）取得全国导游证。

（5）在现场导游考核评分中总分达到95分以上。

（6）在日常考核中无扣分记录。

（7）了解掌握泸州市旅游基本概况及相关知识。

（8）能自己编写导游词，并掌握简单英语会话。

二星讲解员若在公司行为规范测评中扣分累计超过5分，将自动降级为一星讲解员。

2．一星讲解员评定标准（前2条符合一条均可）

（1）在泸州市级导游竞赛中获奖。

（2）在泸州市级与导游相关竞赛中获奖。

（3）在现场导游考核评分中总分达到85分以上。

（4）在日常考核中，总分不得低于17分（总分为20分）。

（5）在接待服务工作中得到领导、游客书面表扬。

（6）了解掌握泸州市旅游基本概况及相关知识。

（7）能自己编写导游词。

星级评定每两个月一次，由客服讲解组主管负责组织评定。对已经评上星级的讲解员进行复核，经复核达不到相应星级标准规定的讲解员，根据不同情况降低或取消该讲解员星级（有重大投诉影响景区声誉的讲解员，一律不得参与星级评定）每月对星级讲解员规定讲解任务，超额完成者依据星级给予加分，未完成任务者扣分，另外，《游客意见表》中出现差评者给予扣分处理。星级评定考核为充分调动讲解员积极性，实行末位淘汰制。

（资料来源：百度文库.讲解员星级考核细则[EB/OL].（2023-02-16）[2024-01-30].https://wenku.baidu.com/view/5a9f2414e618964bcf84b9d528ea81c758f52e87.html.）

思考：请调查身边熟悉的景区，参照景区绩效考核的内容，分析该景区绩效考核的优点和缺点，为该景区的绩效考核方案提出修改意见。

任务三　旅游景区员工激励

课前导入

麓山景区收集员工好人好事分5个等级奖励

"快乐麓山人"的微信群里闪现出一条麓山景区停车场公司晚班班长朱志如发布的消息：有游客反馈，自己的钱包掉在岳麓山上了，希望景区能帮助寻找。景区卫生队员王枚清向部门负责人电话反映，自己在责任区捡到钱包一个，里面有现金、身份证、银行卡等个人物品，并通过微信将图片转到了工作群。景区保卫科迅速与岳麓公安分局治安二大队紧密配合，终于顺利联系到了来自广东的游客失主黄先生。

店长机智救助大学生脱离传销组织、保洁员救助突发病人、为市民找到走散的痴呆症老人……据了解,自 2017 年实施精细化管理以来,麓山景区管理处全年收集职工拾金不昧、见义勇为、热心帮助等各类好人好事 127 起,且全部建立了档案。仔细查看这份好人好事档案,不仅对善举分列了 5 个等级,更是在年底将其作为员工年度考核的重要依据。

"我们把好人好事按事件影响力、物品价值、是否有游客积极反馈等进行了分类,被列为 S 类的有 3 个,A 类的有 5 个,B 类的有 35 个,C 类的有 73 个,D 类的有 11 个。"景区相关负责人介绍,许多游客在得到帮助后,纷纷送来锦旗、牌匾、感谢信等,景区也制定了奖励 50～600 元不等的激励制度。

(资料来源:长沙晚报网. 麓山景区收集员工好人好事 127 起分 5 个等级奖励[EB/OL]. (2018-01-12)[2024-01-30]. https://www.icswb.com/h/151/20180112/520109.html.)

课前导入任务单

任务名称	认识景区员工激励		时间		班级	
成员名单						
任务要求	(1) 认识景区员工激励的重要性; (2) 认识景区员工激励的方法					

(1) 通过阅读案例,请思考分析麓山景区制定 5 个等级奖励的作用和意义。

(2) 分析麓山景区采用什么激励方法。

(3) 对于景区员工,你认为除了以上激励方法外,请列举你熟悉的激励方法。

完成效果自评		优	良	合格	不合格
成员 姓名					

一、景区员工激励的含义

激励是指景区管理者创设满足员工需要的条件,激发员工完成某种目标的驱动力,该驱动力能让员工在工作中更具有积极性和创造性,使员工努力去完成景区组织的任务,实现组织的目标。有效的激励会点燃员工的工作热情,使他们工作动机更强烈,科学的激励制度能够帮助景区留住更优秀的人才,促使员工充分发挥才智,打造良性的竞争环境。因此旅游景区要根据不同的员工采用不同的激励方法。

二、激励的类型

不同的激励类型对不同的员工产生不同程度的影响,因此激励类型的选择是做好激励工作的重要环节。

1. 物质激励与精神激励

物质激励主要满足员工对物质需要的满足,如年底奖金、绩效加薪等,有些景区员工收到表扬信后,会有现金奖励,促使员工更好为游客服务。随着人们生活水平的提高,人们会逐渐重视精神激励,精神激励是指人精神需要的满足,如得到尊重、得到认可、得到称赞和表扬等。

2. 正激励和负激励

正激励是指当景区员工的行为有利于提升景区形象时,通过奖赏的方式来鼓励这种行为,以达到激励和发扬该行为的作用。负激励是指景区员工的行为不符合组织需要时,通过惩罚的方式抑制员工的行为,如景区售票员在售票过程中态度恶劣,管理者要予以约谈,引导员工调整工作态度。

3. 体验式奖励

体验式激励一种创造性的激励措施,此种激励方式不需要付出很高的成本,却能满足员工期待的独特经历。比如奖励旅游、组织受奖励员工参加某项员工期待的培训等。

三、激励的原则

为了达到有效激励,旅游景区在制订和实施激励时,要遵循一定的原则,以提高激励的效果。

1. 因人而异

由于不同员工的需求不同,相同的激励措施对不同的员工起到的激励效果也不尽相同。即便是同一位员工,在不同的时间或环境下,也会有不同的需求。由于激励取决于内因,不同员工有不同的主观感受,所以,激励要因人而异。在制订和实施激励措施时,要充分了解每个员工真正需要的是什么,并将员工需要整理、归类,然后制订相应的激励措施。

2. 奖惩适度

奖励和惩罚会直接影响激励效果。奖励频率过高会使景区员工习以为常,激励效果下降,奖励过重会产生骄傲和满足的情绪,失去进一步提高自己的欲望;奖励过轻会起不到激励效果,或者让景区员工产生不被重视的感觉。惩罚过重会让员工感到不公,失去对景区的认同,严重时会出现怠工或破坏的情绪;惩罚过轻会让员工轻视错误的严重性,重复犯错。

3. 公平性

公平性在景区员工管理中一个很重要的原则,不公的待遇都会影响员工的工作效率和工作积极性,影响激励效果。同等成绩的员工要获得同等层次的奖励,同等错误的员工要受到相同层次的处罚。管理者要秉承一定要有一种公平的心态,不应有任何的偏见和喜好,不能有何不公的言语和行为。

四、激励的方法

根据不同员工的情况采取合适的激励方法,才能达到期的效果。一般有以下激励的方法。

1. 有针对性地满足需求

根据美国心理学家马斯洛的需求层次原理,人的需求有各种层次,所以每一个员工需求层次也是不同的,只有满足了他最低层次的需求,他才会产生较高的层次需求。马斯洛把心理需求分为五个阶段,即从最低层次的生理需求到高层次自我实现的需求,因此管理人员要对不同员工的实际需求进行调查,根据每一位员工不同层次需求的状况,选用适当的方式来进行激励。

2. 实施特定的赞许行为

管理人员可根据景区或部门特点拟定一些赞许的行为,当员工实施了赞许的行为,公开奖励员工。赞许的行为一般有:给景区带来额外价值的行为,能给景区或部门带来荣誉的行为,员工获得游客的称赞、感谢的行为,提出的改革方案实行后能提高景区或部门工作业绩的行为,员工圆满完成了某项工作目标等。

3. 通过日常管理方式激励员工

在日常管理中让员工参与工作计划的制订,尽可能地授权给员工,使其有更多的自我支配、自我命令、自我控制的权力等,如可以采用承包方式将景区卫生、商品销售、设施维护与改造、绿化、保护等这些工作交给员工去完成。这些管理方式能让员工感到被认同、受尊重,能充分调动和发挥他们的能力,这种激励能提高员工的责任感及自我期望。

4. 制定一些奖励办法激励员工

科学的激励办法可以激励员工工作热情,更加明确自己的工作目标。例如,景区销售人员的业务奖金、商品销售、娱乐、餐饮、住宿部门的承包奖,设施设备部门的节约奖等。景区各部门的工作性质不一样,奖励设置既可以以个人为对象,也可以部门团队为对象,来制订奖励方法,但有些工作的结果难以用客观明确的数字衡量,对这类工作的奖励办法要慎重,以免引起员工的不满。

5. 激发员工的需求

景区要不断激发员工需求,有些员工可能受过去的生活、知识及经验的影响让自己的需求一直停留在较低的阶段,管理者必须唤起员工较高层次的需求。只有让员工有了较高的需求后,才能对自我有较高的期望,通过激励才能改进他的工作质量。

课中实训

实训项目	以小组为单位,选择一个旅游景区进行实地调研,了解不同岗位员工的激励方式,总结提炼员工比较倾向的激励方式		
实训目标	(1) 了解旅游景区员工激励的作用; (2) 了解员工激励的方式; (3) 熟悉旅游景区员工激励的原则		
实训地点			
物料准备	相机或者可以摄像的手机、笔记本、笔等		
实训过程	(1) 确定调研景区以及需要调研的岗位。 (2) 根据不同岗位,设计调查问卷。 (3) 以小组为单位,进行实地调研。 (4) 总结调研结果,梳理员工比较倾向的激励方式。		
实训总结	知识获取		
	能力获取		
	素质获取		
实施人员	组长:	成员:	
实训成绩	实训考勤(20分)		
	小组组织(20分)		
	项目质量(60分)		
效果点评			

课后拓展

迪士尼人力资源管理——灵活的激励机制

人力资源部负责人里雷向我们展示了迪士尼公司自己所绘制的有关员工士气变化的图表。通常在刚开始的时候员工的士气呈现不断上升的趋势,但随着时间的推移,这种上升的速度开始变缓,并在某一时刻开始下降。但值得庆幸的是在下降一段后,员工士气会再次上升,并且会上升到一个比原来更高的阶层。这一过程将循环下去。如何使员工保持较高的工作热情呢?里雷说:"我们并不刻意地去激励员工,但是我们会创造一个支持性的工作环境,让员工们在其中自然而然地感受到激励因素的存在。"迪士尼公司的具体做法是创建一系列的识别程序,主动去发现员工的先进事迹并及时地给以奖励,如公司将会给做了一件好事的员工一张"为你喝彩"卡。更值得一提的是以下五点。

(1)迪士尼公司废除了有关出勤的奖励。因为他们不希望顾客看到生病的员工,这会影响到公司的整体形象。

(2)迪士尼公司取消了考核部门。因为他们认为考核不应该仅仅是一个部门的工作,考核更应该是各部门领导的责任。

(3)人力资源部将在新任经理上任的前几天向他们专门讲述公司总体的考核标准及奖励方法。每一个部门可以根据自己的实际情况,在这一标准上制订的奖惩制度。正是迪士尼公司的这种分权式奖励系统,使公司内部保持了一种共同参与的气氛。人力资源部经理安德森说:"我们仅仅提供一种框架,我们希望各个部门有他们自己的激励方式。"

(4)公司的部门经理可以根据本部门的实际情况制订自己的考核基准,只要这一新的考核基准能够有效地运转,降低本部门的员工流失率,提高顾客的满意度。

(5)以何种方式奖励新员工,经理将会征求新员工本人的意见,采取休假、电影票、公开表扬等不同方式。

正是这种独特的灵活的考核激励系统的建立与运作,是迪士尼维持较高的员工士气秘诀。

(资料来源:搜狐网.迪士尼是怎么做人力资源管理的[EB/OL].(2021-12-09)[2024-01-30].https://roll.sohu.com/a/506571662_121123779.)

思考:通过阅读材料,请分析迪士尼灵活激励方法对其他景区有什么借鉴之处。

项目八

旅游景区智慧化管理

任务一　智　慧　旅　游

课前导入

　　江苏省镇江市于 2010 年在全国率先创造性提出"智慧旅游"概念,开展"智慧旅游"项目建设,开辟"感知镇江、智慧旅游"新时空。智慧旅游的核心技术之一"感动芯"技术在镇江市研发成功,并在北京奥运会、上海世博会上得到应用。

　　在 2010 年第六届海峡旅游博览会上,福建省旅游局率先提出建设"智能旅游"概念。福建启动了"智能旅游"的先导工程—"三个一"工程建设,即一网(海峡旅游网上超市),一卡(海峡旅游卡,包括银行联名卡、休闲储值卡、手机二维码的"飞信卡",以及衍生的目的地专项卡等),一线(海峡旅游呼叫中心,包括公益服务热线和商务资讯增值预订服务热线)。海峡旅游银行卡 2010 年已面向福建省内外游客发行;海峡旅游呼叫中心新平台2011 年 1 月 1 日也已经正式开通试运行。

　　2011 年 4 月 13 日下午,南京"智慧旅游"建设启动仪式上,南京市旅游园林局介绍:面对越来越大的体量和越来越多的旅游产品,越来越高的需求水准和越来越激烈的市场竞争,要想把旅游产业做强,使旅游产业快速健康发展,就必须要依靠现代科技的力量,采用一种低成本、高效率的联合服务模式,用网络把涉及旅游的各个要素联系起来,从而为游客提供智慧化的旅游服务;为管理部门提供智能化的管理手段;为旅游企业提供更高效的营销平台和广阔的客源市场。南京此次启动"智慧旅游"建设,将重点突出为来宁游客提供更便捷、智能化的旅游体验;为政府管理提供更高效、智能化的信息平台;促进旅游资源活化为旅游产品、放大资源效益这三大核心目标,采用"政府主导、多方参与、市场化运作"的运作模式,联合社会各方优势资源共同推进"智慧旅游"建设,这正是顺应了现代旅游业发展的要求和趋势。

　　2011 年 9 月 27 日,苏州"智慧旅游"新闻发布会正式召开,苏州市旅游局正式面向游客打造以智能导游为核心功能的"智慧旅游"服务,通过与国内智能导游领域领先的苏州海客科技公司进行充分合作,将其"玩伴手机智能导游"引入"智慧旅游"中,大幅提升来苏游客的服务品质,让更多游客感受到"贴身服务"的旅游新体验,为提升苏州整体旅游服务水平打下了良好的基础。

2011年黄山旅游局开始建立智慧旅游综合调度中心,主要由"旅游综合服务平台"和"旅游电子商务平台"(途马网)构成,具有"管理、服务、展示、经营"四大功能,预计建设工期为9个月。

2012年年初,南京旅游局全力推进"智慧旅游"项目建设,项目分为六个部分,项目建成后,凡是使用智能手机的游客,来南京后会收到一条欢迎短信。游客根据短信上的网址,可下载"游客助手"平台,该平台分为资讯、线路、景区、导航、休闲、餐饮、购物、交通、酒店九大板块,集合了最新的旅游信息、景区介绍和活动信息、自驾游线路、商家促销活动、实时路况、火车票等信息。安装后,可以根据个人需要实现——在线查询、预订等服务。南京玄武区旅游局与海客科技公司合作,全力建设本区内著名旅游景点的手机端的智慧旅游。

(资料来源:王保江.创新创业导航[M].北京:中国经济出版社,2016.)

课前导入任务单

任务名称	智慧旅游	时间		班级	
成员名单					
任务要求	对智慧旅游有初步认知				

(1)上述材料中,智慧旅游主要表现在哪些方面?

(2)上述材料中,智慧旅游给游客带来了哪些便利?

(3)你了解到智慧旅游最新的应用成果有哪些?

完成效果自评	优	良	合格	不合格
成员姓名				

什么是智慧
旅游.mp4

课中学习

一、智慧旅游的含义

智慧旅游是以游客为中心的一种新型旅游模式,它是以信息技术为基础,通过网络平台,实现景区的智能化管理,从而提高景区的服务水平和质量。智慧旅游主要包括三方面内容:一是利用移动终端设备,将景区的各种信息进行收集、整理、加工,并将其转化为可应用的产品;二是在移动端,运用云计算技术,对景点的地图数据等资源的分布情况以及周边环境状况等做出合理的分析评价,进而制订出相应的发展计划,并在一定程度上提供相关的参考意见,促进旅游业的健康持续发展;三是在云端的基础上,借助物联网的大数据库,整合各类旅游的相关资料,形成一个完整的系统体系,对其进行实时的监控和反馈,及时发现问题、解决问题并完善方案。

二、智慧表现形式

智慧旅游的"智慧"体现在旅游服务智慧、旅游管理智慧和旅游营销智慧这三大方面。

1. 旅游服务智慧

智慧旅游从游客出发,通过信息技术提升旅游体验和旅游品质。游客在旅游信息获取、旅游计划决策、旅游产品预订支付、享受旅游和回顾评价旅游的整个过程中都能感受到智慧旅游带来的全新服务体验。

智慧旅游通过科学的信息组织和呈现形式让游客方便快捷获取旅游信息,帮助游客更好的安排旅游计划并形成旅游决策。

智慧旅游通过基于物联网、无线技术、定位和监控技术,实现信息的传递和实时交换,让游客的旅游过程更顺畅,提升旅游的舒适度和满意度,为游客带来更好的旅游安全保障和旅游品质保障。

智慧旅游还将推动传统的旅游消费方式向现代的旅游消费方式转变,并引导游客产生新的旅游习惯,创造新的旅游文化。

2. 旅游管理智慧

智慧旅游将实现传统旅游管理方式向现代管理方式转变。通过信息技术,可以及时准确地掌握游客的旅游活动信息和旅游企业的经营信息,实现旅游行业监管从传统的被动处理、事后管理向过程管理和实时管理转变。

智慧旅游将通过与公安、交通、工商、卫生、质检等部门形成信息共享和协作联动,结合旅游信息数据形成旅游预测预警机制,提高应急管理能力,保障旅游安全。实现对旅游投诉以及旅游质量问题的有效处理,维护旅游市场秩序。

智慧旅游依托信息技术,主动获取游客信息,形成游客数据积累和分析体系,全面了解游客的需求变化、意见建议以及旅游企业的相关信息,实现科学决策和科学管理。

智慧旅游还鼓励和支持旅游企业广泛运用信息技术,改善经营流程,提高管理水平,提升产品和服务竞争力,增强游客、旅游资源、旅游企业和旅游主管部门之间的互动,高效整合旅游资源,推动旅游产业整体发展。

3. 旅游营销智慧

智慧旅游通过旅游舆情监控和数据分析,挖掘旅游热点和游客兴趣点,引导旅游企业策划对应的旅游产品,制订对应的营销主题,从而推动旅游行业的产品创新和营销创新。

智慧旅游通过量化分析和判断营销渠道,筛选效果明显,可以长期合作的营销渠道。

智慧旅游还充分利用新媒体传播特性,吸引游客主动参与旅游的传播和营销,并通过积累游客数据和旅游产品消费数据,逐步形成自媒体营销平台。

三、目前智慧旅游存在的问题

一是部分景区工作人员的服务意识不强。以往旅游景区对于工作人员的职业素质要求不高,在智慧旅游背景下,景区必须要求工作人员熟练运用各种电子设备来为游客提供个性化的服务。而且工作人员需要具备相关的旅游专业知识,这样一旦发生意外状况就能够快速处理应对。二是部分景区不重视游客的个性化体验。在智慧旅游背景下,游客能够通过互联网获得海量的旅游信息,能够根据自己的实际需求制订相关的旅游计划,因此有特色的景区才能吸引更多的游客。目前仍然有一些景区的旅游产品同质化比较严重,游客逐渐产生了审美疲劳,这类景区的生存与发展将会面临挑战。三是部分景区的智能设备还不够完善。近年来,人们的旅游需求不断增加,如果景区的智能设备不够完善,就不能更好地为游客提供全方位的信息和服务。除此之外,还有一些景区仍然在检票等服务上采取人工的方式,服务效率不高,严重影响游客的满意度。还有一些景区的网页设计比较简单,仅有一些文字介绍和景区图片,难以真正吸引游客。

课中实训

实训项目	以小组为单位,选择附近的景区,调查至少 5 处旅游景区,分析每个景区的在智慧旅游方面采取了哪些措施	
实训目标	(1)加深对智慧旅游定义的理解; (2)掌握智慧表现的形式; (3)加深对智慧景区的理解	
实训地点		
物料准备	相机或者可以摄像的手机、笔记本、笔等	
实训过程	(1)被调查景区在智慧旅游方面有哪些表现?	
	景区名称	智慧旅游表现形式

续表

实训过程	(2) 被调查景区的智慧化设施有哪些？	

景区名称	智慧化设施

(3) 根据调查的情况，以一个景区为研究对象分析其智慧化管理需要如何改进？

实训总结	知识获取	
	能力获取	
	素质获取	
实施人员	组长：	成员：
实训成绩	实训考勤(20分)	
	小组组织(20分)	
	项目质量(60分)	
效果点评		

课后拓展

"数字化"转型之风刮向文旅：焕新景区营销，实现业态创新

在抖音直播间里，看华清宫的御泉，跟着画面感受华山西峰大索道的险峻刺激；收藏旅游攻略，种草陕西潮玩美食；手速快的话，还能抢下白鹿原影视城套票、唐乐宫边吃边看联票……

总之，用户在抖音指尖轻点，就能了解景区、演艺、索道、文创、餐饮、娱乐以及商业综合业态的最新信息并直接消费，为身临其境地出游做好准备，甚至能突破时空限制，体验到旅行的快乐。而用户的每一次点击、停留、互动、消费，汇成一串串数据流，进入火山引擎为陕西旅游集团打造的数字媒体中控台，让集团内部的营销人员可以实时跟踪景区营销、带货直播的动态，进一步优化互动内容、景区服务、直播间选品等工作，还能建设会员体系，成就一个让业务良性循环的数字化场域，并为旅游行业的数字化创新打开更大的想象空间……这一切，与陕西旅游集团的数字化进程息息相关。

一、发现数据的价值，从量变到质变

陕西旅游集团核心业务包括旅游服务、旅游综合体(旅游文化中心区)、旅游文化和旅游科技、旅游投资和旅游金融、旅游体育，旗下拥有十大景区，推出 19 台大型实景演艺，打造华山西峰索道、延川乾坤湾索道、少华山索道等 6 条景区客运索道，还建设有 3 个大型

文旅产业园区,是国内品类最齐全、产业链条最完整、综合效应凸显的旅游企业之一。

因此,陕西旅游集团推出的产品和服务的人群非常丰富多样。在旅游中产生交互的数据沉淀下来也有非常大的量级,逐渐成为集团领导层和经营业务层关注的焦点,引发了一个关键的课题:数据的价值如何实现?

集团数字文旅实验室副主任丁张涛介绍,整个陕旅形成了一个共识,那就是数字化转型是集团发展的必由之路,随着集团向科技型、投资型企业的方向发展,团队越发积聚了动力,想要发现数据的价值。而营销成为实现数据价值的第一个突破口。"精准营销,一个是人的精准,另一个是产品的精准",丁张涛提到,集团希望能够面向年轻化的人群实现产品精准营销,同时团队也进一步意识到传统模式与数字化营销的区别。随着内容载体从传统媒体变为新媒体,广告内容传播速度也从"天计"缩短至"秒计",传播时间缩短的背后是传播途径的质变,让营销价值可以从线性成长变为爆发式增长,但想实现这一切,需要跨越模式转变的鸿沟。

二、为了跨越鸿沟,陕西旅游集团将数字化进程规划为三大阶段

第一阶段,数字基建阶段:管理协同、业务在线,打造集团线上协同办公体系和云游陕旅超级 App,探索落地数字文旅新场景。

第二阶段,数字应用阶段:借助数字媒体中控台,对接全集团核心数据,整合集团内外部产品,落地数字文旅项目和应用。

第三阶段,数字变现阶段:建立集团统一会员体系,通过标准+定制的内容服务获取更多价值,实现产业变现。

以"专业的人要干专业的事"为宗旨,陕西旅游集团和火山引擎展开合作,打造数字媒体中控台项目。丁张涛介绍,项目实施后,随着集团的数字化进程进入第一阶段的收尾,第二大阶段正式启动,首先激发出了景区营销的质变。

三、焕新景区营销,实现数字化飞跃

人们对旅游目的地的了解方式正在改变。过去获取景区宣传册子、参与线下旅游推介会的单一习惯,正逐步被鲜活的直播新模式瓦解。

基于火山引擎直播平台产品,陕西旅游集团构建了旗下直播渠道的基础数字化能力。"无论是作为营销方式,还是宣传方式,直播都是一个不能回避的领域",丁张涛介绍,目前陕旅所有的直播渠道、基础数据内容都已接入直播平台,员工用手机就能了解景区现状和游客的偏好,并通过数据分析赋能直播营销。

现在,陕旅集团旗下每天都有众多景区开设直播达 20 场,直播数据都能实现实时沉淀与洞察分析。下一步,陕西旅游集团还想将所有下属景区直播相关的营收数据、流量运营数据接入平台,拓展数据分析维度,建立直播渠道横向对比和历史对比的维度,实现更具实效的数据洞察,用于内容建设和营销选品的优化。

除了基础的数字化能力构建,陕西旅游集团还利用火山引擎客户数据平台 CDP、增长分析 DataFinder、智能数据洞察 DataWind 及增长营销平台 GMP、智能广告营销平台 iAD 等系列数据产品,力图焕新景区营销,从传统营销飞升为更具效率的数字营销。

一方面,打造统一的媒体渠道平台,例如建立集团统一的广告投放平台,便于提高广告渠道的管理效率,形成营销合力;另一方面,陕西旅游集团也希望借力火山引擎数据产品提供

的数智能力,打造一个更为智能的营销平台,在原有的会员体系基础上进行二次开发,落地更多的数字文旅应用场景。丁张涛说:"数字营销能力的提升是与火山引擎下一步合作的重点。"

四、提升复购,开拓高黏性创新空间

利用景区闸机这样的线下触点,还有直播、小程序、App等线上触点,陕西旅游集团正在打造一个庞大的会员数据基座,并利用火山引擎增长分析 DataFinder、客户数据平台 CDP等产品,进行会员营销与分析。仅仅是基于旗下的直播号矩阵,陕西旅游集团就已经汇聚了百万级别的会员数,并围绕着会员服务,规划了三个运营方向:通过会员的精细化运营,提供个性化的权益,例如不同年龄、不同地域的会员能够享受到更符合他们消费习惯的权益;通过资源整合,为会员开发定制化的功能,让会员可以享受到集团旗下不同体系甚至外部企业的服务,例如让会员在景区享受充电宝、租车等快捷服务的高权益;通过健全会员画像实现精准营销,为会员推送特定时间、场景下的福利。

随着会员体系的建设,陕西旅游集团的创新空间也在进一步打开。"旅游行业古已有之,我们想要推动改变",丁张涛表示,旅游作为一个传统认知里的低复购行业,有希望通过数字化转型实现改变。首先,数字化能力可以将非标的旅游服务实现标准化,让用户享受定制化的服务,并实现快速的反馈。比如,游客在某个景区提出的意见,可以通过直播间、小程序第一时间传递给景区的管理人员,来促成旅游服务优化的闭环。在这个闭环中,服务质量不断提升,还能进一步拓展用户在旅程中的数据触点。其次,在保证用户数据信息安全的前提下,除了优化传统的旅游服务和营销环节,数字化能力还能进一步帮助企业洞察游客与文旅相关的消费需求,为探索开发数字藏品、XR数字景区等新兴旅游业态提供科学决策。

丁张涛觉得,在数字化平台的助力下,旅游企业可以不断优化服务,让游客爱上旅游IP。那么,通过拓展IP相关的周边产品和服务,就能打破时空限制,让低复购旅游行业实现高黏性的业态创新。

"这一块想象空间很大,也是我们想做的事情",有火山引擎一揽子数据产品的助力,丁张涛充满信心,"我们会继续探索。"

(资料来源:澎湃新闻."数字化"转型之风刮向文旅:焕新景区营销,实现业态创新[EB/OL]. (2022-06-30)[2024-02-02]. https://m.thepaper.cn/baijiahao_18791361.)

思考:陕旅集团采用了哪些新手段来实现企业的数字化转型?

任务二 旅游景区智慧化管理概述

课前导入

智慧化景区让旅游轻松更畅快

"十一"黄金周期间,河南省内乡县衙景区打造的智慧旅游平台开始大显身手。近年来,内乡县衙景区着力打造的智慧化景区平台,为游客旅游带来了有效、便捷的出行帮助,可以为游客提供景区内外全方位服务,游客通过一部手机就能畅游内乡县衙。

　　游客到达景区前,可以通过景区网站、微信公众平台、美团等平台预订,到景区后直接扫码入园。也可以通过景区自助售票机、大门口直接扫二维码付款等方式入园,大大缩减了排队买票时间。

　　进入景区,游客可以通过微信公众平台的智能导览和语音讲解准确快速地了解景区的各个展览、节目演出等信息,方便参观游览。

　　参观完毕,游客们可以通过手机微信平台查询交通、住宿、餐饮等信息。而智慧化停车场,可以让游客在驻车、缴费等方面不再排队下车,扫一扫或者无感支付,直接踏上下一站的旅程。

　　智慧化景区建设在方便游客的同时,也给景区带来了方便,过去需要大量人力去解决的售票、检票等工作变得越来越轻松,让景区集中精力在文化旅游特色上下功夫,确保游客在景区体验到更多的文化旅游内涵。在景区智慧化指挥中心,大数据不停分析游客的出行和旅游体验,方便景区及时调整营销思路,更好地为游客带来旅游新体验。此外,24小时监控全方位覆盖景区,及时应对各种突发事件,确保游客旅游安全。

　　(资料来源:根据网络资料整理。搜狐网南阳声速文化传媒.内乡县衙:智慧化景区建设让旅游轻松更畅快[EB/OL].(2019-10-03)[2024-02-02].https://www.sohu.com/a/344876178_120326960.)

课前导入任务单

任务名称	旅游景区智慧化管理		时间		班级	
成员名单						
任务要求	初步了解景区智慧化给游客带来哪些便利					
(1)上述材料中,景区智慧化给普通游客带来了哪些便利?						
(2)查阅相关材料,景区智慧化还给游客带来了哪些便利?						
(3)你了解到景区智慧化最新的应用成果有哪些?						

完成效果自评		优	良	合格	不合格
成员姓名					

课中学习

一、智慧景区的含义

智慧景区是指景区能够通过智能网络对景区地理事物、自然资源、旅游者行为、景区工作人员行迹、景区基础设施和服务设施进行全面、透彻、及时的感知，对游客、景区工作人员实现可视化管理，优化再造景区业务流程和智能化运营管理，同旅游产业上下游企业形成战略联盟，实现有效保护遗产资源的真实性和完整性，提高对旅游者的服务质量，实现景区环境、社会和经济的全面、协调和可持续发展。

"智慧景区"的建设是对景区硬实力和软实力的全面提升，其建设路径主要由信息化建设，学习型组织创建，业务流程优化，战略联盟和危机管理构成。信息化建设和业务流程优化能够帮助景区实现更透彻的感知和更广泛的互联互通，提高管理的效率和游客满意度；创建学习型组织和战略联盟有利于提高景区管理团队的创新能力，培养景区企业的核心竞争力。

二、景区智慧化管理的特点

定量化：定量化表现在智慧化管理是通过应用模型化和定量化的技术来解决问题。

智能化：智慧化管理集成应用了许多高科技化的管理手段和工具，从而使得智慧化的管理系统具有了分析和模拟人脑信息处理和思维过程的能力，即人工智能。

综合性：综合性表现在智慧化管理强调综合应用多种学科的方法。除了需要管理学、经济学、数学、统计学、信息论、系统论和计算机知识外，随具体研究对象的不同还需要行为科学、社会学、会计学、物理学、化学、控制论及各种专门的专业技术知识。

集成性：集成是指集大成的意思，其意是指将各种管理方法的好的方面、精华部分集中起来组合在一起，融合创造性的思维等智力因素在其中，以实现管理系统的功能集成和技术集成。

动态性：动态性是指要求管理者在智慧化管理的过程中，要随着内外部的情况变化而不断补充和修改智慧化的信息输入，从而求出新的智慧化的最优信息输出。

系统性：系统性是指智慧化管理根据系统观点来研究各种功能的关系。

三、景区智慧化管理的对策

（一）注重游客的个性化体验

首先，景区应该通过互联网技术收集游客的旅游信息，利用各种技术手段对游客的消费需求进行分析。还可以利用技术手段模拟重构一些损毁严重的历史古迹，为游客提供全新的旅游体验。其次，应用智能导览系统，通过智能导览系统为游客提供更全面的旅游信息，为游客提供讲解服务。如全国各地许多景区都积极开展了"一机游"项目，这是一个全新的旅游平台，能够提升旅游景区管理和服务的效率，为游客提供更优质的服务，推动旅游产业的发展。最后，设计一体化综合服务体系，将游客在旅游过程中所需要的服务集于一体,从而为游客提供更好的旅游服务。

"一机游"项目有着非常广阔的发展前景,具体体现在以下几个方面:一是能够更好地宣传旅游景区,吸引更多的游客,促进当地旅游经济的发展。还可以增强旅游景区的智慧化服务意识,推动旅游景区的发展。二是为游客提供一站式旅游服务,以游客最真实的旅游需求为基础,将各类旅游资源信息整合在一起,为游客提供各种各样的服务,提高游客的满意度。三是有利于构建高效的旅游监管体系,从交通疏导、旅游市场监管等各个角度出发,为相关部门的旅游决策提供有效的数据支持。

(二)提升旅游景区的智能化管理水平

对于一个旅游景区来说,一定要有明确的定位规划,用智慧旅游平台所收集的数据支持旅游景区的发展,把握未来旅游景区的发展方向,保持旅游景区的活力。还要尽快完善景区设备的智能化,对于景区内包含的所有资源实施智能化管理,引入高清智能监控,对景区内的所有资源进行有效的监控。还应该建立旅游景区信息管理中心,工作人员可以通过这一平台对旅游景区进行统一管理,有利于提升景区管理的智能化水平。同时,旅游景区应该智能化控制游客流量,避免给景区带来太大的压力。此外,还要创新景区的营销模式,利用各种平台对旅游景区进行宣传,将传统营销和新媒体营销有效整合起来,发挥各个平台的宣传优势,使得旅游景区和游客的联系更加紧密。景区在制订营销策略的时候,一定要明确自己的品牌定位,确定目标消费群体,制订科学合理的策略。如景区可以邀请一些知名的"网红"博主来景区旅游,制作一些有创意的旅游视频,发布到各大平台上,以此来吸引更多游客。

(三)提供全方位的旅游服务

要想推动旅游景区管理水平的提升,就一定要增强景区员工的服务意识。在推进智慧旅游的过程中,工作人员的工作内容也发生了一定的变化,对于景区工作人员的服务意识和服务水平有了更高的要求。因此,景区在招聘员工的时候,一定要选择那些有旅游专业教育背景的人才,同时还应对工作人员展开培训,举办一些智慧旅游专题讲座,教会景区工作人员如何使用智能设备,提升智慧旅游景区工作人员的素质,使得景区工作人员对智慧旅游有一个更加全面的认识。景区还应该积极构建智慧化服务平台,如湖北省景区可以基于"一部手机游湖北"平台进行个性化定制化开发,建设具有景区特色的智慧化管理平台,使景区能够与游客进行线上沟通,帮助游客制订个性化旅游方案。

四、基于移动互联网的景区智慧旅游系统构建

移动互联网的发展为旅游者提供一个新的信息平台,通过移动设备的使用,可以随时随地获取景区各种相关信息,并能够根据自己的喜好选择出行的交通工具、住宿的位置等,为旅游者的出行带来了便利。基于移动互联网的智慧旅游系统设计,主要是将景区的所有数据上传至网络上,方便用户的浏览、查询以及支付,同时还能在手机客户端及时更新景点的最新动态,便于游客的了解和搜索。该系统的设计不仅满足了当前旅游业的要求还具有一定的创新性,对于未来的旅游行业的发展有较大的推动作用。

（一）构建景区智慧旅游系统

基于移动互联网的智慧旅游系统，是以移动通信技术为基础，以云计算、大数据和云存储等为核心，通过对景区的定位、管理和运营等方面的智能化处理，实现景区的信息共享，从而提高游客的体验感，提升了旅游者的满意度。

在景区的信息化管理中，要实现对游客的有效引导，就必须建立一个完整的智慧旅游系统，为游客提供全方位的旅游咨询、查询、导航等功能。在景区的门户网站上，可以通过手机 App，进行景区的门票预订，还能发布景点的图片和视频，让游客能够实时了解各个景点的情况；也可在网页上，让游客更加方便快捷地获取自己需要的旅游产品。在景区的智慧化建设中，要充分利用移动网络的便捷性，将景区的各个功能模块进行整合，形成一个完整的体系结构。对景区的地图、天气预报以及交通情况等内容有一定的了解；在景区内建立相应的 App，让游客可以随时随地上网浏览景点的各类资源，并提供相关服务；在景区内设置导航，方便用户根据自身的需求选择不同的导航方式。

要加强对网络安全的保护力度，做好防火墙的维护工作，防止黑客的攻击；对于重要的数据应及时备份，避免不必要的损失；还应定期检测和更新，保证互联网的安全性。

（二）景区智慧旅游系统运营

景区的智慧化建设是一个庞大的系统工程，需要相关部门、旅游企业、政府等多方参与、共同完成。要加强对景区的规划与设计，在进行景区的开发时，充分考虑游客的出行需求，同时还要对景区的环境资源和服务水平等因素加以考量，从而制定出合理的发展战略。

完善基础设施的建设与管理，在景区内部建立起统一的信息平台，实现各景点的共享和协作，提高各区域的交通效率，为旅游者提供便利。加大宣传力度，通过电视媒体、微博、微信公众号以及各大旅游网站的广告投放，让更多的人了解智慧游览的优势所在，并将其运用到智慧旅游中，形成良好的口碑效应，吸引更多的潜在消费者。景区智慧旅游系统可以分为以下两个部分：一是游客信息管理模块。该模块包括景点门票、食宿预订、交通查询等基本的功能，同时还提供了用户的个人信息，如姓名、性别等。二是景区地图展示与导航服务平台的应用实现。该模块的作用是为游客和景区管理人员提供一个方便的上网环境，便于他们了解旅游景点的相关情况，从而更好地开展旅游活动。另外，还可以通过手机 App 来完成游览路线的安排以及预订，为游客的出行选择提供便利。

（三）系统界面

基于移动互联网的景区智慧旅游系统是一个具有开放性、移动性、共享性的旅游信息平台，它不仅能够满足游客在游览过程中的需求和个性化的要求；还能实现景点与景区之间的互动交流，为景区提供更多的新媒体资源。游客可以通过手机 App 获取景区信息，然后根据自己的需求选择相应的景点类型，比如说在游览的时候需要注意的地方有哪些，如果是在景区附近的小吃店，会有什么特色的产品；而对于一些比较热门的旅游景点来说，也会有其他的旅游资源，如此一来就能为旅游者提供更加丰富的内容和体验，而且能够给旅游者带来不一样的感受；而当你到一个新的地点时，也会看到该景区的相关介绍，如景区的历史文化、美食等，这样就能让人更容易地了解这些知识。移动互联网时代，人们已经习惯使用智能手机，因此要开发出更多的应用软件，让用户随时随地都能上网，并且应该设计出符合大众的个性化服务。

（四）景区智慧旅游系统平台构建与数据处理

对于一个旅游景区来说，要想实现智慧化的管理和服务，必须要有一套完整的信息管理系统，而移动互联网的应用也为景区的发展提供了新的机遇和空间。数据处理是指对旅游者的信息进行分析、整理和分类，并将其转化为可利用的旅游资源，从而实现旅游产品的优化配置。

在移动互联网的大背景下，建立起完善的旅游信息系统，可以有效地提高游客的参与度，从而提升景区的知名度和影响力，同时还能够为智慧旅游系统的建设带来更多的便利条件。在构建旅游信息化的大数据平台上，应该对云计算技术进行深入的了解与研究，云计算是通过对海量的数字资源的处理来达到用户满意程度最大化的工具、云计算的概念是指利用计算机网络的运算能力，将大量的数据存储以分布式的方式集中起来，根据需要的算法来完成任务。要加强对云储存的安全性、可靠性的考虑，还应结合移动终端的使用情况，制订相应的安全策略，以确保系统的稳定性、可控性。游客可以通过手机、平板电脑等终端设备，获取景区的相关数据，然后对景区的各类数据进行整合，形成完整的数据库系统，为用户提供个性化的服务和体验，同时还能满足不同的需求；在移动端还能实时更新旅游目的地的各种动态，如天气状况、交通状态、住宿情况、门票预订、景点路线等，这些都能够极大地提高景区的管理效率，也方便了广大旅游者去选择。在移动互联网的大环境下，基于移动网络的智慧游览系统的建设也会越来越完善，如微信公众号平台的建立与应用、微博、贴吧以及论坛等，都会给人们带来巨大的便利性。因此，对于景区来说，要加强与外界的联系和合作，才能更好地发展下去。

（五）景区智慧旅游系统发布

由于移动互联网的快速发展，人们越来越多地关注旅游信息的发布，而智慧旅游系统的发布也成为游客们的选择之一，因此在景区的智慧旅游系统的发布上，要加强信息化应用。在移动互联网时代，移动互联网技术的发展为智慧旅游系统提供了基础，移动网络的普及使游客的选择更加多样化，因此在景区建设中，要充分利用现代信息技术手段，实现对景区的智能化管理，提高景区的服务水平。

可以根据景区的地理位置、天气状况、交通情况以及周边的环境等因素，进行相关的宣传和推广，同时也要考虑网络的便捷性，如在网页中添加关于景区的介绍或者是景点的简介等，这样就能够吸引更多的人去浏览和了解。在景区的门户网站上，要做好信息的发布与更新工作，及时地将景点的相关动态进行公布，让用户能够第一时间了解到最新资讯；同时，也要加强对网页的维护与升级，以保证页面的美观性，避免出现不必要的问题；最后，还要注重对数据的分析和处理，通过大数据的应用可以有效解决景区的各种需求，例如，天气的变化、节假日的变动等，为智慧旅游的开展奠定良好的基础条件。

（六）景区智慧旅游系统总体规划

智慧旅游是以移动通信技术为基础，以云计算、物联网、无线传感网等为手段，实现旅游信息的智能化管理和服务，从而提升旅游业的发展水平。智慧旅游系统是基于云计算的应用和物联网的创新型的网络环境，通过对游客的行为进行分析，结合景区的实际情况，对景区的资源配置以及交通状况等因素，利用云计算的数据处理能力，对景区的基础设施建设，设备设施的维护与升级，提供更加完善的功能设计，提高景区的综合竞争力。

课中实训

实训项目	以小组为单位，选择附近的景区，调查至少5处旅游景区，分析每个景区的在智慧旅游方面采取了哪些措施		
实训目标	（1）加深对智慧旅游定义的理解； （2）掌握智慧表现的形式； （3）加深对智慧景区的理解		
实训地点			
物料准备	相机或者可以摄像的手机、笔记本、笔等		
实训过程	（1）被调查景区在智慧旅游方面有哪些表现？ 	景区名称	智慧旅游表现形式
---	---
	| （2）被调查景区的智慧化设施有哪些？ | 景区名称	智慧化设施
---	---
	| （3）根据调查的情况，以一个景区为研究对象分析其智慧化管理需要如何改进？		
实训总结	知识获取		
	能力获取		
	素质获取		
实施人员	组长：	成员：	

续表

实训成绩	实训考勤（20分）	
	小组组织（20分）	
	项目质量（60分）	
效果点评		

课后拓展

乌镇模式下的冷思考：景区智慧化建设如何才能脱颖而出？

作为世界互联网大会的永久举办地，乌镇（东栅、西栅景区）的信息化构建正变得越来越成熟，人脸识别、三秒入园、Wi-Fi全覆盖、支付宝结算早已成为其智慧化发展的标配，乌镇这座小城镇也越来越朝着创新互联、产业集群化方向发展，乌镇互联网创新发展综合试验区、大数据高新技术产业区、互联网特色小镇等各类创新资源、新业态也逐步向这个小镇涌来。

1. 智慧景区成为投资新风向

2010年可以算作智慧景区进入大众视野的元年，以乌镇、古北水镇为代表的景区，是我国智慧景区建设的先行实践者，其错位反差以及智慧化应用（智慧化服务体验、智慧化管理系统、智慧化营销）轨迹是我国景区从数字化景区到智慧景区的典型。

如今，智慧景区这一存量市场又迎来新的玩法，以电子订票系统、智能监控、全域一卡通支付、电子导游服务等技术为代表的基础信息化正逐渐升级为大数据支持下的多场景化应用，深受投资者青睐。

用IDG资本全球合伙人熊晓鸽的话说，在对传统旅游行业的投资逻辑上，IDG坚持从互联网与传统行业深度结合的角度思考，在景区投资方面，则非常看重景区的智慧化建设，包括电子门票、Wi-Fi覆盖和其他先进技术的应用。

以古北水镇为例，从2014年开业至今，古北水镇游客量突破245万，旅游收入达7.35亿元，这除了与陈向宏团队的规划、设计运营能力直接相关外，Wi-Fi全覆盖在内的智慧化场景应用也有较大贡献。

事实上，智慧化也已成为景区必不可少的标配之一，借着信息化和互联网的飞速发展，智慧化服务、智慧化管理、智慧化营销成为现阶段建设重点。

新中安董事长邹传江对新旅界表示，智慧旅游作为旅游业实现二次创业的重要方式在今年成为重点发展方向，随着"一带一路"、特色小镇、全域旅游等概念的兴起和落地，智慧景区建设需求也呈现井喷状态。

北京第二外国语学院旅游管理学院首席专家张凌云则认为，智慧旅游发展将是信息化发展的最高阶段，虽然总的方向是人工智能，但目前各景区在运营层面仍处于初级阶段。

2. 运营负担

2015年,(原)国家旅游局出台"旅游十互联网"行动计划之后,Wi-Fi全覆盖及实时视频监控、人流监控、位置监控、环境监测等成为各景区进行改造升级的重要方式。其中,指挥中心的设置成了一些景区智慧化的标配,但有关该项目的必要性问题,在业内一直争议不断。

野三坡管委会委员马树起表示,野三坡的百里峡高速出口离核心景区不足10千米,在建设景区指挥中心前,遇上"五一""十一"等节假日高峰期,需要超过300名警察和200名景区工作人员参与其中,但是道路依然拥堵不堪,导致游客体验难以得到满足。如今,指挥中心建成后,景区有关部门全部转移到了这里办公。2017年的"十一"黄金周,野三坡的日客流最高峰值达9.3万人次,共计接待游客440万人,创造门票收入1.5亿元。值得高兴的是,堵车现象大幅度缓解,客户投诉率比例下降明显。

野三坡景区的指挥中心建设响应了国家智慧旅游建设的号召,也通过实践证明了其存在的合理性。但大多数情况是,景区的指挥中心只在节假日等高峰期会投入使用,存在利用率低、投资额大、成本高昂等问题。现阶段,我国有不少景区在智慧化建设过程中走了弯路,一个只有几十人的景区也斥资几百万元甚至上千万元建设几百平方米大的指挥中心。

据新旅界了解,南京牛首山智慧旅游建设总投资8000万元,其中仅指挥中心的投资就达上千万元,该景区工作人员表示,指挥中心每天都会有人来参观,但实际上除了验收时使用过外,运行4年并未正式投入使用,景区管理方也不在这里办公。

新中安董事长邹传江告诉新旅界,景区指挥中心对突发应急情况可以实现集体决策和集体办公,起到快速解决问题的作用。但现在即时通讯非常发达,手机可以解决很多问题,突发情况预警系统也已实现,比如,游客通过景区微信购票,该游客就成了景区微信粉丝,景区可以精准地知道游客是否入园及入园时间,对他们发布最精确的推送信息,没必要非要建成指挥中心,在指挥中心进行指挥意义不是很大。

此外,在国家旅游部门提倡Wi-Fi全覆盖引导下,各景区也在积极实现,稍大些的单个景区Wi-Fi建设费用在100万元左右,每年几十万的后期运营成本也是很大一笔开支,但真正去连接的人很少。

很多县区或单个景点为了发展智慧旅游专门开发App和大数据平台,除了投资体量大以外,在回报率、延伸价值以及成本摊薄方面并未有成功的案例可以参考,这对于本就处于激烈竞争的景区运营而言无疑负担增加不小。

3. 智慧景区该怎么做

谈智慧景区的具体解决方案前,我们首先要明确,我国景区业态中都包含哪些参与主体?据新旅界了解,目前我国的智慧景区推进工作涉及政府职能部门、智慧设备商、景区综合运营服务商等三类主体。

现阶段来看,政府部门对于智慧景区的建设标准主要围绕"电子门票、Wi-Fi、语音导游、智能监控系统以及实时地图等信息化服务",更多的意义在于游客体验便捷、方便景区监控管理。而对于景区的设备运营商而言,通过互联、物联、人工智能、大数据应用等前沿科技完成对景区的升级改造,增加多维度用户体验场景,成为其商业模式成功与否的关键。

在实际运营层面,景区与智慧方案服务商之间存在明显脱节现象,具体表现为景区售票处放置的终端,这样一个标准化的可快速复制并规模化的产品,虽然对游客取票入园流程有了优化,但对景区的特色发掘及系统化管理并未带来根本性改变,在对用户数据的运用上仍处于积累的初级阶段。

也有些景区因为本身缺乏亮点,造成客源落差较大,盲目智慧化建设甚至可能造成了高成本下的资源浪费。

智慧(北京)旅游开发有限公司副总经理马金宽认为,智慧技术只是一种手段,作为景区管理者,需要思考如何利用智慧化的手段,将景区缺什么、哪方面存在不足、行业有哪些问题难以解决以及如何实现更好的管理运营等实际问题看懂看透,然后选择深耕行业的智慧旅游企业,结合智慧科技,将技术应用深入景区的服务、管理和运营,最终实现"智慧"景区。

邹传江建议,景区未来真正要做的是服务游客并做好营销。从服务游客角度做些系统建设其实造价很低,回报很高,如果智慧旅游以服务游客为宗旨,也一定会为景区的营销提供帮助,从而进一步提升了景区的管理水平。

扬州旅游营销中心董事长肖洁表示,智慧景区建设为全域旅游整体规划提供了有力支撑。扬州瘦西湖景区将不再局限于做景区的智慧旅游,而是把整个扬州作为旅游目的地智慧营销体系,售卖门票将只是很小一部分,更多的是"门票+项目",如门"票+住宿+游船",这样一个组合产品的转化率已达 23%,未来扬州瘦西湖将加大对景区智慧化建设,至于具体加入什么内容,还需要更多考察。

（资料来源：搜狐网中国旅游演艺联盟.乌镇模式下的冷思考：景区智慧化建设如何才能脱颖而出〔EB/OL〕.(2017-12-09)〔2024-02-02〕. https://www.sohu.com/a/209479071_100006667.）

参 考 文 献

[1] 瑟芬·艾夫.卓越服务[M].宋亦瑞,等译.北京:旅游教育出版社,2005.

[2] 邹统钎.旅游景区开发与管理[M].5版.北京:清华大学出版社,2021.

[3] 王昆欣,牟丹.旅游景区服务与管理[M].3版.北京:旅游教育出版社,2018.

[4] 仪孝法.导游业务[M].北京:北京交通大学出版社,2007.

[5] 万剑敏.旅游景区服务与管理[M].3版.北京:高等教育出版社,2020.

[6] 牟涛.人力资源管理与旅游景区发展关系研究[J].现代经济信息,2019(1):100.

[7] 徐姣,陈肖静,姚培君."旅游景区＋新媒体"扬州个园的新型营销[J].江苏商论,2018,2(6):26-32.

[8] 张凌云,黎巎,刘敏.智慧旅游的基本概念与理论体系[J].旅游学刊,2012,27(5):66-73.

[9] 李云鹏,胡中州,黄超,等.旅游信息服务视域下的智慧旅游概念探讨[J].旅游学刊,2014,29(5):106-115.

[10] 黄思思.国内智慧旅游研究综述[J].地理与地理信息科学,2014,30(2):97-101.

[11] 唐龙涛.哈尔滨冰雪大世界品牌营销策略研究[J].中国市场,2023,32(135):135-138.